青山学院大学総合研究所叢書

日本の教育政策とキリスト教学校

愛国教育と人格教育の攻防

森島 豊
伊藤 悟 編

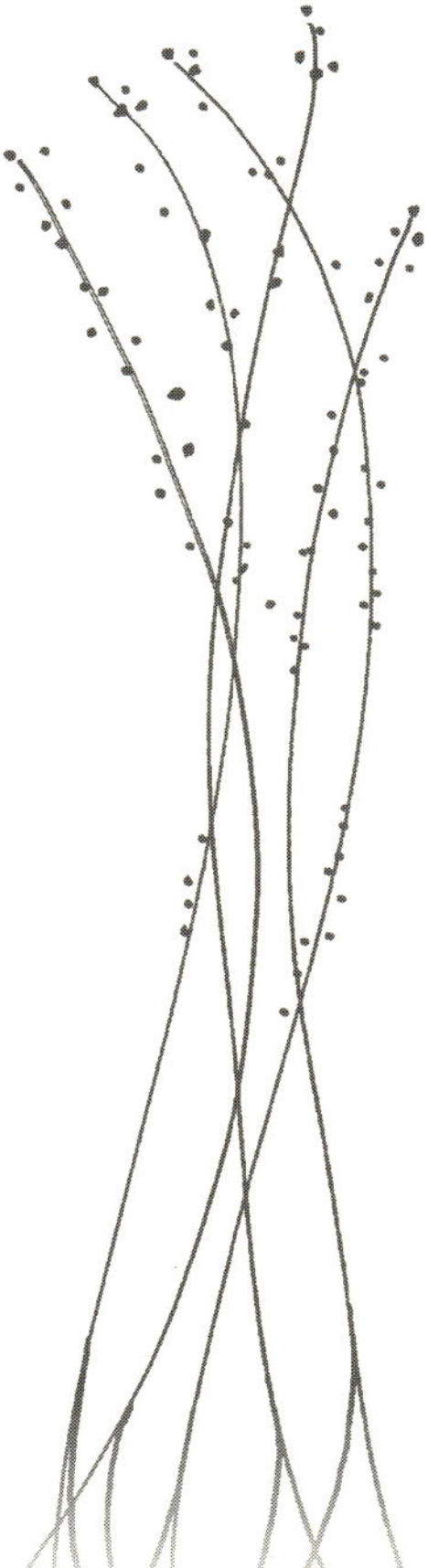

教文館

目次

装丁 熊谷博人

はじめに

森島　豊

戦時下の青山学院にローランド・ハーカーという宣教師がいた。彼は一九三九（昭和一四）年に二六歳で来日し、軍国主義と戦争の影響を強く受けたキリスト教学校で教鞭をとった。太平洋戦争が勃発し、収容所生活を経て一旦帰国したが、敗戦後に再来日し、一九五一年まで青山学院で教えた。来日してから五〇年を数えた時、彼は当時を振り返りながら日本を以下のように分析した。

五〇年経った時点で昔を振り返ってみると、一人の人物が糸を操っていたのではなく、一つの思想が人々の心に浸透し、この思想に心酔した多くの個人が色々な場面で日本を戦争に追いやったように思われる。日本には強烈な中央集権的な指導者がおらず、一方、普通の日本人は独自の深い信念といったものを持っていない。そのためその後はクーデターを起こさなくても、この思想が完全に日本を支配することが可能だったように思える。戦前に物事がこのように起こるのを目撃したが、戦後の日本社会の機構も基本的にはまったく変わっていないことを感じる。(1)

日本を外から捉えたこの感覚は的を射ている。重要なことは、戦後日本の経済発展の過程を冷静に見て「一九三九年当時の日本と似た雰囲気が漂っている」、「戦前に感じたのと同じような、不安な雰囲気を感じる」と述べたことである。(2) 彼は日本の戦前と戦後の連続性を感じていたのである。

本書は、宣教師が感じ取った日本の伝統思想の影響を教育政策に注目し、その現代の教育への影響を明らかにするとともに、キリスト教学校がこの影響をどのように相対化できるかを考察する。この場合の伝統思想とは、宗教的存在である天皇を中心とした国体思想である。

本書の概要を示すと、次のとおりである。

第一章（森島豊）は、日本の教育における伝統思想の系譜を幕末から第二次世界大戦敗戦前後まで概観する。第二章（島薗進）は「国家神道」に焦点を当て、その生成過程と天皇との関係を確認した後、戦後の神道の立場による国家神道研究において神社神道と皇室神道との関係が隠されていることに注目し、戦後日本における国家神道の影響を考察する。第三章（島田由紀）では、戦後教育の再建に携わった田中耕太郎の思想に焦点を当て、その目的と矛盾を考察する。そして、現代のキリスト教教育が田中の目指した人格形成をどのように再評価し、受け入れ直す可能性があるかを問いかける。第四章（伊藤悟）では、戦後から現在に至るまでのキリスト教学校が対峙してきた諸課題を整理し、学校教育を揺り動かしてきた問題にキリスト教学校がどう対応し、抗い、方策を練ってきたのかを概観する。第五章（森島豊）は、近年の道徳教科化の思想的背景として天野貞祐の修身科復活問題に注目し、新たな資料から昭和天皇との関係に焦点を当て、道徳の問題が天皇と国民の新しい関係構築を目指したものであったことを論じる。第六章（長山道）は、教育基本法に掲げられた「人格の完成」という言葉に注目し、「人格」という用語の形成過程を確認しながら、この言葉に含まれるキリスト教的価値観を回復し、新たな合意を形成する可能性を神学的に考察する。第七章（森島豊）は、戦中の厳しい圧力の下で日本の伝統思想の影響を相対化した実例として何人かの青山学院の教員と学生に注目し、彼らを通してキリスト教学校の意義と今日的課題を確認する。

本書は全体を通して、キリスト教学校の攻防よりも、国策による伝統思想の影響とその効果の考察に多くの紙面を割いている。これは、国策による教育政策の影響を相対化することの難しさを見つめ、その効果を認識することが、抗うための最初の一歩になると考えたからである。また、この研究課題は今後も取り組み続けるべきものであり、次の世代の研究者たちに、わずかでも思索の足がかりを提供できれば幸いである。

本書は、青山学院大学総合研究所から助成を受けた研究ユニット「日本の教育における伝統思想とキリスト教学校の攻防」の成果である。最後に、本共同研究に協力してくださった方々に謝意を表したい。比企敦子氏と故関田寛雄氏はインタビューに協力してくださり、戦後のキリスト教会と学校の平和教育や人権教育の実践を紹介してくださった。前川喜平氏は戦前から戦後にかけての教育思想史を行政の視点から講演してくださり、今日の私立学校には国際的ネットワークと私立学校間の連携を深める必要があると提言してくださった。島薗進氏は戦後に見えにくい仕方で残る国家神道の影響を紹介するとともに、近代日本の精神文化の形成過程と今日的課題を講演してくださり、本書に寄稿してくださった（第二章参照）。これらの先生方のご協力により、学問的にも実践的にも広い視野を与えられ、学びを深めることができた。この場をお借りして先生方のご貢献に感謝を申し上げたい。
また、キリスト教学校の意義と今日的課題に真摯に向き合う本研究の意義を理解し、また、敗戦から八〇年という節目の年にあたり、本書の刊行を支えてくださった青山学院大学に、心より感謝の意を表する。

注

（1）ローランド・ハーカー『日本日記――一九三九―一九四三年』（一九九〇年）二六頁 <https://www.mrafoundation.or.jp/CD/CD40/HTML1/P/70-119.PDF>（二〇二四年六月一八日参照）。以下に抜粋が収録されている。青山学院大学プロジェクト95編『青山学院と平和へのメッセージ――史的検証と未来展望』（雨宮剛、一九九八年）三八七頁。

（2）ハーカー『日本日記』前掲、一頁、二六頁。

第一章　日本の教育政策とキリスト教界への浸透

森島　豊

本章は、近代日本国家建設における目的としての天皇神権による国家体制の確立と、その手段としての教育の導入を思想史的に考察する。その際、政府は信教の自由を外交問題化させないため、キリスト教学校に対して「共存と抑圧」という方針で対処したことを明らかにするとともに、この国策が日本のキリスト教指導者にも影響を与え、効力を発揮していたことを確認する。

1　幕末・明治の国策としての教育方針――長谷川昭道をめぐって

明治政府は、近代国家の建設を天皇神権によって確立しようとした。明治維新を実行した人々は、政権の正当性を天皇の神性に依拠させることにより、政府に対する抵抗勢力を抑制し、安定した統治国家を目指した。その思想的原理の淵源は、水戸藩の會澤正志斎や長州藩で松下村塾を始めた吉田松陰に求められるが、それを教育原理において展開したのは、松代藩の長谷川昭道（一八一六―一八九七）に遡ることができる。[1]

長谷川昭道は、現在の長野県にあたる松代藩士であり、吉田松陰より一五歳年上である。幕末に生を受けた彼は、他の幕末志士たちと同様に、海外からの外圧による危機的状況において、いかに日本を統一再編するかに強い関心を抱いていた。彼の特異な点は、松陰たちが政治的理念からアプローチしたのに対して、長谷川は宗教的理念に基づき、教育的手段を用いて人心の統一を目指したところにある。特に、教育政策を重視した彼の取り組みは、後の日本のあり方に大きな影響を与えたと考えられる。

長谷川の方針は、いわゆる「和魂洋才」の方針を教育に取り入れたことにある。それまでの国学者たちは、記紀神話の根底を覆す自然科学的な西洋の学問を排除していた。長谷川は、君臣関係の秩序維持を崩さない限り西洋文明を「利用して益とすれば良いではないか(2)」と主張し、天皇への忠誠を基盤にする日本の国体の秩序を維持しながら西洋学問を取り入れる教育を提言した。しかし、西洋の学問の導入において、彼が最も警戒したのがキリスト教であった。なぜならば、キリスト教は神に従うことで君主を相対化できるため、「君父を蔑如し(3)」、君臣関係を崩壊させるものと受け止められたからである。

長谷川は、西洋の自然科学的な要素を取り入れて記紀神話を再構成し、天皇を中心とする宗教的理念を通じて君民の主従関係を基礎づけ、天皇神権による国家統一を図ろうとしていた。その実現の手段として重視したのが教育である。「皇威の未だ大に震《ふる》はず、皇化の未だ大に固からざる(4)」と述べるように、天皇神権としての国体観が全国的に浸透していないことを憂いた長谷川は、「大に世界第一の學校を御興建在らせられ、大に皇道を天下に明かにせさせられ(5)」と、教育による国体観の浸透を提言した。彼はそれを「皇学」と名づけ、一八六八（明治元）年八月にこの趣旨の建白書を岩倉具視に提出した。これが聞き入れられ、長谷川は政府から派遣されて学校掛となり、京都に設置された高等教育機関である皇学所・漢学所の創立に従事した[6]。

けれども、長谷川が故郷の財政再建のため旧松代藩に呼び戻されてから、「皇学」の影響力は次第に失われていった。これは明治政府が教育よりも祭政一致の宗教政策による国民統一へと政策を変更し、一八七二（明治五）年には近代的学校制度である「学制」を導入したためである。しかし、岩倉使節団の欧米視察により教育の重要性を再認識した政府要人たちは、一八九〇（明治二三）年、教育勅語の成立を通じて国民教化に再び力を入れることになった。つまり、長谷川自身は政治の中枢から外れるが、彼の提唱した理念は残り[7]、西洋の科学的学問を取り入れつつ天皇の宗教性を通じて君臣関係を涵養する日本の国民形成の方針が確立したのである。

2　警戒された欧米の宗教と思想

天皇神権による国家統一の確立を目指していた明治政府は、それを崩す可能性のある外来思想の影響に警戒心を示した。宗教的にはキリスト教に対して、思想的には自由民権に対して警戒した。どちらも、神的存在として掲げた天皇を相対化する要素を持っていたからである。

キリスト教への警戒

明治維新直後の神祇事務局にいた亀井茲監《これみ》は、祭政教一致を構想する文書の中で、国民を統合するためには宗教政策が必要であると示している。(8) その文書では、神の意志を受け取ることは天皇だけに許されているため、「國民直ニ天ヲ祭ル之レヲ嚴禁トス」と述べて、国民の宗教行為（天ヲ祭ル）を禁じていた。この点について「異敎ニ關係ス」と付記してあるが、当時の事情として神道を仏教から切り離す目的があったため、「異教」とは仏教を指していたと考えられる。もちろん、妖教と呼ばれていたキリスト教も認められておらず、違反した場合には「極刑」となり、信教の自由は認められていなかった。要するに、天皇だけが「民ノ敬信スル敎ヲ」示すものとされ、祭政教一致の国家体制を提言した。この「教」の部分の方針は、後に教育勅語に結実していくのである。

キリスト教に関して言えば、(9) 浦上四番崩れが外交問題に発展し、弁明を迫られた明治政府の首脳陣の言説にキリスト教への警戒理由が語られている。岩倉具視たちはキリスト教徒を弾圧した理由について、「我が国の政府はミカド（天皇）崇拝の上に基礎を置いている(10)」ので、天皇を「神性を有するお方であらせられると日本の国民が信じることは絶対に必要なこと」であるが、「キリスト教ではその信者たるや神以外のなにものも信仰してはならぬと説いており、これは私どものこの信念に直接対立するものである」からだと言う。(11) 彼らの念頭にある懸念は島原の乱の記憶で「キリスト教禁止をとけば、この国に革命をもたらすことになり、禁制の方針をそれまで採ってきた政府は打倒されることになるだろう(12)」と警戒感を露わにしている。

キリスト教への警戒心は、教育勅語起草者の一人である儒学者元田永孚《ながざね》の対応にも表れている。天皇の侍講であった元田は、キリスト教に深く感化された森有礼が文部省入りすることに警戒感を示し、「キリスト教を主とするものを教官中におくことはできない」[13]と伊藤博文に詰め寄った。元田がどれほど神経を尖らせていたかは、森に直接送った次の手紙から理解できる。

足下《そっか》（森）は米国に遊学して耶蘇の教師について苦学したと横井から聞いたことがあるから、耶蘇教信者と察するけれども、日本の文部大臣として、耶蘇教のように、日本人に我が君公をすて、耶蘇師を信ずる心を起こさしめるような教育を施す考えはないこととは思うけれども、何分足下（森）を疑う者が多いから、足下はたして忠君愛国の誠があるなら、僕（元田）に隠すことなく自ら信ずるところを告げてもらいたい[14]。

「我が君公をすてて、耶蘇師を信ずる心を起こさしめるような教育」という言葉から分かるように、元田が恐れていたのは、天皇を相対化しうるキリスト教信仰が教育を通じて国民に浸透することであった。

一般に初代文部大臣の森有礼は、キリスト教の影響を受けた欧化主義者と誤解されているが、彼のことをよく知る側近は森について「疑もなく國家主義であつた、否國體主義であつた」[15]と証言している。確かに、森は若き日の米国留学中にトマス・L・ハリスから強い感化を受け、ハリスの運営するBrotherhood of the New Lifeで一年近く寝食を共にし、帰国後も親交が続いていた。森の未亡人で牧師森明の母、森寛子も「聖書は随分熱心に研究して居りました様で、若い頃は書生に聖書の講義をしてやつてゐたことがある相でございます。その生活は全く信者と同じ様な謹嚴なものでございました[16]」と述べている。このような事情から元田も「足下（森）は米国に遊学して耶蘇の教師について苦学した……耶蘇教信者と察する[17]」と誤解していたのである。しかし、寛子によると、森と寛子はわずか一年七か月しか一緒に過ごしておらず、「主人は自分の信仰に就ては一度も私に話したことはございませんでした[18]」と証言しており、「洗礼をうけたかどうかは私も知りません[19]」とも述べている。また、森の秘書であった木場貞長は以下のように証言している。

> 森さんがクリスチャンであると云ふ非難は、事實に甚だしく相違するのであります。……私が森さんの下に文部省に仕へし時唯の一度も基督教信者らしき言動を見たこともありません。森さんは一度も教會に臨まれたことを見たことがありませんが我國の神社には、屢次《るじ》參拜して居られます。……森さんが敬神家であつたと云ふことは世の中の人は夢にも思つて居らぬこと丶思いますが、實際到る所において神社參拜を怠らなかつたのであります[20]。

むしろ、森はキリスト教と距離をとっていたらしく、本多庸一が初代学長になった青森県弘前市にある東奥義塾には、校門を過ぎたけれども「遂に入らなかつた[21]」と言われている。

さらに、森には日本語を廃止して英語を国語にしようとする欧化主義者という噂も絶えなかった。これも英語で出版された『日本の教育』（*Education in Japan*, 1873）に対する批判から生じた誤解である。森は日本語の廃止を意図したことはなく、これを調査したイ・ヨンスクが「事実の本質をはぐらかした、単なる知的ゴシップにすぎない」[22]と指摘して以来、今日の研究ではそれが「誤読」[23]であったとされている。また、森が暗殺された原因は、彼が伊勢神宮に参拝した際に、皇室ですら入ることが禁じられた場所に土足で入り、ステッキで簾《すだれ》を掲げて三種の神器の鏡を覗くという不敬を働いたという記事が出たからである。しかし、これも同伴していた木場やその後の調査で、当時からまったく事実と異なることが報告されていた[24]。にもかかわらず、一八九九（明治三二）年に至っても、枢密院会議の中で「前ノ文部大臣ノ中ニ大廟ニ不敬ヲ加エタリトカニテ不幸ニ斃レタル人アリ」[25]と、国体に反する人物として例証されていた。

このように欧化主義者と見なされることが多い森だが、井上毅《こわし》は「森之愛国熱心は感服之外無」[26]と述べ、森の教育理念を以下のように代弁している。

> 幸にして我國には萬國に類ない所の優美なる國産がある。そは何ぞと云ふに外でない。卽ち御國の國體、萬世一系の一事である。此一事より外に教育の基とすべきものはない。……萬世一系の天子に侍《かし》づき奉《たてまつ》って居ると云ふことは、實《じつ》に各國に比例のないことで、御國に限って、難有《ありがたき》國體である。此の國の成立を以て教の基礎とすることが、教育上第一の主義とすべきことである[27]。

同様のことは木場も、「帝國が萬世一系の帝王を戴いて國體の萬國に超越することを認め之を以て總ての教育の中心點とすることが森子終局の目的であつた」[28]とし、すべての取り組みは「如何にせば國家の役に立つ人物を造る事が出來るかと云う……大方針主義より來たのであつた」[29]と証言している。

このことから理解できるように、近代日本の教育は最初から伝統思想を重んじる国民教化を目指していたのである。

このような国民教化を重んじる背景から、内村鑑三不敬事件（一八九一［明治二四］年）や、井上哲次郎の『教育と宗教との衝突』（一八九三［明治二六］年）でキリスト教が国体に反すると攻撃する論争が起きたのである。また、宗教教育を抑圧した「文部省訓令第一二号」（一八九九［明治三二］年）も、国民の宗教行為を禁じた亀井茲監の方針からすでにその方向性が定まっていたと言える。

欧米思想への警戒と対応

明治政府によるキリスト教学校への対応に注目する前に、政府が警戒した天皇を相対化する欧米思想と、その対応を簡単に確認しておこう。

文明開化と共に流入した欧米の権利自由の理念は、自由民権運動を通じて庶民に浸透した。政府がこの運動を警戒した一つの理由は、無制約的な平等の欲求となって国体を揺るがす可能性があったからである。具体的には「天皇と人民とはけっして異類のものにあらず。天皇も人なり、人民も人なればᅟ(30)」と述べたように、天皇との格差を無くす平等主義が起きたことに見られる(31)。

しかし、明治政府は彼らの運動を弾圧するだけでなく、その構成員が政権批判に向かわないよう巧みな政策を実施した。たとえば、この運動の担い手となる多くが収入の激減した不平士族であったため、士族救済のための「士族授産」を実施し、彼らを「欧洲《おうしゅう》の過激自由の説」の感染から防ぎ、従来武士が抱いていた主君の命令に素直に従う「忠孝淳朴《ちゅうこうじゅんぼく》の風」を保持させ(32)、自由民権運動に染まった士族たちを政府側に向かわせようとした。

また、井上毅が起草し、伊藤博文の名で天皇に上奏された「教育議」（一八七九［明治一二］年）には、高等教育機関の学生が「政談の徒」となることを警戒し、彼らを「科学」の方面に向かわせる意図が提言されている。具体的には、「科学は実に政談と消長を相為す者なり。若《も》し夫《そ》れ法科・政学は其試験の法を厳にし、生員を限り、独り優等の生徒のみ其の入学を許すべし」とし、政治的関心から切り離すことを目指した(33)。教育における科学重視の傾向はその後も継承され、女子教育や英語教育を強化したことで知られる自由主義的教育理念を持つ西園寺公望《きんもち》も「第一に、科学教育を重視すべきこと」と主張した(34)。

重要なことは、政府が教育から政治と宗教に関する知識を遠ざけようとした明確な意図である。後で扱う「私立学校令」（一八九九［明治三二］年）の第一次案では、第一八条で「私立學校に於いては政治に關する時事を講談論議することを得す(35)」と、教育における政談の禁止が定められていた。この案を回付された法典調査会第四部では、主査委員の穂積八束が「宗教ヲ科程トシテ教ユルコトノ出來サルコトハ政談ニ係ル事項ヲ課スルコトヲ得サルト均シク之カ規定ヲ設ケサルモ禁スルコトヲ得ヘシ(36)」と述べた。この発言は、法令への明記以前に、政治と宗教に関する議論の禁止が彼らの共通理解であったことを示している(37)。禁止する理由は、「安寧秩序ヲ紊乱」（「私立学校令」第一〇条二）し、「我國家國體ニ合ワセサル說ヲ唱フル者(38)」が教育に侵入することを防ぐためである。

この点で、欧米思想とキリスト教が警戒されたことは政府の議事録を見ても分かる(39)。法令への明記という行政対応に立場の相違があっても、この点で政府と官僚は共通理解を得ていた(40)。換言すれば、国体を基礎づける神的存在である天皇を相対化できてしまう思想と宗教が教育機関に入ることを、行政的に防御しようとしたのである。

3　共存と抑圧

信教の自由

宗教的存在である天皇を中心とする国民教化の方針は、キリスト教の影響を警戒していた。けれども、欧米列強国の仲間入りを目指す明治政府は、信教の自由の観点から、キリスト教の撲滅ではなく、国体を支える存在として共存することを求めた。

政府のこの方針は、一八七五（明治八）年の「信教の自由」に関する通達にも見られる。そこでは「朝旨ノ所在ヲ認メ啻《ただ》ニ政治ノ妨害トナラザルニ注意スルノミナラズ、務メテ此人民ヲ善誘シ治化ヲ翼賛スル」ことを「義務」として、キリスト教との共存が図られていた(41)。大日本帝国憲法第二八条の「信教の自由」では、「日本臣民は、安寧秩序を妨げず、及び臣民たるの義務に背かざる限りに於いて、信教の自由を有す(42)」と規定されていた。「臣民たるの義務」について、美濃部達吉は『逐条憲法精義』の中で次のように説明した。

第一には國家及び皇室に忠順なる義務及び之に伴うて國家及び皇室の宗廟たる神宮、歴代の山陵、皇祖皇宗及び歴代の天皇の靈を祭る神社等に對し不敬の行爲を爲さざる義務を擧げねばならぬ(43)。

この説明によれば、国体を支える天皇とその宗教（皇室祭祀ならびに皇祖皇宗を祀る神社等）に対する「不敬の行為」を行わないことが条件として、他宗教との共存が図られていた。

美濃部が「神社等に對し不敬の行爲を爲さざる義務」と述べているので、従来、帝国憲法が制定される時期には、神社参拝が国民の義務であったと理解されていた。ところが事実としては、神社参拝は国民の義務ではなかった。たとえば、帝国憲法制定のための枢密院での審議過程で、佐々木高行が「国民ノ義務ハ……人民一般ニ渉ルコトニハアラザレドモ官吏ニハ朝廷ニ於テ御親祭等之アル節礼拝ノ義務アリ[44]」と発言したように、天皇祭祀への参加は一般市民の義務だという認識はなかった。また鳥尾小弥太も「朝廷祭祀ノ際ニ於テ人民カ礼拝セサルモ別段国体ニ関シ又ハ義務ニ背クト云フヘカラサルヘシ[45]」と発言したように、「朝廷祭祀」が国民の義務という認識ではない。これに注目した中島三千男は、「少くともこの段階においては『臣民ノ義務』概念に宮中祭祀及びそれと密接な関連をもつ神社祭祀（国家神道）への礼拝は後のファシズム段階のように国民及び官吏の義務であるとする論理（解釈）は確定されたものとしてあったのではない[46]」と評している。つまり、政府は国体を妨害しない限りにおいてキリスト教との共存を図っていたと言える。

文部省訓令一二号

けれども、共存とは手放しの容認ではなく、キリスト教は常に警戒され、抑圧が加えられていた。[47]
それを象徴する一つの事件が以下の「文部省訓令第一二号」（一八九九［明治三二］年）の公布である。

官立公立学校及学科課程ニ関シ法令ノ規定アル学校ニ於テハ課程外タリトモ宗教上ノ教育ヲ施シ又ハ宗教上ノ儀式ヲ行フコトヲ許ササルヘシ

これは「私立学校令」（勅令三五九号、一八九九［明治三二］年八月三日公布）の中にあった一条を独立させて、訓令として公布したものである。研究史では従来、文部省がキリスト教教育の抑圧を目指したものとして理解されてきた。しかし、近年の研究ではこの理解を疑問視するものがある。土方苑子は、「私立学校令」の制定過程の中でキリスト教が「宗教」と認められたのが公布一週間前であったこと、また第一次及び第二次伊藤博文内閣の文部大臣であった井上毅（一八九三年三月―一八九四年八月）と西園寺公望（一八九四年一〇月―一八九六年九月）の時期に作成された法令案の多数が「私立学校での宗教教育を認めており……キリスト教容認の考え方も直前まで公表されていた」ことから、訓令一二号が「天皇制思想の強大さ、キリスト教との敵対関係の鋭さなどを意味するわけではない」とし、再考を促している。[48] 大江満は、訓令一二号の交付後に課程外で行われるキリスト教教育の容認を伝達した文部省の通牒が、事前に明治学院に提示されていたことから、「文部省サイドにキリスト教主義学校への弾圧の意図がないことは明らか[49]」と述べている。高瀬航平は法典調査会の議事録を分析し、キリスト教教育の禁止から容認へと柔軟な運用に変更したことは「文部省が妥協したのではなく、……以前から構想していた計画をほぼ実現していた[50]」ためであると主張し、文部省にキリスト教学校弾圧の意図はなかったことを暗示している。これらの評価の是非は、文部省に限定することなく、キリスト教に対する「共存と抑圧」という政府の立場から分析すれば明瞭になるだろう。
訓令一二号は、条約改正を成し遂げた日英通商航海条約の調印（一八九四［明治二七］年）に基づく規定が五年後発効するのに備えた法的対応の一つであった。この行政の対応を理解するためには、日本における宗教と教育の関係を理解しなければならない。明治政府は文部省（一八七一［明治四］年）と教部省（一八七二［明治五］年）を設置して、制度的に宗教と教育の管轄を分けた。その後一八七七（明治一〇）年に教部省が廃止され、内務省が宗教関係を管轄した。一方、皇室祭祀と結びついた神道は、一八八二（明治一五）年の「神官は教導職の兼補を廃し葬儀に関係せざるものとす[51]」という通達により非宗教的なものとされ、「教育勅語」（一八九〇［明治二三］年）や修身教育を通して教育の領域に位置を持っていた。

この間キリスト教は公式に宗教と認められていなかったので黙認されており[52]、「キリスト教、キリスト教教育が内務省の管轄でもなく、ましてや文部省の管轄でもないまま、キリスト教を学科内容に含む学校は増加し[53]」、「文部省はキリスト教を教授内容に含む学校を各種学校として個別の対応で管轄してきた[54]」状態であった。そこで文部省は、放置されていたキリスト教学校が条約改正によって国内各地に創設される可能性があったので、これを制度的に整備する必要を主張した。私立学校令と訓令一二号を公布した文部大臣の樺山《かばやま》資紀は、総理大臣山縣有朋に宛てた文書（一八九九［明治三二］年六月二一日付）の中で以下のように述べている。

> 條約實施ノ期日前ニ迫リ居留地制度廢止ノ後居留地內ニ設置セラレタル各種ノ學校亦本省監督ノ

下ニ帰セントスルヲ以テ茲ニ各種私立學校ニ通スル規定ヲ設ケ監督ノ方法ヲ明ニスルノ必要ヲ認ム。[55]

また当局者として対応した田所美治は当時の状況と交付の理由を以下のように述懐している。

条約改正に際し外国人の内地雑居等も自然増加し、外人が設立する私立学校も亦追々増加すべきを予想し私立学校令を制定せるが、本来宗教関係のことも私立学校令中に入れらるべき筈なりしを、引抜いて別に訓令として発布せられたものである。[56]

条約改正は、外国人居留地を撤廃し、内地雑居に伴い外国人が宗教学校を国内各地に創設する可能性を浮上させたので、これを監督するため文部省が対応を余儀なくされたのである。この経緯と残された議事録を見る限り、土方が指摘するように、宗教教育を容認する見解があったことから、当初の文部省にキリスト教を弾圧する意図はなく、官僚として粛々と行政的な対応をしたものと考えられる。

宗教学校の取り締り

しかし、このときに政府と官僚が念頭に置いたのは、宣教師たちによるキリスト教学校の創設であったことは言うまでもない。実際に、キリスト教学校が訓令一二号により大混乱に陥ったのに対して、「宗門系学校側の動揺はほとんどなかった」、「仏教系の対応は全くと言ってよいほどなかった」と言われている。[57]問題は、なぜ文部省が私立学校の宗教教育を禁止する方針を取り始めたかである。この方針は樺山資紀が文部大臣に就任（一八九八〔明治三一〕年一一月八日）してから強まった。興味深いことに、樺山の周辺には、キリスト者であった長男の愛輔や文部大臣官房秘書官の樺山資英など、キリスト教に理解のある者が少なからずいた。[58]この環境で、なぜキリスト教学校の立場を苦しめる政策が進められたのだろうか。その要因の一つと考えられるのが、一八九九（明治三二）年に参与官に任命された岡田良平の影響である。[59]

この人事について、『岡田良平先生小伝』は樺山が元文部大臣の外山正一に依頼した経緯を述べている。

「吾輩は今回大命を拜して文部大臣になつたが、御承知の通り一介の武弁に過ぎない。教育といふやうな事は從來嘗て考へた事さへないので、實は全く途方に暮れてゐる。誰か此の方面に明るい者を次官及び局長に欲しいと思ふが、心當りはあるまいか。」と眞情を吐露して人選を依頼した。之を聞いた外山氏は直に答へた。「それはある。吾輩に人選を一任されるなら明日にも揃へてお目に懸けよう。併し、後になつて兎や角文句を云はれては、中に入つた吾輩が困る。」といふと、大臣は、「勿論一任した以上は無條件に一任する。御推薦の顔燗に對して毛頭異議は申さぬ。」と誓つた。[60]

樺山は畑違いの教育分野に就いて途方に暮れていた。そこで外山に人事を依頼し、岡田が参与官に推薦されたのである。したがって、樺山は私立学校令や訓令一二号について下僚に任せていたと考えられる。実際に、この問題で対応にあたった宣教師たちは、樺山との面談を通じて、彼では埒が明かず、さらに大物政治家との交渉に切り替えたと報告されている。(61)

文部省で重責を任された岡田良平は、かつて内村鑑三不敬事件で内村にその責任を最後まで追及したことでも知られている。(62)松浦鎮次郎によれば、岡田は宗教自体を否定していたのではなく、「宗教類似團體其の他のものに、動《やや》もすれば我が國民精神を蠹毒《とどく》〔害を与える〕し、又我が國の淳風美俗を破壊する如き教義を唱へる宗教行爲」をなすものを「行政上の豫防竝に取締」るため、国策による宗教界の監督を目指していた。(63)具体的には、委員のメンバーで枢密顧問官の鳥尾小弥太が答弁で「教育上有害トハ……教育ノ勅語ヲ標準トシテ有害ナルヤ否ヤヲ認ムルコトヲ得ヘシ(64)」と述べたように、国体を破壊する宗教的な危険思想に対して行政的な予防策を講じようとしたのである。

共存と抑圧の論理

岡田は私立学校の宗教教育の禁止を、宗教と教育の分離から主張した。彼は、「宗教ノ教育ヲ補助トシテ使フト云フコトハ決シテ悪イコトデハナイ(65)」と述べるように、宗教教育を直接禁じるのではなく、宗教学校が政府の特権を得られないことを主張した。その理由は、公立学校の「代用(66)」という私立学校の位置づけにある。「政府が私立學校ニ向ツテ特權ヲ與フルハ只其學校ヲ保護スルノ精神デハナイ……特權ヲ與ヘルハ其私立學校ハ公立學校ニ代用スルコトノ出來ルモノデアル(67)」。公立学校の代用であるから、「何人デモ自由ニ入學ノ出來ルモノデナケレバナラヌ」ので、「其宗派ノ者シカ入ルコトガ出來ヌ」宗教学校が問題とされた[68]。岡田はそれゆえに「宗敎ト敎育トハ全ク分界ヲ立テテ學校ニ於イテ其中ニ宗敎ヲ入レルコトハデキヌ[69]」と主張したのである。具体的な「宗敎上ノ敎育」の例証としては、「『バイブル』デモ使ツテ授業ヲシテ居ル」ことや、「『バイブル』ニアル主意ヲ以テ敎員ガ講義ヲ施シテオル」ことが挙げられた[70]。

宗教教育の中で特にキリスト教が取り締まりの対象になりやすかったのは、国体との関係を危惧されていたからである。宣教師のＷ・インブリーや明治学院の井深梶之助は、文部次官の奥田義人と面談した時に彼から次のように言われた。

> 信教の自由とは宗教を信仰する自由であり、布教の自由ではない。とくに学校教育を通じての布教は認められるものではない。キリスト教は天皇への忠誠心と両立せず、キリスト教徒にはキリストが第一であり、日本人には天皇が第一である。したがって、できるだけ早くキリスト教主義を日本の学校教育から排除しなくてはならない[71]。

けれども、政府は決してキリスト教を撲滅しようとしていたのではない。条約改正した政府にとって、近代化の試金石でもある信教の自由の侵害を欧米から訴えられることは避けたかったはずである。しかし、背後では宣教師たちが危機意識を高めて外国公使に訴えたので、外交問題に発展していた[72]。樺山の次の答弁は、宣教師たちによる外交手段を用いた政治的圧力の成果と考えられる。

我日本ノ如キ國體ニ在テハ今後モ宗教ト教育トヲ別ニスル方針ヲ執リ行ウコトニ決シテ誤ナシト信シ居ルナリ、……然レトモ又條文ニ宗教云々ヲ掲クルトキハ或ハ日本ハ尚排外思想ヲ有スルカト思ハルルノ嫌ナキニ非ス故ニ明文ニハ之ヲ掲ケスシテ此ノ方針ヲ採用スルコトニ閣議ニ於テ決シタルナリ(73)

この結果、宗教教育に関する項目は、勅令の私立学校令から独立して文部省訓令一二号として発布された。

以上のことからも、政府や文部省にはキリスト教の撲滅を目指したのではなく、共存と抑圧の中でキリスト教学校を管理したかったものと考えられる。傍証を加えれば、一九〇〇(明治三三)年第一四回帝国議会に提出された「宗教法案」に賛同した穂積八束の次の言葉は、政府の考えを表している。

私ハ成ルベク外國人ガ宗敎ヲ宣布スルコトナドハ妨ゲスニヤラシテ置イテ宜カラウト思ヒマス、……外国人ガ宣布スル宗教デアルカラ外教ト云フノデアッテ、實ハ佛教デアッテモ外教ニ相違ナイノデアリマス、外國カラ來タノデアリマス、併シ幾ラ外國デ生レタ宗教ニシマシテモ之ヲ宣布スル人、管轄スル人、權力ヲ持ッテ居ル人ガ日本人デアレバ日本ノ宗旨ニナッテ仕舞フノデアリマス、又耶蘇敎デモサウデアリマス、耶蘇敎ハ外教デアリマスガ、モト亞細亞カラ起ッテ耶蘇教デアルガ亞細亞ノ人間ガ來テ、外國人ガ來テ主張スルノデハナクシテ歐羅巴人ハ自ラ管長トナリ教師トナッテスルカラ、是ガ其國内教ニナッテ居ルノデアリマス、日本デモ種々ノ宗教ガ這入ルノハ已ムヲ得マセヌカラ、成ルベク日本化セシメタイト思ヒマス、日本ノ宗旨ニシテ仕舞ヒタイノデアリマス、耶蘇教ニシテモ日本教ニシテ仕舞ヒタイト思ヒマス、其目的ヲ達スルニハ其宗教ヲ主宰スル人、其宗教ニ權力ヲ持ツ人ガ日本人デアルナレバ外教ノ憂ト云フモノガ少ナカラウト思ヒマス、……是ハ百年二百年ノ後ニハ佛教ノ如ク日本化シテ仕舞ヒタイト思ヒマス、其主意ヲ達スルニハ耶蘇教ノ宗教團體ノ權力ヲ握ル人ハ成ルベク日本人ニシテ、下ニ働ク者ハ自由ニシテモ宜シウゴザイマスガ、耶蘇教ノ教派ノ管長ノ如キモノ主宰者ノ如キモノハ日本ノ有徳ナル耶蘇教信者ガ之ニ坐ルト云フコトニナッタラ、所謂外教モ外教デナクナッテ日本化スルダラウト思ヒマス[74]（傍点筆者）

後の日本の歴史を顧みると、キリスト教を「日本化」する目的と方法は、そのまま実現したように思える。その意味で、全体的に見ると訓令一二号は「私立学校の設立をある程度自由に認めつつ、干渉・監督を厳にして、私立学校を天皇制教育体系の中に位置づけていこうとするものであった[75]」、「キリスト教を始めとする諸宗教に対する、天皇制教育への全面屈服要求に発するものであった[76]」と述べた久木幸男の評価は的を射ていると言える。この方針の中で政府は、近代化した国としてキリスト教と共存し、他方で国体の脅威とならないように抑圧する体制を構築したのである。

4　キリスト教界の対応

キリスト教界は様々な抑圧に対して、キリスト教信仰と国体が矛盾しないことを内外に弁明しなければならなかった。第一に、キリスト教が君主に敵対する宗教であるという誤解に対して「上に立つ権威に従うべき」（ローマの信徒への手紙13章1節）という信仰を示して、国体に反するものでないことを説いた。この点に関して、明治初期のキリスト教指導者たちに偽りはなく、彼らは天皇に対して敬愛の念を強く持っていた。なぜならば、これまで禁教であったキリスト教への信仰の自由が欽定憲法である大日本帝国憲法によって保障されたので、その道を拓いた明治天皇に恩義と敬愛の念を抱いていたのである。そのことは天長節（明治天皇の誕生を祝う日）に各地の教会で記念礼拝が行われ、信教の自由を保障した明治天皇を称える礼拝説教が繰り返されていたことからも分かる。[77]

第二にキリスト教界が主張したことは、国民の道徳心へのキリスト教信仰の貢献である。たとえば、同志社を導いた小崎弘道は[78]「我輩は將《まさ》に曰わんとす能く人心を統御して社會の治安を維持するの力は宗教の一念是なりと」[79]（傍点原著）と国家における宗教の重要性を主張した。そして「社会の風俗を維持し、世の不平心を医《いや》し、国家の基礎を固《かた》ふし、皇室の安寧を保たしむべきものは、唯此キリスト教あるのみ」[80]と、国民の道徳心向上と社会秩序維持、そして皇室のためにキリスト教が貢献することを訴えた。[81]具体的には「宗教と教育の結合」を通して「國民教化の任務を全うする」ことを主張した。[82]

道徳による国民教化を宗教教育によって担うことを主張した小崎は、政府が宗教の意義を認めた

「三教会同」を高く評価した。三教会同とは、一九一二（明治四五）年二月二五日に教派神道、仏教、キリスト教が合同して国民道徳の振興に協力するために開かれた会合である。これを推進した床次竹二郎《とこなみ》が「尊王愛國の精神に歸趨《きすう》せしむる所以たるべく(83)」と言っていることから分かるように、三教会同の目的は宗教を利用して道徳教化を目指し、天皇主権の国体を翼賛することであった。この国策の会合にキリスト教会が仏教と教派神道に並列して招かれ、しかもかつて内村鑑三を激しく攻撃した井上哲次郎が参加していたことは、日本でキリスト教の社会的市民権の獲得を求めていた指導者たちにとってどんなに喜ばしい出来事であったか想像に難くない。

問題は、キリスト教の市民権を得るために、国体を基礎づける天皇の宗教性を無視し、キリスト教信仰を「日本精神と融合(84)」していったことである。小崎はキリスト教と日本の国体の「同化(85)」を目的として「宗教的に之を見る時は我國が神國であって、特別なる恩寵を受けて居る國であると信ぜざるを得ない。而して此の如き〔記紀神話の〕信仰は決して基督教の信仰と衝突せないばかりでなく、基督教の信仰によって反《かえ》って確立せらるるのである(86)」と主張した。さらに、次のように言うことで、小崎のキリスト教信仰の神は日本精神と完全に融和し、穂積の求めたキリスト教の「日本化」あるいは「日本教」になっている。

我國體《こくたい》は、神道主義である様に見ゆるが、其の神を宇宙の主宰たる基督教の神に結びつけ、これを基督教化することは、決して困難ではあるまいと信ぜられる。……基督教の思想にて、我國體を、宇宙萬有の主宰なる獨一の神の導きに依《よ》ると做《な》し、これが攝理《せつり》に出でたとすることは、寧《むし》ろ自然の解釋であって、比較的容易なことである。殊に從來の勅語に見ゆる神明の思想や、又は明治大帝の御製《ぎょせい》にある敬神の精神の如きは、基督教の信仰と然程逕庭《けいてい》ある〔かけ離れている〕もの ではないのである。(87)

国民の道徳教化と国体の確立にキリスト教教育が貢献するというあり方は、第二次世界大戦前のキリスト教学校に共通して見られるものと考えられる。たとえば、青山学院の第二代院長である本多庸一も同じ路線を進んだ。(88) 彼は日本のメソジスト教会の『宗教箇条』第一六条に「我等は聖書の教うる所により、凡《すべ》て有る所の權は皆神の立て給う所なるを信じ、日本帝國に君臨し給う萬世一系の天皇を奉戴《ほうたい》し、國憲を重んじ、國法に遵《したが》う」(89) という文言を加え、この根拠を以下のように説明した。

六百萬の生徒は學校に居るが皆萬世一系の天皇の下に皇室中心の國家的教育を受けて居る。之を措《お》いて日本の中心はない。我々は此の皇室中心を尊重し、國家の事を考へ、帝國の利害を教壇より述ぶる必要がある。(90)

以上のことから次のことが明らかである。教育を通して天皇神権による国体思想の浸透を目指した政府は、キリスト教を警戒し、社会的な同調圧力をも醸成した。この攻撃に対応せざるを得なかったキリスト教指導者たちは、国体思想とキリスト教信仰が矛盾しないことを弁明し、道徳による国民教化への貢献を主張することで攻撃をかわし、キリスト教の市民権の獲得に尽力した。彼らの政治的対応がなければ、訓令一二号の施行以降、戦前にかけてのキリスト教学校の存続は困難であり、今日に至る社会的知名度の獲得もあり得なかったであろう。特に、信教の自由が完全には保障されていなかった時代に、政府と交渉するチャンネルを持ち、歪められたかたちではあれ存亡の危機を脱したことは評価しなければならない。それでも、キリスト教信仰の核となる聖書の神を神とする部分が骨抜きにされ、日本精神と融合していた事実がまるでなかったかのように今日受け継がれていては問題である。なぜならば、日本の国体思想は戦後も精神的な領域で継承されており、今やその存在が様々な領域で見え隠れしているからである。[91] たとえば、二〇一五年に学校教育法施行規則及び学習指導要領が一部改訂されたことによって決定された「道徳の教科化」についても、キリスト教学校は聖書科で代替できると主張することでこの問題を乗り越えようとしている。けれども、その方法は戦前のキリスト教学校が採った路線と同じであり、問題の本質を見抜いていなければ対応を間違えることが起こり得るであろう。戦後の道徳教科化の問題については第五章で改めて論じる。

注

（1）長谷川昭道についての研究はほとんど手がつけられていないが、海後《かいご》宗臣《ときおみ》と沖田行司の研究は教育思想史の観点から長谷川に注目したもので有益である。参照できる文献を以下に記す。飯島忠夫『長谷川昭道の皇道述義　日本精神叢書四〇』文部省教學局編纂（内閣印刷局、一九四〇年）、飯島忠夫「長谷川昭道と其の學説」『長谷川昭道全集　上巻』（信濃毎日新聞社、一九三五年）七―五八頁。沖田行司『日本近代教育の思想史研究――国際化の思想系譜』（日本図書センター、一九九二年）。沖田行司「王政復古期の教育と伝統主義――長谷川昭道の皇学を中心として」『人文学』一三九号（同志社大学人文学会、一九八三年）三六―六一頁。沖田行司「幕末国学における洋学受容の一形態――長谷川昭道の場合」『文化學年報』三三号（同志社大学文化学会、一九八四年）一三六―一五五頁。海後宗臣『海後宗臣教育改革論集――カリキュラム・教育実践・歴史』（東京書籍、二〇一八年）二六三―二七〇頁。拙著『抵抗権と人権の思想史――欧米型と天皇型の攻防』（教文館、二〇二〇年）二二三―二三二頁。

（2）現代語訳に改めた。原文は「之を用ひて、其益を得るもの少からず。……益なしと謂ふべからず」。長谷川昭道「九經談總論評說　下」『長谷川昭道全集　上巻』前掲、五九五頁。

（3）「洋教の専ら天帝・天父を尊奉し、隠を索《もと》め、怪を行い、人を欺き、世を惑わし、君父を蔑如し、大に大道を残賊する者の如きに非ざる也」。長谷川昭道「皇道述義」『長谷川昭道全集　上巻』前掲、二七五頁（現代かな遣いに改めた。また、本章の引用文中のルビは原則的に筆者による）。

（4）長谷川昭道「戸隠舎遺稿」『長谷川昭道全集　下巻』（信濃毎日新聞社、一九三五年）一八九頁。

（5）長谷川「戸隠舎遺稿」前掲、一八八頁。

（6）これを京都大学の起源とする理解がある。長谷川「戸隠舎遺稿」前掲、一六九―二〇一頁参照。

（7）島薗進も、「学制」の時期においても「「皇学」的な面がまったく排除されたわけでもなかった」と指摘している。島薗進『国家神道と日本人』（岩波新書、二〇一〇年）一二八―一二九頁参照。

（8）『勤斎公亀井茲監奉務要書残編　巻二』（宮内庁宮内公文書館、識別番号 34717）<https://shoryobu.kunaicho.go.jp/Kobunsho/Viewer/4000347170000/1f3fb13c5de34add92214aee72651e4>［書陵部所蔵資料目録・画像公開システム］（二〇二四年六月二一日参照）。武田秀章は、この文書が天皇の大阪行幸前後に起草され、岩倉具視に呈出されたものと推測している。武田秀章「近代天皇祭祀形成過程の一考察――明治初年における津和野派の活動を中心に」井上順孝・阪本是丸編『日本型政教関係の誕生』（一九八七年、第一書房）一〇六―一〇九頁、一四二頁注三二参照。

（9）ここではキリスト教への警戒に焦点を合わせるが、明治政府の自由民権運動への警戒については、拙著『抵抗権と人権の思想史』前掲、第七章を参照せよ。

（10）「浦上キリシタン弾圧に関する対話書」安丸良夫・宮地正人校注『日本近代思想大系5　宗教と国家』（岩波書店、一九八八年）三一〇頁（以下『宗教と国家』と略す）。

（11）「アダムス書翰における岩倉の天皇制理解」『宗教と国家』前掲、三一四頁。

（12）「アダムス書翰における岩倉の天皇制理解」『宗教と国家』前掲、三一四頁。

（13）稲田正次『教育勅語成立過程の研究』（講談社、一九七一年）一一一頁より引用。

（14）元田永孚「森文相に對する教育意見書」『新修森有禮全集　第四巻』（文泉堂書店、一九九九年）三四〇頁。稲田『教育勅語成立過程の研究』前掲、一二二頁より引用。

（15）木場貞長「森有禮氏」『新修森有禮全集　第四巻』前掲、四八九頁。坂元盛秋『森有礼の思想』（時事通信社、一九六九年）二一一頁参照。

（16）森寛子（談）森有正（筆）「森有禮の思ひ出・おもかげ」『新修森有禮全集　第四巻』前掲、五五九頁。

（17）元田「森文相に對する教育意見書」前掲、三四〇頁。稲田『教育勅語成立過程の研究』前掲、一二二頁より引用。

（18）森寛子（談）森有正（筆）「森有禮の思ひ出・おもかげ」前掲、五五九頁。

（19）「伊勢大廟と森有禮　有禮氏未亡人森寛子氏談」『読売新聞』昭和五（一九三〇）年三月九日付、四頁（新字体に改めた）。

(20) 木場貞長「森有禮先生を偲びて」『新修森有禮全集　第四巻』前掲、五八五頁。

(21) 木下廣次「故森文部大臣伊勢神宮事件に就て」『新修森有禮全集　第四巻』前掲、四八二頁。

(22) イ・ヨンスク『「国語」という思想』（岩波書店、二〇〇八年［初刊一九九六年］）九頁。

(23) 茅野友子「日本語は不運な言語か――森有礼の「日本語廃止論」をめぐって」『姫路獨協大学外国語学部紀要』五号（姫路獨協大学外国語学部、一九九二年）一一七―一一八頁参照。小林敏宏「森有禮の「脱亜・入欧・超欧」言語思想の諸相（2）――「英語採用論」言説の「誤読」の系譜」『成城文藝』一七八号（成城大学文芸学部、二〇〇二年）参照。

(24) 木場「森有禮先生を偲びて」前掲、五八五―五九五頁参照。坂元『森有礼の思想』前掲、二二三頁参照。中西正幸「森有礼の神宮参拝をめぐりて」『神道研究』第六輯（明治聖徳記念学会、一九八二年）二八―五四頁参照。

(25) 鳥尾小弥太（三十一番）の発言。樺山資紀文部大臣はこの発言を訂正している。「開港港則中改正ノ件・私立学校令会議筆記」『枢密院会議筆記』明治三二年七月三一日（枢 D00119100）<https://www.digital.archives.go.jp/img/1743643>［国立公文書館デジタルコレクション］（二〇二四年七月九日参照）。

(26) 傳記編纂委員會編『井上毅傳』（國學院大學圖書館、一九六六年）四二三頁。稲田『教育勅語成立過程の研究』前掲、一二八頁参照。

(27) 稲田『教育勅語成立過程の研究』前掲、一二六頁より引用。

(28) 木場貞長「故子爵森有禮に就て」『新修森有禮全集　第四巻』前掲、四六五頁。

(29) 木場「森有禮子」『新修森有禮全集　第四巻』前掲、四八九頁。

(30) 加藤弘之『国体新論』（一八七五年）植手通有編『日本の名著34　西周　加藤弘之』（中央公論社、一九八四年）三八一—四〇七頁。

(31) 似たような言説は、浦田長民『大道本義』の中の「天皇は人也、我も亦《また》人也」という言葉がある。安丸良夫「近代転換期における宗教と国家」『宗教と国家』前掲、五四八頁より引用。

(32) 多田好問編『岩倉公實記　下巻』（岩倉公舊蹟保存會、一九二七年）五四七頁参照（カタカナ表記をひらがなに改めた）。

(33) 三谷太一郎『日本の近代化とは何であったか』（岩波新書、二〇一七年）一八六頁から引用。

(34) 辻田真佐憲『文部省の研究——「理想の日本人像」を求めた百五十年』（文藝春秋、二〇一七年）六二頁参照。

(35) 文部大臣官房秘書課「第三回高等教育会議議事速記録」『高等教育会議議事速記録　明治三二年開催』（文部省、一八九九年）五五頁 <https://dl.ndl.go.jp/pid/808681/1/>［国立国会図書館デジタルコレクション］（二〇二四年七月九日参照）。

(36) 『法典調査会行政裁判法及行政裁判権限法委員会議事速記録』第壹巻（日本学術振興会、一九三七年）四部八ノ七三 <https://dl.ndl.go.jp/pid/1367336/1/1>［国立国会図書館デジタルコレクション］（二〇二四年七月九日参照）。

(37) 政治と宗教に関する条項は、学科課程以外を教えることが禁じられているので、明記する必要もなく禁止することができるとして、私立学校令から削除された。『法典調査会行政裁判法及行政裁判権限法委員会議事速記録』第壹巻、前掲、四部八ノ七三—七四参照。

(38) 鳥尾小弥太（三十一番）の発言。「開港港則中改正ノ件・私立学校令会議筆記」『枢密院会議筆記』明治三二年七月三一日、前掲。

(39) 鳥尾小弥太は、自由民権運動に没頭した尾崎行雄や、岩倉使節団に随行し、後に筆禍事件で帝国大学を辞職に追い込まれた久米邦武の名前を出している。「開港港則中改正ノ件・私立学校令会議筆記」『枢密院会議筆記』明治三二年七月三一日、前掲参照。

(40) 戦前戦後の共通性に注目するとき、宗教教育への対応と異なり、科学重視の傾向は戦後も継承されているように思われる。科学重視の傾向が宗教軽視の理解を生み、その結果、道徳観の低下に警鐘が鳴らされる傾向も類似している。後述する戦前のキリスト教界の指導者たちは、キリスト教教育を通じて道義を高め、国民教化に貢献することでキリスト教の存在意義を見出すことに努めた。同様に、現在のキリスト教学校は道徳教科に代替することで聖書科を位置づけているが、将来これが認められなくなる可能性もあり、不安定な状況であることには変わりない。

(41) 「宗教関係法令一覧」一八七五(明治八)年一一月二七日、『宗教と国家』前掲、四六八頁。

(42) 「大日本帝国憲法」『憲法の構想　日本近代思想体系9』(岩波書店、一九八九年)四三一頁(現代かな遣いに改めた)。

(43) 美濃部達吉『逐条憲法精義』(有斐閣、一九二七年)三九九―四〇〇頁。『宗教と国家』前掲、五五三―五五四頁参照。

(44) 「一、憲法草案」『枢密院会議筆記』明治二十一年自六月十八日至七月十三日 <https://www.digital.archives.go.jp/img/174368> [国立公文書館デジタルアーカイブ](二〇二四年七月九日参照)。

(45) 「一、憲法草案」『枢密院会議筆記』明治二十一年自六月十八日至七月十三日、前掲。

(46) 中島三千男「『大日本帝国憲法』第二八条「信仰自由」規定の成立過程」『奈良大学紀要』六号(奈良大学、一九七七年)一三八頁。

(47) 文部省訓令一二号の引用は『官報　第四千八百二十七號』(明治三二年八月三日)を参照。また、これについては、すでに蓄積された研究がある。本章では以下を参照。久木幸男「訓令一二号の思想と現実（一）―（三）」『横浜国立大学教育紀要』一三―一六巻（横浜国立大学教育学部、一九七三―一九七六年）。佐伯友弘「明治三十二年私立学校令の成立過程」『日本の教育史学』二八巻（教育史学会、一九八五年）三三―五三頁。佐伯友弘「宗教法案の教育史的意義について」『キリスト教社会問題研究』三七号（同志社大学人文科学研究所キリスト教社会問題研究会、一九八九年）二〇五―二一八頁。土方苑子「「私立学校令」制定史再考――各種学校の視点から」『各種学校の歴史的研究――明治東京・私立学校の原風景』（東京大学出版会、二〇〇八年）所収。中島耕二『近代日本の外交と宣教師』（吉川弘文館、二〇一二年）。大江満「明治後期キリスト教主義学校の文部省訓令一二号問題への対応――立教の動向を中心として」『近代日本の大学と宗教』（法藏館、二〇一四年）三三―七一頁。高瀬航平「一八九九年文部省訓令第一二号の成立過程における学校教育と宗教の関係の再編」『宗教研究』九五巻一号（日本宗教学会、二〇二一年）一五一―一七四頁。

(48) 土方「「私立学校令」制定史再考」前掲、三三三―三三四頁。

(49) 大江「明治後期キリスト教主義学校の文部省訓令一二号問題への対応」前掲、六四頁。

(50) 高瀬「一八九九年文部省訓令第一二号の成立過程における学校教育と宗教の関係の再編」前掲、一五四頁。

(51) 「宗教関係法令一覧」一八八二（明治一五）年一月二四日、『宗教と国家』前掲、四八〇頁。

(52) 土方苑子は、「牧野伸顕文書二二七」に収められている資料から、一八八三（明治一六）年、文部省が太政官に宗教教育の管轄を尋ねた際の太政官の見解を紹介している。その中に「黙許」とされた当時のキリスト教の位置づけが表れている。「又耶蘇宗ハ目今禁制ノ令ナク只黙許ノ姿ナレトモ未タ之ヲ以テ一個ノ宗派ト見做シ内務省ニ於テ其教義ヲ臨督シ其職員ヲ進退スルコトナク只世上流行ノ何派何講ト称スルモノト同一視シ本邦旧来ノ宗教同様ニ取扱フモノニアラス故ニ其宗教学校ノ如キハ無論文部省ノ管理スルモノニアラサルナリ」。土方「「私立学校令」制定史再考」前掲、三二五頁より引用。

(53) 土方「「私立学校令」制定史再考」前掲、三二七頁。

(54) 土方「「私立学校令」制定史再考」前掲、三二八頁。

(55) 「私立学校令ヲ定ム附小学校中学校高等女学校其他学科課程ニ関シ法令ノ規定アル学校ニ於テハ課程トシテハ勿論課程外タリトモ宗教上ノ儀式ヲ行ヒ又ハ宗教上ノ教育ヲ施スコトヲ得サルモノトス」『公文類聚』（類00861100）<https://www.digital.archives.go.jp/img/1704165>〔国立公文書館デジタルアーカイブ〕（二〇二四年七月二日参照）。

(56) 田所美治「教育七十年を回顧して」『文部時報』七三〇号（文部省、一九四一年）三三―三四頁。中島『近代日本の外交と宣教師』前掲、一六〇頁より引用。

(57) 江島尚俊「近代日本の高等教育における教育と教化」『近代日本の大学と宗教』前掲、一八頁、二五頁。

(58) 中島『近代日本の外交と宣教師』前掲、一六一頁参照。

(59) 岡田良平については以下を参照。松浦鎮次郎『岡田良平先生小伝』（非売品、一九三五年）<https://dl.ndl.go.jp/pid/1878927/1/44>〔国立国会図書館デジタルコレクション〕（二〇二四年七月八日参照）。下村寿一『岡田良平』（文教書院、一九四四年）<https://dl.ndl.go.jp/pid/1875125/1/54>〔国立国会図書館デジタルコレクション〕（二〇二四年七月八日参照）。三井須美子「岡田良平と宗教法案（1）―（9）」『都留文科大学研究紀要』五八―六六号（都留文科大学、二〇〇三―二〇〇七年）。

（60）松浦『岡田良平先生小伝』前掲、五五頁。
（61）"74. Wm. Imbrie to Speer, Dec. 14, 1899", *Japan, 1859-1911, Incoming, East Japan Mission, 1898-1900*, Volume 15 (MS Evangelism in Japan: Correspondence of the Board of Foreign Missions, 1859-1911. Presbyterian Historical Society) <link.gale.com/apps/doc/SC5112448075/GDSC?u=prin67937&sid=bookmark-GDSC&pg=11> [Archives Unbound] (Accessed 25 June 2024). 中島『近代日本の外交と宣教師』前掲、一七六―一七七頁参照。
（62）松浦『岡田良平先生小伝』前掲、四九―五〇頁参照。鈴木範久『内村鑑三日録　１８８８～１８９１　一高不敬事件（上）』（教文館、一九九三年）一二七―一二八頁参照。
（63）松浦『岡田良平先生小伝』前掲、二〇三―二〇四頁。
（64）「開港港則中改正ノ件・私立学校令会議筆記」『枢密院会議筆記』明治三二年七月三一日、前掲。
（65）文部大臣官房秘書課「第三回高等教育会議議事速記録」『高等教育会議議事速記録　明治三二年開催』（文部省、一八九九年）六〇頁 <https://dl.ndl.go.jp/pid/808681/1/> [国立国会図書館デジタルコレクション]（二〇二四年七月九日参照）。
（66）文部大臣官房秘書課「第三回高等教育会議議事速記録」前掲、五九頁。
（67）文部大臣官房秘書課「第三回高等教育会議議事速記録」前掲、五九頁。
（68）文部大臣官房秘書課「第三回高等教育会議議事速記録」前掲、六〇頁。
（69）文部大臣官房秘書課「第三回高等教育会議議事速記録」前掲、六〇頁。
（70）文部大臣官房秘書課「第三回高等教育会議議事速記録」前掲、六二頁。
（71）"56. Wm. Imbrie to Speer, Oct. 18, 1899", ibid. 中島『近代日本の外交と宣教師』前掲、一七三―一七四頁より引用。

(72) 宣教師たちによる外交手段を用いた政治的活動については、中島『近代日本の外交と宣教師』前掲を参照。

(73) 「開港港則中改正ノ件・私立学校令会議筆記」『枢密院会議筆記』明治三二年七月三一日、前掲。

(74) 「第十四回帝国議会貴族院宗教法案外一件特別委員会議事速記録第十号」明治三三年二月一四日、二五頁 <https://teikokugikai-i.ndl.go.jp/#/detailPDF?minId=001401485X01019000214&page=11&spkNum=104&current=-1> [帝国議会会議録検索システム] (二〇二四年七月九日参照)。

(75) 久木「訓令一二号の思想と現実(一)」前掲、二〇頁。

(76) 久木「訓令一二号の思想と現実(二)」前掲、三七頁。

(77) この傾向は明治のキリスト教会を代表する植村正久にも見られる。以下を参照。植村正久「天長節」『福音新報』五四〇号(明治三八年一一月二日)、植村正久「天長節」『福音新報』五九〇号(明治二七年一一月二日)、『植村正久著作集 第一巻』(新教出版社、一九六六年)所収。

(78) 小崎弘道の思想的問題についての詳しい考察は、拙著『抵抗権と人権の思想史』前掲、二八五—三〇六頁参照。

(79) 小崎弘道「六合雜誌發行ノ趣意」『六合雜誌』一号(青年會雜誌局、一八八〇年一〇月一一日)八頁。

(80) 小崎弘道「基督教と皇室」遠山茂樹校注『天皇と華族』(岩波書店、一九八八年)二〇六頁。同書ではこの著者を「植村正久」と紹介しているが、後の研究により「小崎弘道」であることが明らかになっている。

(81) 小崎は、欧米の良心、品行そして道徳思想がキリスト教から生まれたこと、国を破壊に陥れる勢力は不平不満によっており、その不平をいやすのは宗教であって、キリスト教が社会の秩序に大いなる力があることを歴史が実証していると訴えた。この理由から、我が国の皇室を安寧にし、社会の秩序を保持するのはキリスト教の力だと主張した。小崎「基督教と皇室」前掲、二〇四―二〇五頁参照。

(82) 小崎弘道「國家と宗教」『小崎弘道全集　第二巻』（日本図書センター、二〇〇〇年）四七〇―四七一頁。

(83) 床次竹二郎「三教會同に關する私見　其二」佐波亘編『植村正久とその時代　第二巻』（教文館、二〇〇〇［一九三八］年）七〇五頁。

(84) 小崎弘道「我が國の宗教思想」『小崎弘道全集　第二巻』前掲、三七九頁。

(85) 小崎「國家と宗教」前掲、五〇四頁。

(86) 小崎「國家と宗教」前掲、五〇五頁。

(87) 小崎弘道「日本帝国の教化」『小崎弘道全集　第二巻』前掲、五七八頁。

(88) 本多庸一の問題における更に詳しい考察は、拙著『抵抗権と人権の思想史』前掲、三一一―三一八頁参照。

(89) 本多庸一「傳道本戰の時期」『本多庸一先生遺稿』（日本基督教興文協會、一九一八年）二二三頁。

(90) 本多「傳道本戰の時期」前掲、二二四頁。

(91) 国体思想が戦後も継承されていることについては、拙著『抵抗権と人権の思想史』終章を参照。

第二章　戦後日本と国家神道——天皇制の宗教的側面

島薗　進

はじめに

昭和から平成の代替わりの年、一九八九年から話を始めたいと思います。「国家神道」とは何か、という問いが敗戦からかなりの時期を経た後も、問われているということにまず目を向けたいと思います。そして、そもそも天皇の代替わりが国家神道と深く関わっていることの由来を、明治維新に遡って振り返ることにします。

祭政一致が唱えられた明治維新とその後の展開を見ることで、国家神道とは何か、また、近代日本の天皇制の宗教的側面がどのように形成されてきたかが見えてきます。それを踏まえて、戦後日本における国家神道について考え直していきます。拙著『戦後日本と国家神道』（二〇二一年）で論じたことが主題ですが、同『国家神道と日本人』（二〇一〇年）、同『神聖天皇のゆくえ』（二〇一九年）で考察したことにも触れていきます。

1　葦津珍彦と「天皇の神聖」

葦津珍彦『天皇――昭和から平成へ』

一九八九年、昭和から平成への代替わりの年の二月に、『神社新報ブックス6　天皇――昭和から平成へ』が刊行されました。出版元の神社新報社のホームページ <https://www.jinja.co.jp/profile.html>を見ると、「会社概要」のトップに「神社界唯一の新聞社として、日本民族の声を代表する週刊新聞を発行し、数々の神道関係優良図書を送り出す」と記されていました（二〇二三年九月一日現在）。「神社新報の歩み」の項へ移ると、「社説　～創刊六十周年に際しての誓ひ～」という文章が掲載されています。二〇〇二年に掲載されたもので、『神社新報』は、宗教教団として新たな出発をした神社本庁の機関紙であることが明示されています。

> 敗戦直後の混乱と神道指令の重圧下、国家管理を離れた全国神社の大同団結と進むべき方向性の確立は、全国の神社関係者の喫緊の最重要課題であった。当時の先人たちは、互ひの意見や方針の相違を克服して神社本庁を設立、ここに神社界は一応の大同団結を果たして、新たに出発することになったのである。だが、神道指令下の神社本庁には難問が山積してゐた。その最も困難な問題が、占領軍や政府の対神社施策の動向の分析と対応であったことは言ふまでもない。かうした占領軍・政府の神社に対するさまざまな施策や行政措置の意図・背景を的確に把握し、

全国津々浦々の神社に正確に伝へて、神社関係者に徒に動揺や不安・混乱が惹起しないやう配慮することは、当時の本庁幹部にとって最も重要かつ喫緊の課題であった。
この課題を解決するため、神社本庁初代事務総長宮川宗徳氏は、「全国の神社関係者に対する情報連絡指導の機関」としての本庁及び全国神社の新聞が是非とも必要と思慮し、昭和二十一年五月に神社本庁に編輯課を設けて神社新報社を発足させた。

葦津珍彦《あしづうづひこ》はこの神社新報社を拠点として言論活動を続けた人物で、神聖天皇崇敬を基軸とした大日本帝国の体制を是とする立場から戦後の神社神道をリードしてきた存在です（藤生明「日本会議と葦津珍彦」<http://www.iisr.jp/journal/journal2018/P091-P110.pdf>［二〇二三年九月一日閲覧］）。

「神聖をもとめる心――祭祀の統治への影響」

『天皇――昭和から平成へ』の目次を見ると、本書は「緒言」に続いて次の一〇章からなっています。

第一章　現代世界の国家構造解説――天皇国日本
第二章　天皇の祭りと統治の関係
第三章　神聖をもとめる心――祭祀の統治への影響
第四章　『対話』皇室文明史

以上の目次から、本書全体の流れが察知できると思いますが、世界に多々ある君主制と同様、現代世界のなかで有効な制度として日本の君主制はあるとし、これを擁護しようとしています。その上で日本の君主制、すなわち「天皇国日本」の特殊性を「祭政一致」に求め、それが平和と結びつくことを印象づけるものになっています。そして、祭政一致は万世一系の皇室、ひいては皇祖神、天照大神への信仰・忠誠にまで至るはずのものであることを示そうとしています。

その際、要となる言葉の一つが「神聖」です。第三章「神聖をもとめる心――祭祀の統治への影響」では、冒頭に、日本国憲法が国家の神聖性を否定していることを否定的な事柄として取り上げています。「日本のいまの憲法は、有名な戦争放棄の条文ばかりでなく、世界の憲法にまったく例のない特殊な法思想の上に立ってゐる条文が多い。祖国への神聖感、忠誠をまったく否定してゐるのも、そのいちじるしい例である」（四七ページ）とあります。

これはもちろん論争的なテーマの導入で、すぐに論題が明示されていきます。実は、「天皇の神聖」こそが問題なのだというのです。

「神聖な天皇」こそが日本の君主制の特徴という論

忠誠を否定し、祖国の神聖感を否定してゐる。それでこの憲法は、真に自由で文明なのだといふのが、護憲論者の説である。はたして、忠誠とか神聖とかいふのは否定さるべきことなのだらうか。帝国憲法では「天皇の神聖」といふ語があった。これを大変に旧時代的な異例のもののやうに評する者があるが、無知もはなはだしい。民主的な王制のデンマークでも、スウェーデンでも、ノルウェーでも、その憲法では、国王の神聖は明記されてゐる。国の元首の神聖を憲法で明記するのが一般の通例なので、いまの日本国憲法のやうに、国の象徴たる天皇の神聖をことさらに明記しないのが異例変則なのである。（四八ページ）

実際には、神聖天皇を掲げることによって、国民の思想信条の自由が著しく限定され、国民が神聖天皇崇敬を身につけることによって、立憲政治の体制が維持できなくなり、「億兆」が宗教的信条を共有するかのような体制へと進んでいったという歴史があります。それによって強引な思想統制や攻撃的対外政策へと進むことになり、人命を軽んじるような軍事行動へと突き進み、多くの人命が失われ、ついには国家体制の崩壊を招くことになりました（拙著『神聖天皇のゆくえ』、同『明治大帝の誕生』）。ところが、葦津の論は、「神聖天皇」と「失敗の本質」（戸部良一他『失敗の本質』）の検討には向かわず、日本の「天皇の神聖」のすぐれた特質と見えるものの方へと向かっていきます。

英国や北欧諸国の国王は、キリスト教のプロテスタントの防衛者としての任務をもってゐる。だが日本の天皇は、一教会の信仰防衛者といふやうなものではなくして、皇祖神に対する祭り主なのである。そこには、自らに異なるところがある。ここでは、主として日本天皇の神聖感について語り、天皇の神聖といふことが、日本人にとって、いかなる意味を有するかといふことの一端を、解明したいと思ふ。いまの日本人は、神聖などといへば、通常の人間心理とは、ほど遠い非常識な不自然のことのやうに思ふ者があるらしいが、それは誤りである。（四八―四九ページ）

ここで、葦津は「神聖を求める心」の一般論に話を移します。これは宗教論とたいへん近い議論のように見えます。「人間は、だれでもが神聖なるものを求めてゐる。高貴なるものを求めてゐる。それは、人間が、自らが神聖でなく、崇高でなく、心中にいつも罪とけがれのさけがたい存在であることを深く知っているからである」。（四九ページ）

背後にある神権的国体論

ただ、ここで「罪とけがれ」という言葉が用いられているように、自ずから神道と天皇の祭りこそが日本人にふさわしい「神聖を求める心」だという方向に議論は誘導されていきます。

日本では、遠く悠久の古代から祓ひが行はれ、祭りが行はれて、民族の中にこの「神聖を求める心」が保たれてきた。村々では、人々の罪けがれを祓ひ浄めて、人々が神々の恵みのもとに仕事にはげみ、豊かな経済をいとなみ、穏かで安らかな共同社会が保たれることが祈られた。

それは村ばかりでなく地方の国々においても行はれたし、そのすべてを統合しては、天下の祭りとして行はれた。ここで天下といったのは、近江とか摂津・河内などといふ一国ではなく、日本国土すべてといふ程の意味であって、その祭り主こそが天皇である。（五〇ページ）

こうして葦津は「天皇の神聖」の主張の核心に入っていくのです。これは神権的国体論（佐藤幸治『立憲主義について』）の中核的教説を引き継いでいますが、それが「祭政一致の政治」や「統制権」に関わるものではなく、「平和」を代表するものとしての「祭り」という方向で提示されていきます。

祭りこそは天皇の第一のおつとめである。だから天皇は、御即位後に大嘗祭の重儀を行はせられ、その後毎年、数々の恒例臨時のお祭りをなさるのみでなく、日常不断に祭り主としての御生活をなさる。その天皇のお祭りなさる第一の神は、皇祖神（天照大御神）である。皇祖の神宮は、伊勢に鎮まりますが、皇祖からお授かりになった三種の神器の中で、御鏡は内侍所にあり、剣璽《けんじ》は常にお近くの剣璽の間にあり、天皇は常に神器と共に進退される。皇居の外に御出ましになる時には、必ず剣璽を捧持した侍従が御供をする。それが萬世一系の不動の御おきてであった。日常、片時といへども、神明への祭りといふことから、御心を遠ざけることがない。（五一ページ）

ここには、神聖天皇をめぐる歴史像が描き出されています。まず、神聖な天皇の祭りが神聖を求める国民全体の心を統合するという体制が、古代から一貫して続いてきたとされます。そして、それが戦前の体制にも引き継がれたこと、また、第二次世界大戦後の占領と日本国憲法によって深く傷つけられ、後景に沈んでしまっているということも述べられています。しかし、こうした歴史像は、日本の宗教史、思想史、政治史、憲法史が明らかにしてきた歴史像と異なるところが多いのです。神社本庁のように神権的国体論を是とし、全国民に神聖天皇崇敬がゆきわたることを目指す宗教＝政治的立場からの歴史像です。

このような歴史像により「見えない化」されているものがあります。それは近代日本の神聖天皇の歴史、神聖天皇の崇敬がどのようなものであったかであり、それが日本社会にもたらした大きな影響の諸側面です。このような「神聖天皇」の近代史については、第二次世界大戦後、「国家神道」の問題としても論じられてきました。国家神道や国体論や天皇崇敬については、歴史学だけではなく、社会学、政治学、憲法学、宗教学、教育学など多くの分野で成果が積み上げられてきました。しかし、そうした歴史像はすべて占領軍の方向づけに従った誤った歴史観に基づくものとされてしまうのです。葦津の神聖天皇論で見えない化されているのは、戦後の宗教＝政治論の文脈でいうと国家神道の歴史の問題です。実は葦津はそのことは百も承知で、昭和から平成への時代転換を見越して、国家神道論についても布石を打っていたのです。

『国家神道とは何だったのか』が目指すもの

葦津珍彦著、阪本是丸註『国家神道とは何だったのか』（神社新報社）が刊行されたのは、一九八七年です。この書物は二〇〇六年に『新版　国家神道とは何だったのか』（神社新報社）として再刊され、新たに阪本是丸の「発刊にあたって」、藤田大誠「「神道人」葦津珍彦と近現代の神社神道」、齊藤智朗「『国家神道とは何だったのか』と国家神道研究史」が付されています。初刊以来、この書物の主要な論点は、一九七〇年代、八〇年代に影響が大きかった村上重良（やそれと同一歩調をとる憲法学者）の国家神道論を批判し、まったく異なる国家神道の歴史像を提起することにあります。

この路線は、ＧＨＱが指示したいわゆる「神道指令」（一九四五年一二月）により神社神道が民間宗教団体として位置づけられたのに対抗し、皇室と神社神道の一体性を回復しようとする政治的意思に則ったものです。葦津の序「「国家神道とは何だったのか」の発行にいたる事情」によって見ていきましょう。

> この神道指令は、不法にして不当なものだったし、神道的日本人の側からは、はやくから反論や批判も出たが、一つの大きな欠陥があった。その反論は、絶対無条件権力を確保する占領軍の現実具体的な行政にたいする当面の事例を是正する目的をもった断片的な理論のみが多くて、かれらの称する「国家神道」なるものの全実像についての体系的反論解明が、十分に展開されたとは云いがたい。（新版、八ページ）

「「国家神道」なるものの全実像についての体系的反論解明」という目標が立てられています。そこで、戦後、学術的に国家神道として位置づけられてきたものを誤りだとし、それとは異なるものとして捉えるのです。そのことによって、日本国憲法における政教分離規定の基盤を掘り崩し、神道指令のもたらしたものを少しでも元へ（戦前の体制に近いものへ）戻していくことも目指されています。

葦津の概念戦略と神社神道史像

この路線は、一九八〇年代を通じて周到に準備され、平成に入って一九九〇年代以降、次々と神道史学の領域で学術的な成果を生み出していきます。阪本是丸『国家神道形成過程の研究』（一九九四年）、新田均『近代政教関係の基礎的研究』（一九九七年）が平成初期に葦津の路線による歴史像を具体化し、平成中期には菅浩二『日本統治下の海外神社』（二〇〇四年）、阪本是丸『近代の神社神道』（二〇〇五年）、阪本是丸編『国家神道再考――祭政一致国家の形成と展開』（二〇〇六年）、阪本是丸『近世・近代神道論考』（二〇〇七年）などがこれを裏づけていきます。阪本や新田の研究はいずれも資料に即して問題解明を試みたすぐれた業績ですが、葦津の敷いた路線に沿ったものです。

『国家神道とは何だったのか』で葦津が提起しようとしたのは、（1）国家神道が敗戦や多くの犠牲をもたらしたという歴史像を批判し、近代日本において国家神道はそれほどの地位をもたず、それほどの力もなかったとすることです。つまりは、国家神道の歴史像の修正です。しかし、そのために、葦津は戦略的に、（2）「国家神道」の定義の問題を用いています。まず、（1）についてですが、以下のように述べています。

近代の神道史を錯誤、誤認している米人やその御用文化言論人は、国家神道をもって、明治日本の政府権力者と熱烈な神道家とが相共謀して築き上げたものであるかのような虚像のイメージを拡散して俗説を通用させている。しかしその俗説は、指令の発せられた後に、その指令の正当性を合理化する理論を立てるために好都合な公私の資料のみを、ほしいままに採集し、その史論には適しない資料は、片はし棄てるか見て見ぬふりをして構成している。それは権力誤用者の歴史編纂には常のことである。しかしそれとは異なり本書は、神道人としての立場に立つが、あくまで実証史実を重んじている。（一〇ページ）

ここで、「虚像のイメージ」とされているものがほんとうに実在しなかったのかどうか、これこそが本来の解明すべき問題です。ところが、葦津はそれは神道指令が想定した歴史像に合わせたものにすぎず、「好都合な公私の資料のみを、ほしいままに採集し、その史論には適しない資料は、片はし棄てるか見て見ぬふりをして構成している」と言います。しかし、これについて実例をあげて示すことはしていません。

そして、「国家神道」について、「国家神道という語の概念を正確に解するとすれば、明治三十三年に、政府が内務省のなかに神社局（後の神祇院）の官制を立て、社寺局の宗教行政下から公的神社と認めない神道の一部と区別して、宗教行政を改めた時に、決定的に確立したものである」（九ページ）と自らの理解を示します。そして、「その概念の定義からすれば「国家神道史」は、わずかに約四十年の歴史を残すにすぎない」（九ページ）と、たいへん短い歴史になるとするのです。

広義の「国家神道」と狭義の「国家神道」

では、このように狭く国家神道を定義するのはなぜでしょうか。単に明確な意味範囲をもつ使用法があるからだということになります。

しかし、米人も御用日本人も、その理論的思考に欠くべからざる言語の概念があいまいで、「国家神道」の語を、時により人によって、勝手しだいに解釈している。はなはだしい場合は「日本の国の伝統精神を重んずる全宗派・全流派の神道」として用いている論も少なくない。問題の中心となる語の概念を、各人各様に、ほしいままに乱用したのでは、明白にしてロジカルな理論も、史観史論も成立するはずがなく、対立者との間の理論的コミュニケーションもできない。／本書では「国家神道」なる語の概念を、指令いらいの公式用語を基礎として論ずる。（九―一〇ページ）

この定義によると「国家神道」は「日本政府ノ法令ニ依テ宗派神道或ハ教派神道ト区別セラレタル神道ノ一派即チ国家神道乃至神社神道トシテ一般ニ知ラレタル非宗教的ナル国家的祭祀トシテ類別セラレタル神道ノ一派（国家神道或ハ神社神道）ヲ指ス」（「神道指令」）ことになります。ところが、この定義は国家神道を狭い範囲に限定しており、それに従えば国家神道の影響力は小さいものになるのは当然です。
葦津は村上らの「国家神道」の用法は、「指令の発せられた後に、その指令の正当性を合理化する理論を立てるために」作られたものだと述べていますが、新田均は『近代政教関係の基礎的研究』のなかで、この用法はすでに戦前からあったことを指摘しています。新田はまず、戦後の国家神道の用法に二つのタイプがあると指摘しています。

著者は、現在のところ、「国家神道」という言葉の使われ方を、ごく大雑把に分類すれば、二つのタイプに分けて理解することができるのではないかと考えている。一つは、①神社が国家管理されている状態のみを指す用法である。最近の業績で言えば、葦津珍彦の『国家神道とは何だったのか』（神社新報社、昭和六十二年）や阪本是丸氏の『国家神道形成過程の研究』（岩波書店、一九九四年）などは、このタイプに属すると思われる。もう一つは、②戦前の政教関係の全体を指す用法である。村上重良氏の一連の業績（『国家神道』岩波書店、一九七〇年、など）や、村上氏とは内容的にはかなり異なっているとはいえ、中島三千男氏の研究（「「明治憲法体制」の確立と国家イデオロギー政策――国家神道体制の確立過程――」『日本史研究』第一七六号、一九七七年四月）などは、こちらに属すると思われる。（二八五ページ）

新田はこのように、「神道指令」の定義に従った葦津らの狭い用法と、政教関係を広く見渡した村上らの広い用法とを対置しています。そして、それらはどちらも戦前から用いられたとしているのです。

「国家神道」という用語は、既に戦前から使用されており、ここで指摘した二通りの用法も既に戦前から行なわれていた。ただし、今日のように頻繁に使われていたわけではない。そして、①の用法が主流であったように思われる。それが現在のように盛んに使われるようになったのは「神道指令」以後である。しかも、戦後は②の用法が優勢になった。（二八六ページ）

なお、「国家神道」の語の用法の歴史は、その後、藤田大誠「「国家神道」概念の近現代史」（二〇一八年）によって詳しく検討されており、そこでは、「国家神道」だけではなく「神道」の用法をも検討する必要があるとされています。私としてはあわせて、「皇道」の用法も大いに検討する必要があることを強調したいところです。戦後の広義の「国家神道」にあたるものは、戦前は「神道」「皇道」などの語でよばれることが多かったと考えるからです。

2　国家神道と代替わり儀礼

宮中三殿とその由来

代替わりで新たに天皇が即位するときは宮中三殿というものが見えます。しかし、一般の国民がこれを目にすることは滅多にありません。ただ、こんな立派なものがあるのだと代替わりのときにわかるわけです。この宮中三殿は明治以降にできたものです。昔の御所にはこういうものはなかったのです。従来、宮中の地図にはあまりこの宮中三殿を描いていないことが多かったのですが、最近ようやく描かれるようになりました。吹上御園というところがあります。前の明仁天皇のときから、年に二回、乾通りが一般の国民に公開されるようになりました。ふだん都会では見られないきれいな植物がたくさんあり、珍しいものもありますから、今は見学者が多いです。ところが、それまではいわば謎に包まれたところでした。

その吹上御園に宮中三殿があり、三つの社殿が並んでいます。真ん中が賢所《かしこどころ》です。これが天照大神が祀られているところです。昔から宮中にありました。でも小さな施設でした。そこに向かってふだんから礼拝するというような場所ではありませんでした。その向かって左側に皇霊殿というものがあり、右側に神殿があるのです。皇霊殿というのは歴代の天皇、皇后、あるいは皇族が祀られている社殿です。神殿というのは日本の神々が集約されているというイメージです。これはもともと御所の外に神祇官という宗教施設がありました。日本の律令制度に規定されていたものです。奈良時代に入る頃に律令制度が整って、その制度下で太政官という政治の中心と神祇官という宗教の中心ができた。そこに八神殿というのがあったのです。

だから神道にはもともと国家の重要な機関という位置づけがあったということです。もともと、というのは七世紀から八世紀に移る頃ですが、それは中国の律令制を取り込むときに中国の皇帝の祭りに対応する日本の天皇の祭りを形にしたものです。日本の祭りは中国の祭りに対して、ローカルというか土着的です。中国の皇帝が祭るのは天ですが、日本の神はあちこちの土地にいる神様、そういう神々を祀る諸社の中心である伊勢神宮の神を中心にして神祇官というのがあったのです。

この神祇官を明治維新のときに復活させました。しかし、天皇自身がお祭りすることにした。神祇官というのは中臣氏、藤原氏に任せて、その後はいろいろ紆余曲折があって、白川家や吉田家が明治以前には祭祀の役割を受け継いできたのです。ところが、明治維新の尊皇の立場からは、国家祭祀が古代以後の歴史のなかで天皇から離れてしまった。これをもう一度天皇に戻すのだと考えた。天皇が自ら親しく政治をし、お祭り（祭祀、儀礼）をする。天皇親政、天皇親祭です。そしてさらにそれを国民に教え、国民を導く核にもする。こういう体制を目指したわけです。

剣璽等承継の儀と天津日嗣

儀礼を国家の支えにするというのは儒教の影響を大きく受けた仕組みです。中国を真似ながらできてきた日本の体制があり、それに合わせて天皇に権威を集める。ここに神道の核が固まってきます。天皇は神々のなかの天照大神と結びついている。そういうなかで、国家的神道儀礼ができてきたということになります。天皇の代替わりのときには、まずこれをやらなくてはいけません。「剣璽《けんじ》等承継の儀」ですが、これを戦前は「剣璽渡御《とぎょ》の儀」と言っていました。剣璽というのは三種の神器、天皇がもっていなければならない三つのレガリアのうちの二つです。三つというのは、一つは八咫鏡《やたのかがみ》、天照大神の象徴で伊勢神宮にあります。二番目が草薙剣《くさなぎのつるぎ》、これは熱田神宮にあるとされています。三番目が八尺瓊勾玉《やさかにのまがたま》、これを「璽」という漢字で表します。これが三種の神器です。

このうち剣璽という後の二つは、一つ（剣）は熱田神宮にもありますが、天皇の居室の横にいつも王権の根幹をなす神聖なものを置いておく部屋があって「剣璽の間」といいます。この剣璽は天皇が神聖な政治をするためになくてはならないものなので、まずこれを新たな天皇に渡します。これが「あまつひつぎ（天津日嗣）」という、天皇が神聖な位を継承していることの印になるわけです。伊勢神宮はそもそも天皇から遠くにあるべきものということで、鏡は入っていません。剣璽のこの二つをしっかり受け継ぐというのが大事で、これをやらないと新しい天皇の権威は生じないという体制です。

ですから、令和に替わるときに一月一日に元号が変わらなかったのは、一月一日には四方拝という行事を朝からしなくてはならないためです。これはずっと伝統的にある行事で、その前に剣璽等承継の儀をするのは無理だということで、四月に行われました。島根県の山辺神社にある堀江友聲筆の掛け軸「古事記絵詞」は、江戸時代の終わりから明治の初め頃に描かれたものですが、その「天地開闢の図」では天照大神が真ん中にいて、右に高皇産霊尊《たかみむすびのかみ》という補佐役のような神がいて、そして左側に瓊瓊杵尊《ににぎのみこと》がいる。これは「天孫」といって天照大神の孫です。そのニニギノミコトが三種の神器を渡されて、地上に降りて天孫降臨となる。神武天皇の三代前になりますが、日向の地に降りて天皇の支配が始まる前段となります。歴代の皇位継承はこの天孫降臨の場面を再現するかのように剣璽の引き継ぎが行われるのです。

一世一元の制と中国の影響

その後に神武天皇が「神武東征」を行って大和で即位します。まずは日向に降りて、そこから大和に移ったのが神武天皇です。堀江が描いたのは、天照大神が天皇に葦原中津国《あしはらのなかつくに》というこの日本の国の支配を委ねる場面なのです。この天孫降臨のときに初めて三種の神器を神から地上の支配者に渡したということで、天皇家はこれを代々繰り返すということになります。これは今ではテレビでも映されまして、平成の天皇、令和の天皇も神話的な起源を再現する儀礼に関わることになっています。

今はこの儀礼を元号が変わるときに行うのですが、今のように元号が一世一元（一世一元の制）になったのは明治維新のときです。そして、戦後にあらためて法制化しました。一九七九年のことです。ところが、これも中国に倣っています。中国でそのようになったのは明から、つまり中国が大帝国になって以後の明清の時代で、一四世紀以降となります。それまでは中国に倣って同じ天皇の間にも元号は変わっていたのですが、明治維新後は一代の天皇は同じ元号で行くということになりました。こういう制度を決めたのは明治維新のときですが、戦後にもそれを法制化したのは、神話的な起源を尊ぶ宗教的な態度が背後にあるわけです。

こういうことを着々と進めて、神聖な天皇の支配という戦前の形に少しでも近づけたいという考え方があります。これが自民党のなかに一定勢力としてあるということです。それを宗教的に支えているのは神社本庁、そして日本会議や神道政治連盟という勢力ということになります。日本の右派と言われる勢力には、そういう宗教的なバックがあるわけです。そして戦前の体制こそ本来の日本の姿だ、戦後の制度は占領軍に押し付けられたものだと主張するわけです。

ただ従来の多くの学者が明らかにしてきたところから見ると、そのような戦前の体制は明治維新のときに作られたものであり、また中国を真似したり、西洋近代国家の真似をしたりしながら、そういう体制を作ったのです。その側面を見る必要があるということです。国家統一のために、植民地主義的な西洋諸国に対抗するためにそういうことをやった。そういうことをやって、自らがまた植民地主義になっていったと、こういう過程であるわけです。そのためにたいへんな犠牲を払ったのです。

大嘗祭と新嘗祭

天皇の代替わりのときには即位の礼も行います。この儀礼は神道色が少ないです。「高御座《たかみくら》」というものを作って、統治者の地位を引き継ぐ儀礼としています。要するに、天命を受けた神聖な皇帝が地上を統治するという中国風のシステムは、国家そのものが宗教的な権威をもっているという体制で、西洋のように宗教的権威と国家が分離するということを経験していないということになります。ですから中国共産党になってもトップの総書記が神聖な権威をもつというふうになりがちです。毛沢東のように崇拝されたこともありました。習近平もそれを引き継ごうとしている側面があるようです。それは日本の場合は天皇制という形でそうなっているということだと思います。

他方、日本の天皇は大嘗祭《だいじょうさい》という儀礼を行います。これは一年がかりで行います。平成の大嘗祭は一九九〇年、平成二年に行われました。昭和天皇が亡くなったのが一九八九年一月七日でしたが、そうするとその年に大嘗祭を行うのは間に合いません。長時間をかけて準備しなくてはならないのです。大正のときも昭和のときも、大正三年とか昭和四年に行われたように、すぐにはできないのです。というのは、大嘗祭のためのお米を作るところから準備をしなければならず、それもどこでお米を作るかを決めて、そこのお米を供えるからです。

要するに稲の収穫の儀礼が元になっています。大嘗祭は天皇の即位のときだけですが、毎年の稲の収穫後には、天皇は新嘗祭を行います。伊勢神宮には神嘗祭《かんなめさい》というのがあって、神様に新たに収穫されたお米をお供えする。伊勢神宮というのは稲のお祭りを主軸とする神社です。それの宮廷版が新嘗祭です。神嘗祭は私も一度見学したことがあるのですが、夜中に神職らが行列を作って、神前にお供えをする。なかなか荘厳な儀式です。しかしその意味は、その年の稲の収穫を、神に供え感謝するということです。

これを毎年行うのが一一月二三日で、今は勤労感謝の日ですが、戦前は新嘗祭でした。ちなみに日本の祝日、祭日というのはほとんど天皇関係です。これは明治のときにそう決めたということです。新嘗祭を、新しい天皇の即位のときにやるのが大嘗祭ということです。これは歴史上、応仁の乱以後(一四七七年以後)、二二〇年余りなされなかったことはありますが、もとはといえば、天武天皇の頃からです。その前もあったかもしれませんが、奈良時代の始まる前の頃、律令制ができた八世紀初め頃から続いていることは間違いない。そういう国家的儀礼と神道が結びついているわけです。

大嘗祭をめぐる儀礼もそうですが、宮中三殿での儀礼はたくさんあってたいへん忙しい。つまり天皇は神道の儀礼をするのがとても忙しいのです。しかし、天皇の働きというのは、むしろ国民とともにいるということが重要なのだというのが、平成の明仁天皇や美智子妃殿下たちの考えで、それは保守派から見ると、余計なことをするのはやめるべきだ。伝統的な宮中の儀礼こそ大事なので、それに集中すれば生前退位などは必要ないということで、揉めたのでした。

近代に作られた祭りという性格

令和の大嘗祭では大嘗宮という大きな建物を作りました。短期のお祭りにこんなにお金をかけなければいけないのだろうかということで疑問をもたれています。大嘗宮の設営関係費は一五億九五〇〇万円が予定価格とされましたが、九億五七〇〇万円で清水建設が落札しました（最終的には一二億五〇〇〇万円）。これについて秋篠宮はそれほどのお金をかけなくていいのではないかと意思表示しました。

というのは、これほど大きな行事になったのは大正以来です。生前からたいへん深く崇敬された明治天皇は、亡くなってすぐに神様になりました。明治期には日露戦争に勝って現人神的な天皇という観念ができてきます。明治天皇が神としての天皇を体現したわけです。そこで大嘗祭も大々的な儀式になりました。日本の民俗学を形づくった柳田國男は高級官僚でもありましたが、歴代の天皇はそんなことはしていなかった、これは本来の大嘗祭ではないと言って批判しました。

国民を巻き込む神道祭祀というのはやはり近代国家からです。日本の近代国家の元になるものは、中国の近世の国家に起源する帝国的な国家、そして西洋の帝国主義的な国家、こういうものを取り入れてできてきました。西洋の植民地主義と近代国民国家の広がりという要因とともに、中国近世の中央集権国家に倣って儒教的帝国化を進めてきたという要因が重なり合って、国家神道体制が形成されてきたわけです。

しかし、憲法の政教分離の規定がありますので、神道儀礼である大嘗祭の情景はテレビではあまり映しません。特に大嘗祭は憲法の政教分離の規定があるからできるだけ映さないようにしているわけです。しかし、それを掘り崩していき、戦前に近づけようとする立場の人たちがいるわけです。

たとえば、天皇は伊勢神宮に即位の報告に行きます。それから歴代の天皇のお墓に「山陵使」というのが派遣されます。明治天皇は京都で生まれ育ち、京都こそ天皇の場所だという意識があったので、その意思でお墓も桃山墓陵といって京都に作られました。今は東京に葬られますが、これも明仁天皇はできるだけ簡略にしたいという考えだったようですが、大々的にしたい人たちはいるということになります。

3 近代皇室祭祀の創設

神道による国家統合へ

こういう宗教的な行事を遡ると、明治期に新しい制度を作ったということが見えてきます。これについては、村上重良（一九二八―一九九一）という宗教学者が一九七〇年代に概説書を岩波新書で出しました。『国家神道』、『天皇の祭祀』、『慰霊と招魂』という三冊です。とくに『国家神道』は何十刷も出て、よく読まれてきたのですが、少しずつ足りないところがあって、そこを突かれて、村上が勝手に国家神道という概念を作ってしまったと批判する人がいます。確かに不十分なところは多々あるのですが、しかし私は大筋は妥当な捉え方だと思っています。

先ほど述べたように、明治維新後、神祇官の施設を皇居の外に作りました。「再興」ということで、神道の新しい中心施設を作って、神道全体を統括しようとしたわけですが、これは長続きしませんでした。結局、それを支える人員がいないのです。全国に神社はたくさんあるけれども、伊勢神宮と関係があるものはさほど多くはありません。ところが伊勢神宮を新たに強力な中心的崇敬対象としようとしました。伊勢神宮に天皇がお参りに行くというのは歴史上なかったことです。七〇〇年頃、天武天皇の妻の持統天皇が伊勢に行幸しましたが、伊勢神宮にお参りしたかどうかはわかりません。

その後、近代に至るまで、伊勢には常に皇族の女性が行くという時期が長かった。「斎宮」です。そういうことはあるのですが、天皇自身は行きません。ところが、明治天皇はそこへ行った。これは新しい天皇親祭体制の布石になります。つまり、そういう伝統を作っていったということです。そして伊勢神宮の下に全国の神社を一つにまとめました。多くの神社はだいたい神仏習合で、さまざまな祭祀のあり方がありました。そしてしばしば、神職の上には仏教の僧侶がいるというのが大方でした。それから小さな神社であれば農民が儀式も行う。家々が順番に祭祀の役を担うのを「お当屋」（お頭屋）と言って、順番に儀式を持ち回ることも多かったわけですが、すべての神社を格付けして、伊勢神宮を頂点とするヒエラルヒーの組織にしようとしました。

新たな神道組織の形成

そして明治の終わりぐらいになりますが、神社に国からお金が支出されるようになります。神職は次第に公務員待遇になってきます。それでも国庫支出が足りず、神社が大切にされないとして、もっとしっかりと神社を財政的に支えようという運動を神職や国家神道支持勢力はしていきました。その神職というのは、一八八〇年代に新たに神職を養成する制度（皇典講究所と皇學館）ができてから育てられてきた人たちが多いのです。これが今の國學院大学と皇學館大学のもとになります。

それまでは天皇を中心とする国家的神社組織のなかの神職という観念はなかったわけです。江戸時代には吉田家とか白川家が神職を権威づけることはあったのですが、そこで資格を得た神職は修験者などに攻撃されず、独自の宗教活動ができるからでした。権威をもらうために吉田家や白川家とつながりをつけていただけだったのですが、明治維新後は新たに国家が全国の神社を一つの組織にまとめようとしていきました。

その一方で、明治維新のすぐ後に神仏判然令が出され、神仏分離が進められました。これまで多くの神社は仏教と一体となった施設でした。たとえば京都の八坂神社は祇園感神院とよばれていました。「祇園精舎の鐘の声」の祇園ですから、インドの仏教施設に由来する仏教用語です。民衆の崇敬は牛頭天王《ごずてんのう》が一番の中心でした。インドの神様が仏教の守護神になって、牛の頭をもつ牛頭天王とよばれたのです。これが明治維新のときに須佐之男命《すさのおのみこと》こそが本来の崇敬対象ということになり、八坂神社という名前になったのです。その前から神道的な要素がなかったわけではもちろんないですが、それを中心的な地位に高め、仏教的要素を排除していったわけです。

このようなわけで、全国の神社に行ったときには、明治維新前はどうだったかということを考える必要があります。大きく変わってしまったわけです。それとともに、新たに皇室祭祀と天皇崇敬が強化されていきました。要するに、欧米諸国の国力が強いのは、キリスト教によって国民が団結しているからであり、それに対抗できるような精神的基盤を作らなければならない。と同時に、徳川幕府に代わる新しい権力を作らなければならない。その一大変革の柱であったのが尊王攘夷運動です。攘夷、つまり、海外の勢力を打ち払うためには尊王（尊皇）で結束するということです。それまで大名に向けられていた、あるいは幕府と将軍に向けられていた崇敬心・忠誠心を、もう一段階強めて天皇に集中させる、こういうことになるわけです。

皇室祭祀と祝祭日

そのために明治政府は関連する制度や仕組みを作っていきました。まず、国民の休日をどうするか、祝祭日をどうするかというときに、一八七〇（明治三）年の布告では、大正月、小正月、上巳の節句、端午の節句、七夕の節句、中元・お盆、八朔・田実《たのみ》の節句、重陽の節句、天長節としていました。天長節というのは天皇誕生日です。最後だけが天皇関係のものです。ところが、一八七三（明治六）年の布告では、ほとんど皇祖皇宗崇敬に関するものばかりになります。まず一月三日の元始祭というのは、このときに初めてできたもので、天孫降臨を思い起こす新しいお祭りです。

それから紀元節も明治維新後にできました。二月一一日という日にちは、いろいろ計算したらこのぐらいになるということで決めたもので、それまではまったくなかった日です。そもそも神武天皇を祀る神社、橿原神宮は、そこで神武天皇が即位した場所とされますが、あまり根拠はありません。また、神武天皇のお墓（神武天皇畝傍山東北陵）というのも、幕末にこのあたりということで決めていったものです。もともと天皇の陵墓とされているものが各地にあったのですが、それがどの天皇かわからない。それをいろんな形で決めていくということを、江戸時代の終わりに尊王の学者たちがやってきたわけです。それを引き継いで神武天皇を神話的な「天津日嗣」の始まりとして大きくクローズアップする制度を作っていったわけです。春分の日、秋分の日は春季皇霊祭、秋季皇霊祭です。もともと先祖を祀る日、死者供養の日だったのですが、天皇の先祖をお祀りする日になったわけです。

こういうことでほとんどの祝祭日には皇室祭祀が行われ、それに合わせて神宮、神宮というと伊勢神宮のことですが、伊勢神宮のお祭りがあり、全国の神社もそれに倣ってお祭りをする。このように皇室祭祀を中心として、伊勢神宮が頂点に位置する全国の神社の祭りが行われるという体制が作られたわけです。要するに神道のお祭りというのは、皇室のお祭りに沿ってやるものだということにしたのです。「神武創業」といって、神武天皇の始まりのときに立ち返っていく。この始まりに返るというのは宗教にとって大事なことですが、近代国家を作るときに、国家を権威づけるためにそれを行いました。それまで神武天皇はほとんど国民に知られていませんでした。それを新たに大々的に宣伝していく錦絵も盛んに描かれたわけです。

祭政一致と天皇崇敬

そこには「祭政一致」という大きな建前があります。これはある意味では、現代も続いています。重要な理念です。今でもそれを手放さないところがあるわけです。天皇陛下はお祭りをするのが忙しい。これこそ日本の「国体」、「国柄」と今は言い換えたりしますが、その核心にあるものとされます。そして戦前は誰もが逆らえなくなる「国体」という言葉が次第に絶対的な権威を担うようになってきました。日本は神の意志によって委ねられた万世一系の天皇による統治がある。この国体ゆえに王朝が一度も交代していない。これは世界の他の国にはない素晴らしい国家体制だということになります。これは王朝を交替しながら帝国を築き上げてきた中国に対するコンプレックスのなかから出てきた言葉とも言えますが、その一方で、欧米社会に対する精神的優越を確保するための用語ともなっていきました。

そしてこんな歌が唱歌となり、学校で歌われました。

天長節　　　　　　　　黒川真頼《くろかわまより》

今日の吉き日は　大君の　うまれたまいし　吉き日なり。
今日の吉き日は　御光の　さし出たまいし　吉き日なり。
光遍き　君が代を　祝え　諸人　もろともに。
恵み遍き　君が代を　祝え　諸人　もろともに。

元始祭　　　　　　　　鈴木重嶺作歌、芝葛鎮作曲

天津日嗣の際限《きわみ》なく。天津璽《しるし》の動きなく。
年のはじめに皇神《すめがみ》を。祭りますこそかしこけれ。
四方の民くさうち靡き。長閑《のど》けき空をうち仰ぎ。
豊栄《とよさか》のぼる日の御旗。たて丶祝は丶ぬ家ぞなき。

「光遍き君が代」とありますが、「君が代」という歌の「君」は、もともとは天皇という意味をもっていませんでした。だから学校で歌っても宗教的な意味はないというのですが、この歌がかつて国家

神道と深く結びついていたことも確かです。それゆえ抵抗感がある学校の先生もいるのですが、そういう先生方にも歌いなさいといい、歌えない先生を処分する。大阪でも東京でもたくさんの教員が処分されてきましたが、国際労働機関（ＩＬＯ）では人権上、問題があるとの見解が出されています。先ほどの天長節の唱歌を見ても、君が代というのは天皇の治世を神聖なものとして尊ぶという意味があることがわかります。元始祭の歌では「天津日嗣」とあります。これは、先ほど述べたように歴代の天皇が瓊瓊杵尊以来の神聖な地位を継承しているということです。

「豊栄のぼる日の御旗」ですが、そもそも日の丸というのも、いつから尊ぶようになったのかというと、明治維新後でしょう。そして戦前は、日の丸よりも軍旗が重要でした。大元帥である天皇と一体化された軍旗こそが神聖なもので、西南戦争のときに乃木希典はその部隊が軍旗を失った。これが彼の殉死の大きな動機となったということがあり、戦前・戦中にはそれが賛美されたのです。

教育勅語と神聖天皇

次に教育勅語です。教育勅語の大事なポイントは、「我《わ》ガ皇祖皇宗国ヲ肇《はじ》ムルコト宏遠ニ徳ヲ樹《た》ツルコト深厚ナリ　我ガ臣民克《よ》ク忠ニ克ク孝ニ億兆心ヲ一《いつ》ニシテ世世厥《そ》ノ美ヲ済《な》セルハ　此レ我ガ国体ノ精華ニシテ教育ノ淵源亦実《またじつ》ニ此ニ存ス」という始まりの部分です。この「国体ノ精華」とありますが、この場合の国体というのは、日本にしかない神聖な国のあり方ということです。この後は普遍的な良いことが書いてあるとも言えます。「爾臣《なんじ》民父母ニ孝ニ兄弟ニ友ニ夫婦相和《あいわ》シ朋友相信《あいしん》ジ恭倹《きょうけん》己レヲ持シ　博愛衆《しゅう》ニ及ボシ学ヲ修メ業ヲ習ヒ以テ智能ヲ啓発シ徳器ヲ成就シ　進《すすん》デ公益ヲ広メ世務ヲ開キ常ニ国憲ヲ重《おもん》ジ国法ニ遵《したが》ヒ」、とあります。

今の政治家にも守ってほしいと思うようなことも書かれていますが、その先です。「一旦緩急アレバ義勇公ニ奉ジ以テ天壌無窮ノ皇運ヲ扶翼スベシ」とあります。ここに出てくる「天壌無窮」ですが、これは天照大神が瓊瓊杵尊に三種の神器を与えたときに与えた「天壌無窮の神勅」、つまり神聖な神の命令から来ています。「勅語」というのも、神聖な天皇が神から受けた使命に従って、国民に正しい生き方を教えているという意味が含まれています。したがって、この文章は、神聖な存在が自ら語りかけて、これはあなたが一生、守らなければならない神聖な教えだと説くという言語運用構造をもっている。そこに神聖な教えに従う姿勢が形づくられる、こういう「教《おしえ》」なのです。明治政府では「祭政一致」が掲げられていましたが、さらに「祭政教一致」という言葉もありました。その「教」はこの教育勅語で具体化されました。ですから、「国体」と「教育勅語」はたいへん密接に結びついており、戦前の精神的支配体制の核心をなす重要な要なのです。

教育勅語の宗教性をめぐって

にもかかわらず、この教育勅語は戦後にも意味があるのではないかということで、現職の広島市長（松井一實）も職員への講話のなかで、そういうことを言いました。学校教育の現場でも、こういう教育勅語を子どもたちに教えていいのではないかという考えがあります。というのは、戦争が終わったときも「国体を護持する」ということは否定できなかったということがあります。天皇陛下の治世を守ることがかろうじてできたという考えが優勢であり、それに反することを言うのは、戦争に負けた後もなかなか容易ではなかったのです。戦後の文部大臣はほとんどキリスト教徒、あるいはそれに近い人たちです。前田多門や田中耕太郎などです。南原繁は文部大臣にはなっていませんが、そういうキリスト教のリーダーが戦後の日本の体制を作っていきました。しかし、彼らのなかでも天皇崇敬はたいへん強かった。

ですから、国体を護持する、それならば教育勅語も守っていこうという考えが続いていました。占領が終わった時の文部大臣は、天野貞祐《ていゆう》という人です。獨協大学の創立者で哲学者でカントの研究家ですが、彼はキリスト教徒ではないけれども、普遍主義的な倫理を尊ぶという信念のある人です。その天野が教育勅語が大事だという考え方を文部省に残したのです。新しい教育勅語を出すという考え方もあったのですが、代わりに教育基本法ができました。これも世界にそれほど類例がないものなのです。その教育基本法を日本の国体に少しでも近づけようとしたのが安倍晋三首相で、第一次安倍政権のときに教育基本法の改正をしました。

教育勅語が前提としている「天壌無窮の神勅」というのは、「葦原《あしはら》の千五百秋《ちいおあき》の瑞穂《みつほ》の国は、是《これ》、吾《あ》が子孫《うみのこ》の王《きみ》たるべき地《くに》なり。爾皇孫《いましすめみま》、就《い》でまして治《しら》せ。行矣《さきくませ》。宝祚《あまのひつぎ》の隆《さか》えまさむこと、当《まさ》に天壌《あめつち》と窮《きわま》り無けむ」（『日本書紀』）というもので、現代語訳すると「日本国は、我が子孫が王たるべき国である。さあ瓊瓊杵尊《ににぎのみこと》よ、行って、しっかりと治めなさい。恙《つつが》なくお行きなさい。天津日嗣《あまつひつぎ》（宝祚＝皇位）は、天地と共に永遠に栄えることでしょう」となります。これが戦前の国家神道の中核にあるものであり、教育勅語にも入っているし、天皇の代替わりの儀礼もそれに則っているのです。

教育勅語・修身・奉安殿

「天壌無窮の神勅」に異議を唱えるということは、大逆罪につながる可能性がある。大逆罪は天皇、皇后、皇太子などに危害を加える罪ですが、それが拡充されて、天皇の支配を認めない思想を厳しく取り締まることにつながっていきます。そして、教育勅語に則って修身という科目ができました。現代日本でなぜ道徳という科目があるのか。西洋諸国だと宗教の科目の方が多いわけですが、なぜ道徳かというと、やはり戦前の修身が道徳に変わったということです。その修身の教科書は教育勅語に則っているわけですが、天皇についての章が毎学年あり、かなり重要な部分としてあったのです。

修身の教科書には、「キグチコヘイハ　イサマシクイクサニデマシタ。テキノタマニアタリマシタガ　シンデモラッパヲ　クチカラハナシマセンデシタ」（第二期国定教科書では小学校一年生）というような文章が掲載されていました。これは戦前の子どもたちにはとても重要な精神指針でした。私は一九四八年生まれですが、中学生のときブラスバンドの先生からこれが正しい楽器の演奏のあり方だとして教わりました。戦後もこういう精神文化が伝わっていたということになります。

この教育勅語が各学校に配られたときの光景が残されています。小学校だけでなく中学、高校まで配られて、第一高等学校では教官の内村鑑三が、教育勅語に対して拝礼ができなかったというので、学生や教員らに責められ、そのために内村鑑三は一高を辞めました。また、その頃にはなく昭和になってできたものですが、奉安殿というものがありました。普段はここに御真影と教育勅語が納められており、ここに子どもたちは礼拝をするということになりました。これは要するに国家神道の施設であり、宗教です。こうした学校での儀礼を国家神道に含めて捉えることに反対する人もいますが、それはそれとしてこういう礼拝施設が学校にできたのは確かです。

靖国神社と軍人勅諭

もう一つ国家神道の施設というと、神社が重要です。学校は天皇の神聖さを教える機関であり、教育勅語を読み上げ学ぶ場所とされました。学校から神社参拝にも行きました。修学旅行で橿原神宮に行ったり、伊勢神宮に行ったりする。そしてもう一つは軍隊です。軍隊は尊皇攘夷の軍隊がモデルでした。長州藩や薩摩藩がその初期の担い手でした。近代軍の基礎を築いた長州藩出身の大村益次郎が作ったのが、東京の靖国神社です。もとは東京招魂社です。招魂社というのは、まず高杉晋作の奇兵隊の死者のために、山口県下関に作られました。今は桜山神社となっています。その後、長州藩、続いて官軍側がこれをモデルにして、各地に天皇のために死んだ人を祀るということになります。ですから、官軍に敗れて「朝敵」として死んだ西郷隆盛は靖国神社に祀られていません。もちろん白虎隊もそうです。

そして、靖国神社は陸軍省、海軍省の所管です。全国の神社は内務省によって組織されていましたが、靖国神社は異なります。だから軍隊の神社です。軍人・兵士が死んで神道式にお祀りするというだけではない。その上に神になる。そして神として祀られ、天皇がそこへ礼拝に行くことが重要だったわけです。軍人たちが並んでいるところに大元帥である天皇が必ずお参りする。臨時大祭というときに合祀するわけです。亡くなった兵士を神にする。その神になった後に天皇がそこへお参りするというのが、たいへん重要な儀式だったわけです。

教育勅語は写しが各学校に置いてありましたが、これが地震や火事といった災害に遭うと、持ち出さなくてはいけない。そのために殉職した校長先生や教員のリストがかなりの数あります。そういう具合に天皇の神聖化がどんどん進んでいったのです。

4 「国体護持」と「国家神道の解体」

神道指令とアメリカの政教分離観

先ほど述べたように国体護持という建前がうやむやのままに八月一五日に終戦となりますが、GHQは素早く、いくつか神聖天皇中心の日本の体制を変えていくための方策を取りました。ただかなり早い段階で天皇制を維持するという判断を下します。このあたりはアメリカが、その方が占領統治がしやすいということで、そのような方策を選びました。国家神道や神聖天皇崇敬にもっと厳しい見方をしていた国も多くあります。しかし中国、フィリピン、イギリスといった連合国側の判断よりもアメリカは共産主義の脅威を意識しながら、もっと現実的な方向で、日本の国体護持ということを認めていきました。日本国民にはそういうふうにして、要するに天皇は裁判にもかけず、天皇の退位もさせずに――退位をする可能性はかなりあったのですが――天皇制を象徴天皇という形で残すという方向になります。

その判断の下で、GHQは神道指令というものを出しました。これは要するに、日本では天皇が神のように崇められ、あらゆるところで神道が日本の国の柱になっている。しかし、アメリカの考え方は、宗教というのは人間を自由にするものであり、宗教を圧迫する国家は良くないという大前提があります。つまり、ヨーロッパの国教体制の下で抑圧されたマイノリティがアメリカに行って、本来の信教自由な世界をここでこそ実現する。ここでこそキリスト教が本来のあり方に立ち返る。その信教の自由を世界に広めることがアメリカの使命であり、国是であるということです。そのように、宗教というのはそもそも人を自由にするはずのものだが、そうならないのは権力に抑圧されているから、あるいは取り込まれているからだと考える。

日本の場合はそこに「国体論」というイデオロギーが働いたと捉えます。二〇世紀のある時期まで、宗教は人を自由にする一方で、共産主義や全体主義というイデオロギーが問題だという考え方がありました。ファシズムと共産主義、これは宗教まがいの何かでありイデオロギーであり、これが人々を欺いたと見たのです。したがって日本の場合は神道が国体論・天皇中心の超国家主義（「八紘一宇」）のイデオロギーによって歪められた。神道がイデオロギーによって曲げられてしまったので、これをイデオロギーから自由にすること、それから神道を国家から切り離すこと、これが戦前の日本の誤った体制からの解放の核心だと捉えたわけです。西洋諸国では、国家から教会を切り離すことが政教分離です。エスタブリッシュト・チャーチ、つまり国教会をディスエスタブリッシュすること、つまり国教会という地位をなくすこと、これが現代のキリスト教の大きな課題だという認識を日本にもあてはめたわけです。

神道指令における「国家神道」

これは政教分離というフランス革命、アメリカ革命以来の西洋的なキリスト教世界における宗教と国家の考え方の柱でした。これを日本にもあてはめて、神道を国家から、またイデオロギーから切り離せば、神道は本来の宗教として人々を自由にできる。こういう考え方がアメリカ人には理解しやすかったのです。もちろん日本のことをよく研究していましたから、これは違うぞと思っている人はいたと思われますが、とりあえず一九四五年一二月に出されたいわゆる神道指令は、そういう考えの下で神社を国家から切り離し、イデオロギーをなくすという考えに則っています。

そこで、神道指令では、「国家神道」を次のように定義しています。「本指令ノ中ニテ意味スル国家神道ナル用語ハ、日本政府ノ法令ニ依テ宗派神道或ハ教派神道ト区別セラレタル神道ノ一派即チ国家神道乃至神社神道トシテ一般ニ知ラレタル非宗教的ナル国家的祭祀トシテ類別セラレタル神道ノ一派（国家神道或ハ神社神道）ヲ指スモノデアル」。そして、それに加えて、次のようなイデオロギーを排除しようとしています。「神道ノ教理並ニ信仰ヲ歪曲シテ日本国民ヲ欺キ侵略戦争へ誘導スルタメニ意図サレタ軍国主義的並ニ過激ナル国家主義的宣伝ニ利用スルガ如キコト」、「日本ノ天皇ハソノ家系、血統或ハ特殊ナル起源ノ故ニ他国ノ元首ニ優ルトスル主義」。

「宗派神道或ハ教派神道ト区別セラレタル神道ノ一派」とあります。宗派神道とか教派神道というのは天理教とか、金剛教とか、黒住教とか、扶桑教（富士信仰の講を組織したもの）等々です。そういう教派は一三派あり、これを教派神道とか宗派神道とよびました。これらの宗派神道あるいは教派神道と、そうではない神道、すなわち国家神道ないし神社神道として一般に知られる神道という分け方で、ここでは国家神道と神社神道が同じものとして考えられています。国家神道とは神社神道が国家と結びついた形であるという理解です。

天皇の人間宣言と皇室祭祀

ただ国家と神社神道を切り離すだけでは足りないというので、イデオロギー排除の規定が入っているわけです。そうすると、ミリタリズムやウルトラナショナリズムが神道と結びついたために神道がおかしくなったのだということになります。そして「日本ノ天皇ハソノ家系、血統或ハ特殊ナル起源ノ故ニ他国ノ元首ニ勝ルトスル」考え、これは国体ということに結びつき、天壌無窮ということと結びついているものですが、ここに急所があるということもわかっている。だから、これは新しい神道のなかでも抑えなくてはいけないという考え方だったのです。

しかし、これでもなお足りないというので、一九四六年一月一日にいわゆる「天皇の人間宣言」が出ます。これを天皇が言うことで、天皇の神聖化を抑えるとともに、天皇の地位の持続の布石とするということです。これは誰が考えたのか。GHQがそう指示したのか、日本側が申し出たのかよくわかりません。阿吽の呼吸だったのでしょうか。つまりどちらもそれがいいと思ったということです。つまり日本側としては、これで「国体を護持」することができる。国体を護持するためには、天皇の神聖化を抑えることが必要だということになります。天皇制を守るための作戦です。一方、GHQは占領統治をうまくするためには天皇の権威が役立つと考える。天皇が退位させられたら、日本はどういうふうになるかわからない。共産党などが出張ってくれば困るというので、天皇の人間宣言が出されたということになります。

ところが、この神道指令のなかでまったく欠けているのは皇室祭祀です。天皇が祭祀をやめるということはどこにも書いていない。天皇に関する事柄は未定でした。まだその頃は決められていない。日本国憲法成立の段階でようやく輪郭ははっきりしてきますが、天皇が巡幸すると国民から熱烈歓迎される。戦後になってもそういう状況です。それを見ながら、天皇のお祭りはほぼそのまま残ったということです。だから今も天皇は祭祀関係の行事で忙しいわけですし、高齢になるとそこまでやらなければならないかということが、とても多くなってしまっています。

神社本庁と「神社本庁憲章」

そして神社本庁という組織ができます。神社本庁は一九四六年の一月すぐに発足しています。これまでの地位を神社が失う。それに代わって、新しい組織を作り、目標としては元の地位へできるだけ戻す。これが神社界のリーダーたちの考えでした。神社本庁という組織の名称からして、お役所的です。つまり、戦前に戻り、国家的な地位を回復することが目標です。戦後の憲法では天皇が日本国の象徴、また国民統合の象徴であり、国会の開会も宣言する体制です。その天皇の先祖の神が天照大神であり、それを祀るのが伊勢神宮です。その伊勢神宮こそが神社全体の中心なのだ、だから神社が国家的な地位をもつのは当たり前だというのが神社界の考え方です。

神社本庁は当初、神社は教義などないのが本来の形だと言っていたのですが、一九八〇年に「神社本庁憲章」ができます。「第一条　神社本庁は、伝統を重んじ、祭祀の振興と道義の昂揚を図り、以て大御代《おおみよ》の弥栄《いやさか》を祈念し、併せて四海万邦の平安に寄与する」。世界平和を願っていると言います。

けれどもその前に「大御代の弥栄を祈念し」とあります。この「大御代の弥栄」というのは、天皇陛下の治世が永遠に栄えていくということで、国体論につながる言葉です。「第二条　神社本庁は、神宮を本宗と仰ぎ、奉賛の誠を捧げる。2　神社本庁は、神宮及び神社を包括して、その興隆と神徳の宣揚に努める」とあります。「神宮」とだけ出てくるときは、伊勢神宮を指します。全国の神社はすべて伊勢神宮を中心にするのだということを、神社本庁は宣言しているわけです。

「第三条　神社本庁は、敬神尊皇の教学を興し、その実践綱領を掲げて、神職の養成、研修、及び氏子・崇敬者の教化育成に当る」とあります。神社本庁は「敬神」だけでなく「尊皇」の要素が欠かせないということです。これは全部、明治維新後に広められた神道のあり方です。『神社本庁憲章の解説』（一九八〇年）という文書を見ると、第一条について、「祭祀の振興、道義の昂揚により、究極的に目指すところは大御代の弥栄である」とあります。そして、「世治まり民やすかれといのるこそ我が身につきぬ思ひなりけり」（後醍醐天皇『続後拾遺集』）と天皇親政・天皇親祭の理念に合致する天皇の「御製《ぎょせい》」が掲げられています。これは国民のためにお祈りをしているのが天皇だという考えを表す和歌を掲げているのです。今も明治神宮に行くと必ず明治天皇と昭憲皇太后の御製が掲げてあります。これは勅語と同じように神聖な天皇の言葉なのです。

第二条の解説では、「古語拾遺にはその御神徳を、天照大神は惟《こ》れ祖惟れ宗にましまして、尊きこと二無《ならび》く自余の諸神は乃ち子乃ち臣にましまして孰《いづれ》か能く敢て抗《あた》らむとしてゐる」とあります。「皇祖皇宗」の「祖」と「宗」が出てきます。神武天皇、瓊瓊杵尊、そして天照大神、そこまで遡るわけです。このように神代からずっと続いている日本の天皇、これを拝むとなればその中心は伊勢神宮というわけです。圧倒的に天照大神と天皇が重要だということで、かなり一神教に近い。神社本庁はそういう形で神道を捉えているということです。

神宮の真姿顕現運動

『近代神社神道史』（神社新報政教研究室編）という本を見ますと、「神道指令以後の神社界の活動」の最初に「神宮の真姿顕現運動」とあります。「神宮の真姿顕現」というのはどういうことかというと、神宮、すなわち伊勢神宮の「真姿」、つまり本来の姿とは要するに、国家の施設なのだ。天皇陛下の祖先を祀る神社であり、それこそ日本の国体を表すものなのだ。ところが今の制度ではそこがはっきりしていないのはまちがっている、これはおかしいではないかという主張です。憲法を改正するならば、このことをまずは明確にしなくてはいけない。占領軍によってやめさせられたものを元へ戻そうという運動になります。

ちなみにこの「真姿顕現」という言葉は、二・二六事件（一九三六年）のときに、尊皇を掲げる青年将校がクーデターを起こして鎮圧されました。しかし国民の間には、鎮圧されて処刑された人たちへの同情心もある。そういうなかで、荒木貞夫陸軍大臣が「国体の真姿顕現」ということを述べたのです。二・二六事件はまちがっていたけれども、これから国体をしっかり表していくということは政府の使命なのだという、その状況で使われた言葉です。そういうふうに天皇の神聖化を強めていく言葉なのです。それを戦後にも変えずに使っているということになります。そして一九六〇年に神社界は国会議員に神宮とか三種の神器は国家的に重要な意味があるかという国会質問をさせて、当時の池田勇人首相がそうだと答えたと、それによって伊勢神宮の国家的地位の回復の緒がついたというのです。これは法的根拠のないことですが、一部の神社界の人たちはそういう主張をしているということです。

国家神道復興への動き

こういうわけで、現在も象徴天皇制は危うい均衡のなかにあるということです。象徴天皇制は、戦前の国家神道的なものへと少しでも戻したいという考えをもった人たちがいて、自民党のなかでは右派がそれを支持しています。清和会、安倍派などに非常に強い。そして日本会議や神道政治連盟という団体がそれを後押ししています。国会議員の何十パーセントがそれを支持する議員の会に入っていて、自民党だけではありません。ただ、日本会議に入っている宗教団体というのは大したことはありません。それほど大きな勢力のある団体ではないし、属していても信徒が皆それを強く支持しているわけではない団体もある。しかし、右派のイデオローグとか、今いわゆるネトウヨと言われている人たちが、中国や韓国と対抗するときには、こういうところに自分たちの考え方の基盤があるのだという考え方になびいていくということになります。

法律的に重要なのは、靖国神社と天皇の儀礼です。これに国家的地位を回復するかどうか。これがいつも綱引きになっているわけです。たとえば、先ほど述べたように伊勢神宮では神嘗祭などの儀式のときに、神職が行列を作って並ぶのですが、その先頭に女性がいる。これは皇族関係者です。元皇族、つまり北白川房子さん（明治天皇皇女）、鷹司和子さん（昭和天皇皇女）、池田厚子さん（昭和天皇皇女）、黒田清子さん（明仁天皇皇女）が「祭主」とよばれ、そのような役割を担ってきています。要するに、伊勢神宮のお祭りには皇族が絡むという形を、現代的に新しい装いで蘇らせようとしています。「祭主」というのは明治維新のときにできましたが、これは皇族の男性が担っていました。それに対して、元皇族の女性が務めるようになったのは戦後です。

戦後の式年遷宮の変遷

ジョン・ブリーンさんという、京都の国際日本文化研究センターの教授だったイギリス人の歴史学者がいます。彼はカトリックで、儀礼を大切にする人です。彼の『神都物語』という本があります。これは伊勢神宮の歴史を研究したもので、非常に役に立ちます。ジョン・ブリーンさんが明らかにするまで、我々もあまり気がつかなかったことなのですが、式年遷宮という行事があります。二〇年に一度、伊勢神宮の社殿を建て替える行事です。伊勢神宮は社殿の敷地が横に広くとられていて、隣り合う二つの場所があります。社殿はそのどちらかに立っていて、これを二〇年に一度、もう一方の場所に建て替える。それを繰り返しているわけです。これを式年遷宮といって、伊勢神宮の最も大事な行事の一つです。ここに皇室も大々的に協力していますし、財界からもたくさんのお金が入ってきます。

これは戦後は非常に質素なものになっていました。しかし、どんどん回復して、今は伊勢にお参りする人の数がうなぎ登りに増えてきました。これには赤福の社長が巨額をかけて、「おかげ横丁」という客寄せ商店街を作ったことが貢献しています。原宿の竹下通りのように若い女性などがお参りに来やすい場所にしているということもあり、参拝客が増えています。そのなかで二〇一三年の式年遷宮のとき、歴史上二回目のこととして、安倍首相が一番大事な儀式である「遷宮の儀」という儀礼に参列しています。これは一九二七年に浜口雄幸首相が行ったのが最初で最後でした。つまり、首相が伊勢神宮の遷宮の儀礼に参列したのは歴史上、二度しかないわけです。

その後、G7で外国の首脳を招いて、普段参拝者が入れないところに参加国の首脳を導いたりしました。というわけで、安倍首相はとにかく伊勢神宮を国民と世界へ強く印象づける、これこそ日本の精神的な柱だとアピールすることもしていたということになります。これらのことをほとんどメディアは報道していません。

5　「国家神道」と「神聖天皇」崇敬の見えない化

狭義の「国家神道」と「神聖天皇」の関係

ここで冒頭に取り上げた葦津の論に戻ります。葦津の論が理解しにくい理由の一つは、葦津がとる国家神道とは戦前の神社神道だという狭い意味の「国家神道」の定義と、葦津自身が自ら尊んでいる天皇崇敬と一体である神道との間に乖離があることです。葦津自身は神社神道、またその頂点に位置する伊勢神宮と皇室の一体性を度々、強調しています（たとえば、葦津珍彦『みやびと覇権』第Ⅲ部第三章「神宮と皇位」）。そして、葦津が深く関わってきた神道政治連盟や神社本庁は、皇室と伊勢神宮および神社神道との一体性を強調し続けてきました（拙稿「戦後の国家神道と宗教集団としての神社」、同「神道政治連盟の目指すものとその歴史——戦後の国体論的な神道の流れ」、同「国家神道復興運動の担い手——日本会議と神道政治連盟」）。ところが、葦津が採用する国家神道の狭い定義では、広い定義の国家神道では重要な構成要素とされている皇室神道がすっぽり抜け落ちているのです。

葦津は狭い意味で国家神道を定義することによって、近代神道の歴史のなかで、また近代日本における「神聖天皇」崇敬が果たした役割を見る上で、きわめて重要な要素を除外する戦略をとったと言えます。これは国家神道の歴史を見る上で、重要な側面を見えなくすることです。一方で葦津は「天皇の神聖」に肯定的にのみ触れていました。しかし、それは明治維新後、敗戦に至るまでの時期に神聖天皇崇敬がもったさまざまな側面を見えなくすることです。葦津は「国家神道」と「神聖天皇」についていて、いずれも狭い範囲に限定してそれらを捉え、それらがもっていた大きな政治的機能について見えない化する方向で歴史を捉えようとしたのです。

『戦後史のなかの「国家神道」』の目指すもの

葦津珍彦がとった国家神道と神聖天皇に対する以上のような言説戦略は、平成時代にかなり広く浸透し、一定の効果をもたらしているように見えます。たとえば、二〇一八年に刊行された山口輝臣編『戦後史のなかの「国家神道」』という書物を見てみましょう（拙稿「書評と紹介：山口輝臣編『戦後史のなかの「国家神道」』」）。この書物では、戦後の村上重良らの宗教学者や歴史学者、また宮澤俊義らの憲法学者、さらに村上を引き継ぐ島薗がとる広い意味での「国家神道」の用法が、各時代の政治状況を反映したものであるとして批判的に取り扱われています。他方、葦津珍彦や阪本是丸らによる狭い意味での「国家神道」の用法の検討はほとんどなされていません。論争状況を踏まえながら一方に偏った取り上げ方です。

実際には戦後、「国家神道」概念の展開はたいへん複雑であり、それらの使用法に関わる政治的背景も入り組んでいます。ところが、『戦後史のなかの「国家神道」』で取り上げられ、その政治的背景が検討される戦後の「国家神道」論は、もっぱらある時期の広い意味での「国家神道」です。その構成については、冒頭の「この本が考えようとしていること――編者のはしがき」に述べられていますが、その偏りについてまったく無自覚です。そこでは、「「国家神道」を研究するという営為そのものを、戦後の歴史のなかに位置付け、その軌跡から検討をはじめること」が課題として設定されています。そして、Ⅰ部「「国家神道」まで」、Ⅱ部「「国家神道」をつくる」、Ⅲ部「「国家神道」のこれから」の三部立ての構成の説明がなされています。Ⅱ部こそが主要な課題であることはすぐに見てとれるでしょう。では、Ⅱ部の内容はどのように説明されているでしょうか。

Ⅱ部「「国家神道」をつくる」では、一九五〇年代から七〇年代を中心に、「国家神道」が今日の通俗的な用法のような形で定着していく過程を分析する。

3章昆野伸幸「村上重良「国家神道」論再考は、右の過程で大きな影響力をもった『国家神道』（岩波書店、一九七〇年）の著者・村上重良を取り上げ、村上による「国家神道」理解の変遷を明らかにする。それは同時に「国家神道」が形成されていった場についての鋭利な分析でもある。「国家神道」像の形成に与ったのは村上重良だけではない。4章須賀博志「戦後憲法学における「国家神道」像の形成」は、戦前期の美濃部達吉から津地鎮祭判決までを視野に入れながら、憲法学について論じていく。憲法学における「国家神道」像の独自的形成と、それが村上学説と出会い、「公定」されていく軌跡が活写されている。このほか、村上以前の重要人物である藤谷俊雄をはじめ、新宗教研究・浄土真宗・国家仏教と「国家神道」の関係について、示唆的なコラム四本を、Ⅱ部におさめた。（iii―ivページ）

『戦後史のなかの「国家神道」』の偏り

コラム四本はそれぞれに興味深い内容ですが、「戦後史のなかの「国家神道」」という本来の課題から見ると周辺的な題材を扱ったものです。つまり、このⅡ部では、五〇年代から七〇年代、それもその時期の、新田均のいう広い意味での「国家神道」を扱った論者を取り上げて、これが「戦後史のなかの「国家神道」」だと主張する内容になっています。そして、Ⅲ部「「国家神道」のこれから」へと展開する構成になっているのです。

しかし、「国家神道」研究は、一九七〇年代以降、重要な業績を続々と生み出してきたことは明らかです。中島三千男、安丸良夫、宮地正人、子安宣邦、畔上直樹、樋浦郷子らの歴史学者の業績があり、阪本是丸、新田均、齊藤智朗、菅浩二、藤田大誠、藤本頼生らの神道史学の系譜の業績があり、後者の理論的支柱となった、葦津珍彦『国家神道とは何だったのか』があり、宗教学の島薗や民衆宗教論の小沢浩などの業績もあります。それらは八〇年代以降に展開し、八〇年代から二〇〇〇年代に至る時期の国家神道研究は必ずしも少なくないといってよい状況です。

ところが、本書ではそれらの研究への論究がすっぽり抜け落ちています。これらを検討しないで、「戦後史のなかの「国家神道」」を捉えることができるでしょうか。山口は「「国家神道」を研究しようという営為そのものが置かれてきた場を見つめ、その成果を前提とすることにより、あらためていま「国家神道」を語るという行為について考える。そしてそれによって読者の皆さんを、思索の旅へと誘いたい」（iiiページ）と述べています。実証史学から「思索の旅」への転換はむしろ歓迎したいところですが、本書は「実証」の面においても「思索」の面においても偏りがはなはだしいと言わなくてはなりません。

いやいや、「戦後」というのはせいぜい七〇年代までを指すのであって、それ以後は戦後に入らないというのであれば、戦後から「これから」への移行が唐突です。一九七〇年代から二〇一八年へといっきょに飛んでしまうのは異様です。つまり、「戦後史のなかの「国家神道」」はきわめて限られた時期の、それも「通俗的な用法」＝「広い用法」に圧倒的な比重を置き、それを「戦後史のなかの「国家神道」」と称していることになります。そして「広い用法」について、その背後に政治的な動機があったとする論が主な成果とされることになります。山口らは「広い用法」で専門領域外でも読まれる仕事をしてきた村上と憲法学者と島薗に反論することで頭がいっぱいなのかもしれません。しかし、そこから生じる歴史像の歪みは見落とせません。明治維新以後の国家的な神道崇敬と神聖天皇の歴史について論じるために用いられてきた広い「国家神道」の定義を不要とし、狭い「国家神道」の用法に限定するべきだという主張をしていることになるでしょう。これは、葦津珍彦が目指した「狭い用法」こそが妥当で、「広い用法」は使えないとする言説戦略に一致する論法です。

「国家神道」と「神聖天皇崇敬」の見えない化

山口輝臣のように「国家神道」という概念が使えないとするのは、精神史や社会史を捉えるときのある種の方法論にそったものです。それは葦津珍彦が論争的な姿勢で掲げたもので、実証史学的立場から実証性を強調していますが、それは他方で「国家神道」の「神聖天皇崇敬」に通じる面を見えない化する戦略と見ることもできます。山口の場合、実証史学の観点から広義の「国家神道」にあたる用語が、山口が見てきたような資料にはあまり見当たらないということが、その主張を支える主要な論点になっています（山口輝臣『明治国家と宗教』）。

しかし、実は、広義の「国家神道」に対応するような用語はきわめて頻繁に用いられています。祭政一致、祭政教一致、神武創業、皇道、大教、そして「国体」等です。これらの理念が社会制度に埋め込まれ、一方では指導的な思想や理念として人々に説かれ、また他方で人々の行動様式、思考様式に入り込んで大きな社会的力となっていく。宗教やイデオロギーとはそもそもそのような、観念と実践のある程度まで組織化されているが、諸要素が組み合わさっておおよそのまとまりをなしている社会構成体です。

このような観念と実践の社会的構成体を適切に分析し、その働きを明らかにしていくには、宗教学、民俗学、社会史、文化史などが培ってきた方法を省みる必要がある。実証史学とは異なる方法というものがあるのですが、山口はそのような問題にほとんど無頓着です。一方、葦津珍彦や阪本是丸はそのような問題があることを十分承知した上で、文献資料による実証主義を砦としています。柳田國男や折口信夫らが開拓した民俗学的な方法や、中世史などで成果が著しい社会史的な方法からの神道理解にあえて目をつぶって、文献実証主義に閉じこもっているのです。このような方法をとることと、国家神道の狭い定義をとることとは関連しあっており、それは神聖天皇崇敬がもった強力な歴史的働きを見えない化することにつながっています。

平成の末に至って、山口輝臣のように文献実証主義の殻に閉じこもる歴史学者が「国家神道」や「神聖天皇」の見えない化路線に取り込まれたのは、葦津珍彦の言説戦略の一定の成果と言えるでしょう。しかし、そもそもその論は大きな無理を抱え込んでいます。神社神道と皇室、とりわけ皇室神道との関係が隠されていること、神社神道と国体論との関係が隠されていることは、そのもっとも大きな欠陥です。神社神道、皇室神道、神権的国体論は密接に関わって近代日本の精神文化を、また人々の行動様式や思考様式を形づくってきました。そのことを見ないですますことは歴史修正主義に通じるものです。

参考文献

葦津珍彦『みやびと覇権』神社新報社、一九八〇年
同、阪本是丸註『国家神道とは何だったのか』神社新報社、一九八七年
同『神社新報ブックス6　天皇——昭和から平成へ』神社新報社、一九八九年
同『新版　国家神道とは何だったのか』神社新報社、二〇〇六年

阪本是丸『国家神道形成過程の研究』岩波書店、一九九四年
同『近代の神社神道』弘文堂、二〇〇五年
阪本是丸編『国家神道再考――祭政一致国家の形成と展開』弘文堂、二〇〇七年
佐藤幸治『立憲主義について』左右社、二〇一五年
島薗進「戦後の国家神道と宗教集団としての神社」圭室文雄編『日本人の宗教と庶民信仰』吉川弘文館、二〇〇六年
同『国家神道と日本人』岩波書店、二〇一〇年
同『国家神道と戦前・戦後の日本人――「無宗教」になる前と後』河合文化教育研究所、二〇一四年
同「神道政治連盟の目指すものとその歴史――戦後の国体論的な神道の流れ」塚田穂高編『徹底検証日本の右傾化』筑摩書房、二〇一七年
同「国家神道復興運動の担い手――日本会議と神道政治連盟」堀江宗正編『宗教と社会の戦後史』東京大学出版会、二〇一九年
同「書評と紹介：山口輝臣編『戦後史のなかの「国家神道」』」『宗教研究』三九五号、二〇一九年九月
同『神聖天皇のゆくえ――近代日本社会の基軸』筑摩書房、二〇一九年
同『明治大帝の誕生――帝都の国家神道化』春秋社、二〇一九年
同『戦後日本と国家神道――天皇崇敬をめぐる宗教と政治』岩波書店、二〇二一年
同『教養としての神道――生きのびる神々』東洋経済新報社、二〇二二年
神社新報社編『近代神社神道史』神社新報社、一九七六年
神社本庁教学研究所編『神社本庁憲章の解説』神社本庁、一九八〇年

菅浩二『日本統治下の海外神社――朝鮮神宮・台湾神社と祭神』弘文堂、二〇〇四年
戸部良一『日本の近代9　逆説の軍隊』中央公論新社、一九九八年
戸部良一他『失敗の本質』ダイヤモンド社、一九八四年
新田均『近代政教関係の基礎的研究』大明堂、一九九七年
藤生明「日本会議と葦津珍彦」『現代宗教2018』国際宗教研究所、二〇一八年
藤田大誠「「国家神道」概念の近現代史」山口輝臣編『戦後史のなかの「国家神道」』山川出版社、二〇一八年
ブリーン、ジョン『神都物語――伊勢神宮の近現代史』吉川弘文館、二〇一五年
村上重良『国家神道』岩波書店、一九七〇年
同『慰霊と招魂――靖国の思想』岩波書店、一九七四年
同『天皇の祭祀』岩波書店、一九七七年
山口輝臣『明治国家と宗教』東京大学出版会、一九九九年
山口輝臣編『戦後史のなかの「国家神道」』山川出版社、二〇一八年

第三章　戦後教育制度の「デザイナー」田中耕太郎
――その思想と教育勅語をめぐって

島田　由紀

はじめに

本書全体の課題は、戦前のみならず戦後も現在に至るまで日本の教育に大きく影響し続けている「伝統思想」に、こんにちの日本の教育界、とりわけキリスト教学校における教育がどのように取り組んでいくことができるのか、その手がかりを得ようとするものである。本章の筆者はかつて、日本のキリスト教学校が直面する課題として、日本社会そのものがいまだ扱いきれていない、「信じる」という営みを中心とする宗教（「信条としての宗教」）と、儀礼や慣習への参加に重心を置く宗教的なありかた（「儀礼慣行としての宗教」）との相克の問題を考察した。(2)もともと日本においては、祭礼への参加などに見られるように、後者の宗教的土壌が濃かったところへ、近代に入りキリスト教流入の影響により前者のありかたの「宗教」理解が「宗教」という語そのものとともに定着し、実状と近代的な理解の齟齬に「神社非宗教論」が可能となったと考えられる。キャサリン・ベルの儀礼研究の示唆するところによれば、儀礼慣行は歴史的に不変であるかのように提示されながら、社会に現存する権力構造を反映しつつ歴史的に創出され、同時に新たに権力構造を生み出しえる。[3] これに照らして考えるとき、戦前日本の国家全体の逸脱の重要な推進力であった「国家神道」は、神道の制度面での実証研究だけではその問題の全容を捉えきれず、国民をも巻き込んだ天皇の神道儀礼を含む諸儀礼の価値賦与的また価値拘束的な意味をも考察に加えなければ理解できないといえる。戦時下のような劇的な形ではないにせよ、戦後八〇年となる現在も、戦前の「国家神道」のような、ある方向の価値観への強制を志向する動きはなくなってはいない、という理解が本書全体の根底にある。

本章においては、カトリック法学者で戦前に東京帝国大学法学部長を務め、戦後数年の間に文部大臣就任など文部省を中心に教育立法に深く関わった田中耕太郎（一八九〇―一九七四）を取り上げる。田中は大戦末期から戦後国家の構想を議論するグループに加わり、GHQからの指示に先んじて戦前の軍国主義・全体主義を払拭する教育改革に取り組んだ。[4] 本章で田中を取り上げる理由は二つある。一つには、田中は、二〇〇六年の改正に至るまで戦後教育の方向性を定めた教育基本法（一九四七年）をめぐって、その制定のもっとも重要な推進者だったことである。東大法学部における後輩同僚であり戦後文部省に加わって田中耕太郎のもとで教育基本法の起草の実務を担当した田中二郎によれば、当時はほかに例のなかった「前文」をつけることも含めて、田中耕太郎文部大臣の構想に従って案が作成されていったという。[5] また、現行の教育基本法第一条にも残されている教育の目的としての「人格の完成」という文言は、「人間性の開発」という文言への差し替えの提案に対する田中の強い反対と、「人格の完成」とすべきとする田中の強い主張により残されたとされる。[6] 田中は教育基本法が公布される二か月前、一九四七年一月に文部大臣を辞任しているが、それまでに教育基本法はほぼ完成されていた。田中の伝記を記した牧原出に従えば、田中は戦後直後の時期において、「教育制度の主たる設計者」、「主要な制度原理の発案とその普及」を行った「制度の『デザイナー』」であり、「行政学の理論から言えば、制度原理としての『ドクトリン』の設計者」であった[7]。

田中を取り上げる二つめの理由は、彼の教育勅語に対する両義的な態度である。一九四五年一〇月から翌年一月にかけて、当時の前田多門文部大臣の呼びかけで、文部省学校教育局長であった田中も同席して行われた、当時の知識人による教育勅語の扱いをめぐる会合では、田中は教育勅語存続を主張していたとされる[8]。実際に田中は同時期に発表した諸論考において、教育勅語の普遍的価値を強く説いている。曰く、勅語においては、君臣の関係が際立ちパターナリズムの色彩が色濃く表され、また戦時中には当局によって国民の服従を促すように援用されたが、それは「濫用者、援用者の罪」であって、勅語に示された徳目は「天地の公道」「人倫の大本」たる自然法に適っている[9]。ただし、田中文部大臣在職中の文部省通牒（一九四六年九月）において、教育勅語の扱いについては、（1）勅語を教育の唯一の源泉とみなすことはやめ、古今東西の倫理、哲学、宗教等にも学ぶべきこと、（2）式典において勅語を読むことはやめること、（3）学校に保管する勅語の謄本を神格化するような取り扱いを行わないこと、を確認した[10]。また、一九四八年六月には、衆参両院で教育勅語の排除・失効確認が行われた[11]。にもかかわらず、勅語の教えの〝普遍性〟をめぐる田中の強い主張は現在にも影響を残している。

そもそも教育勅語は、井上毅や元田永孚らが作成し一八九〇年に明治天皇の名によって発布されたものである。本書第二章に寄稿した島薗進は、「国家神道は神社とともに、いやそれ以上に学校で広められた。……子供たちは教育勅語や修身科や歴史の授業を通して、『万世一系』の天皇統治を讃美する国体思想や天皇崇敬の教えに親しんでいった」とし、教育勅語が「国家神道の主要な牽引車」である天皇崇敬を国民の間に促す重要な回路、ツールだったことを指摘する。(12) しかしながら、日本国憲法が、大日本帝国憲法第七三条の改正規定に則り「全面改正」の法手続きを経る形で成立したのに対し、「君主の著作」(13) たる教育勅語はもともと一般の法のような改廃の手続きのもとには位置づけられておらず、「主権者天皇の教育に関する意思が記された文書として実定法を超える存在」(14) として扱われたことから、教育勅語は戦後改革を生き延び、長く精神的な影響力を残す可能性が開かれた。田中自身は教育勅語が天皇訓示であるからこそ正しいとの見解を強く退けるが、(15) 彼の教育勅語の〝普遍性〟をめぐる強い主張と、「教育勅語と教育基本法とは、なんら矛盾なく両立し得べきもの」との態度は、鈴木英一の述べるように、「戦前と戦後を連続させ」、「戦後改革の時点で、勅語を頂点とする天皇制教育を免罪し、それへの徹底した批判と反省を斥ける防波堤の役割を果たした」のである。(16) 近年でもたとえば、政治問題化した学校法人森友学園の運営する塚本幼稚園幼児教育学園が園児に教育勅語を暗唱させていたことや、広島市長が職員研修の講話において教育勅語を引用していることなどが報道されている。教育勅語を擁護する言論のなかでも、教育史と道徳教育論を専門として政府の中央教育審議会などにも名を連ねた貝塚茂樹は、教育勅語の徳目の普遍性に言及した田中の言葉を土台に、「戦前と戦後を殊更に分断し、戦前を全否定するような歴史観に歪《ゆがみ》が出るのは当然」であり、「教育勅語の歴史を直視せず、徒にこれを全否定することがさも民主的であるかのように振る舞うのは歴史に対する欺瞞《ぎまん》である」と言い切っている(17)。

本章においては、特に戦後直後の時期の田中耕太郎の思想において、戦後教育改革と教育勅語がどのように位置づけられていたのか、検討する。田中の思想全体は、彼が受容した当時のカトリックの自然法思想に基づいて構想されており、彼のカトリックへの入信とその経緯はその思想全体に色濃く反映されている。以下では、まず田中の生涯について概観し、そして彼のカトリック自然法思想を俯瞰する。そのうえで、戦後国家と教育の再建の思想と教育勅語をめぐる態度を評価することを試みたい。

1　田中耕太郎の生涯

一八九〇年（明治二三年）生まれの田中耕太郎にとって、彼の人生と人格の形成において特に重要だったのは、第一高等学校時代である(18)。彼が一高に入学した一九〇八年（明治四一年）は、夏目漱石が一高を去った翌年であったが、学外からケーベル博士（ラファエル・フォン・ケーベル）、徳富蘆花、内村鑑三、海老名弾正らの講演会や著作を通じた直接的間接的な影響があり、また新渡戸稲造校長のもと活発な読書会が開かれた。さらに、一高において田中は、時代の教養主義と人格形成を重んずる雰囲気のなか、岩下壮一、和辻哲郎、九鬼周造といった昭和初期の日本の思想界を代表するようになる面々と出会う。このうち、カトリック神父となり近代日本の知識人階級へのカトリックの普及に大きな影響を及ぼした岩下は、田中が洗礼を受ける際の代父となり、田中の信仰面に深い影響を及ぼすことになる。一方、和辻とは第二次世界大戦末期から戦後直後にかけて、戦後国家の再建について検討した学者・思想家のグループにおいて協働した（このグループには、東京帝国大学法学部での田中の先輩同僚でありまた岳父ともなり、戦後憲法の日本側の草案を起草した松本烝治も加わった）[19]。

田中は一九一一年（明治四四年）に東京帝国大学法科大学に入学、一九一五年（大正四年）に内務省に入省するも、一九一七年（大正六年）には、東京帝大法科大学助教授として呼び戻された。一九一九年から三か年にわたって、商法研究のため文部省からの派遣によりアメリカ・イギリス・フランス・イタリア・ドイツへと留学した。のちに田中は戦中にも在外研究調査等を行う――三五年から三六年の欧州歴訪（イタリア、フランス、ベルギー、ドイツ、オーストリア、イギリス、スイスなど）、三九年の南米講演外遊、四三年の中国商事慣行調査旅行など――が[20]、このような国際的な活動は国際司法裁判所判事（一九六〇―一九七〇年）への就任にも繋がったと考えられる。

田中のキリスト教との最初の出会いは、一高時代の病気療養中に読んだ内村鑑三の著作『余は如何にして基督信徒となりしか』であった。のちに東京帝大法科大学助教授時代には内村の集会に足繁く通うようになり、第一次世界大戦のさなかには無教会青年集会で誰も戦争と平和の問題に言及しないことに業を煮やし、飛び入りで非戦論を展開して内村とともに論陣を張ったこともあったという。この時期の田中は、内村の「雄弁という言葉ではあらわし得ない、信念からほとばしり出る予言的説教」に心酔していたのであるが[21]、三年間の欧米留学から帰国するとカトリックとして受洗した。内村との決裂の直接の原因は内村の弟子の結婚への賛否の問題であったが、聖心女学院に学んだ妻・峰子がカトリックに改宗していたことに加え、田中は欧米留学中から根本的な世界観の転換を経験していた。田中は、在仏中に親しんだロシアの神学者・哲学者ウラジーミル・ソロヴィヨフ（一八五三―一九〇〇）の著作から「救霊の過程をクリスト教会の発展として把握することを教えられた」という。[22]のちに田中は「信仰の客観性」に繰り返し言及するのであるが、内村個人の聖書解釈とその権威に立脚する無教会主義の逆説的な権威主義と主観主義に疑問を覚え、カトリック教会の制度的な成り立ちに信仰の客観性の担保を見出したのだった。[23] 一九二六年に上智大学総長ホフマンにより受洗したのち、田中は毎回三〇―四〇名の出席者とともに月一回の帝大カトリック研究会に熱心に参加して、自身もトマス・アクィナスについて講演を行ったほか、岩下や上智大学の神父たちを招いた。[24]

一九二二年に三年間の欧米留学から帰朝して本格的に商法の講座を引き継ぐと、田中は商法を起点として世界法を構想していく。[25] その際にカトリックへの回心は根本的な土台を成していた。最初の主要な著作である『法と宗教と社會生活』（一九二七年）は、田中にとって「法の價値論」であると同時に「カトリックへの改宗書」であり、また当時問題となっていた、文部大臣に宗教団体の法規や活動にまで監督権を賦与するとした宗教法案について、反対意見を述べた書であった。かつて無教会主義の影響により法や国家をたんなる必要悪と見ていたところが、カトリックへの改宗により法と国家に積極的な意義を見出したといい、[26] 本書において国家・法と、宗教・教会との関係を統一的な見地から整理した。法学面から言えば、すでに留学前、東京帝大法科大学に助教授として招聘された頃に、田中は当時の法学界の「ドイツ的に精緻をきわめた注釈法学、概念法学」に違和感を覚えていたという。[27] だが、カトリック回心後には、「世界國世界法及び統一法の存在の價値は……人類が一つの神に由來する大なる世界秩序に據りて人生團體を爲すことより來る」と述べるように、[28] 当時のトマス神学的自然法の優位なカトリック信仰を土台として、統一的な世界観のもとに法を位置づけ直したのであった。

世界法への関心はやがて、学位請求論文をもとに発表された『世界法の理論』(全三巻、岩波書店、一九三二―一九三四年)に結実する。[29] 田中は門下から多くの最高裁判所判事、東大を中心とする法学者、文部官僚等を輩出したが、その多くが法哲学と信仰の融合した田中の人格から強い印象を受けている。幾人かは田中の影響のもとカトリック信仰にも導かれ、法曹界において新スコラ主義的カトリック自然法思想の潮流とも呼ぶべき広がりを形成した。[30]

田中は一九三七年(昭和一二年)に東京帝大法学部長に就任する。学部長として、大学と国家の全体主義化・軍国主義化の加速するなかで、東京帝大内のみならず全国の大学の自治に関わる問題にも対処した。[31] だが、一九三九年(昭和一四年)に任期半ばで学部の混乱の収拾を図るために学部長を辞任することとなり、終戦前年の末頃からは、重光葵外相のもと、西田幾多郎、志賀直哉、和辻哲郎、山本有三らとともに戦後国家体制についての極秘会合を持つようになった。[32]

戦後、一九四五年一〇月には、前田多門文部大臣の要請により、また田中自身も強い意欲を持って、大学、専門学校、小中学校などすべての学校の行政を管理するために新設された文部省学校教育局長の職に着任し、軍国主義的国家主義的教育理念の払拭、教育権の独立等々の課題に取り組む。[33] 翌年には、第一次吉田茂内閣で文部大臣に就任し、新憲法における教育や宗教に関する条項について答弁を行った。田中は、戦中のキリスト教学校に対する当局からの圧迫に関心を持っていたという。学校教育局長就任前、一九四五年九月付の「教育改革私見――前田文相との会談材料」と題された田中のメモには「私立学校及び宗教学校の自由なる設立経営を認むること」との文言があった。[34] 実際に私立学校法案の制定や宗教的情操教育の位置づけの説明にも尽力した。また文部大臣時代には、青山学院におけるプロテスタント諸教派による信徒大会に大臣として出席し挨拶した[35]。田中は一九四七年一月には内閣改造により文部省から離れたが、その準備に携わった教育基本法、学校教育法などは順次成立する。田中は一九四七年の第一回参議院総選挙に当選、文教委員会委員長を務め、議員立法により文化財保護法の制定に関わった。一九五〇―六〇年には最高裁判所長官、また一九六〇―七〇年にはハーグ国際司法裁判所判事を務めた。戦中の外務省派遣によるイタリアや南米諸国歴訪においては、日本のカトリックの代表のような待遇を受けることもあったとされ、また国際司法裁判所判事への選挙において、カトリックである田中へのカトリック国からの支持が期待されてもいたという[36]。ハーグ時代に取り扱った「南西アフリカ事件」においては、田中は自然法思想に基づいてアパルトヘイトの違法性を主張する意見を記した[37]。

2　田中の新スコラ主義的カトリック自然法思想

田中は法理論の展開において自然法を土台に置いており、その自然法思想がカトリック信仰と深く結びついていることを繰り返し明言している。田中は『世界法の理論』第六章において法学分野における自然法思想の系譜について概観しているが[38]、実際のところ、カトリック信仰の受容が彼の思想体系全体の構築に与えた影響はより大きいと考えられる。

田中が受容したカトリック自然法思想は、広く言えば、一九世紀以来の新スコラ主義、新スコラ哲学または新トマス主義とも称されるトマス・アクィナス神学復興の大潮流のなかに位置づけられる。一八七九年に公布された回勅『アエテルニ・パトリス』においてレオ十三世は、世紀半ばからのカトリック教会内の機運を受けて、トマスを代表とする中世哲学を、近代の科学的知見や思想と対話させ調和させつつ現代社会に復興することを呼びかけた[39]。同じレオ十三世が発した一八九一年の回勅『レールム・ノヴァルム』は、労働者の置かれた悲惨な境遇に目を向けて労働者の適正な賃金と私有財産の権利等を訴え、カトリック教会が社会正義の問題に取り組む、現代の社会教説の発展の端緒となり、以後一九六〇年代の第二ヴァチカン公会議の頃まで、歴代教皇により発せられた回勅における人間の尊厳と権利への主張には、トマス主義自然法思想が中心的原理として用いられたとされる[40]。

田中がカトリックへの回心に至った一九二〇年代は、トマス神学の復興とその自然法思想への関心がまさに高揚していく時代であった。田中の受洗時の代父であり、彼のカトリック信仰の神学面での指導者であった岩下壮一[41]もまた、一九一九年から二五年にかけての欧州留学によりトマス神学の影響を深く被り、『岩波講座　哲學』（一九三二年）に「新スコラ哲學」と題する濃密な論文を寄稿した[42]。田中は岩下死後の追悼論文において、「中世思潮」「アウグスチヌス神の國」と並んでこの論文を岩下の代表的な哲学的業績として言及している[43]。

『世界法の理論』とほぼ同時期に発表された論文「法と道徳」（『岩波講座哲學』一九三三年初出[44]）には、田中の法理解が凝縮されて論述されるが、そこでは、法と道徳の共通の根拠としての自然法の必然性が土台となっている。田中は、他の多くの論考でも強調するように、「Ubi societas ibi ius（社會ある所に法律あり）」との格言を土台として議論を展開する。彼によれば、法とは①理性を備えた人間を支配するものであり、その遵守・不遵守は人間の自由意思に関わること、②人間と人間の関係に関わること、③人間の行為つまり外部的行動に関わること、であって、「Lebensbedingung der Gesellschaft（社會の生活條件）」「社會生活を爲す者としての人間に對する規範」であるが、このような法とは必ずしも国家のみに固有のものではなく、国際社会や、地方公共団体や国内公益法人といった国家内部の社会においても、また必ずしも成文の形でなくとも存在しており、あらゆる社会の成立の要件である、という。[45] 実定法は、「公示性」、「具體性」、（人を一様に法の規制の下に置くという）「定型性」という特徴を備えており、実定法全体の秩序は技術的に構成されて「其の各部分がお互に支え合つてゐるゴチックの建築の如きもの」であるという。[46] 法とは本来、権力や暴力といった「實力」とは対立する観念であるのだが、一方で、法は、それ自体では善でも悪でもない中立的な「實力」を手段として有することで、正義を遂行することができる。法のめざす正義のために「實力」が用いられるとき、法と国家の間に密接な関係が承認され、「最高の權力者たる國家は法の實現を其の重大な任務とする」と田中は論じる。[47]

一方、道徳は人間の内面に向かうものであり、それ自体に無条件の価値があるとされる。法とは異なり、道徳は「實力」を持たない。だが、法は、たとえば殺人や傷害への禁忌のように、倫理的規範を有し、それによって道徳が可能になる場合がある。また、たとえば左側通行を命じる法律のように、内容そのものは道徳に無関係であったとしても、社会生活の安全を保障することにより人間の道徳生活を可能にする法もあり、こうした技術的法が社会生活の条件であるならば、それの遵守は道徳的な義務となる。このようにして「實定法の命令の起源である權力者に對する服從が道徳的に要求せらるる」のであり[48]、「法は結局其れが遵守せらるることを道徳に負ふ」のである[49]。

このようにして法と道徳が密接に関わっているところに、自然法の考察が生じる。アリストテレスに言及して田中は、人間は本性において共同生活を営むことを希求するものであると指摘し、法と道徳は「共同生活上の行動に關し一方は外面的方面より、他方は内面的方面より價値判斷を爲す」のであって、目的とするところはどちらも「人類社會の道徳化」であると論じる。法実証主義は国家より上位の法の起源を否定し、国家の意思にのみ法の存立を見るとして田中はたびたび批判するが、法実証主義に従えば、悪法も法として無限の拘束力を持つこととなる。だが、そのとき法は実際には「法に非ずして暴力に過ぎない[50]」。ここで田中は、新トマス主義的な強調点を明らかにしながら、人間には「自然の理性の光（lumen rationis naturalis）」が与えられていることを主張する。人間理性に与えられる「自然法」は、「素朴的道徳原理にして社會生活の基礎たるもの」を指し示す。狭義には自然法は「社會生活上人間に對し『各人に彼れのもの』を與ふることを規律する所のもの」であり、そこから出発して「汝各人に彼れのものを與ふべし」というものと「汝何人に對しても不正を行ふべからず」というもの、これら二つの義務を生じさせ、実定法の土台とする。田中はこの文脈で、この論文においては短く、神に言及する。自然法は、人間同士の関係における行動に関わるのと同時に、人間の神に対する行動とに関わるという[51]。

『世界法の理論』においては、自然法と神との関係はより明示的に主張される。田中は、自身の拠って立つ自然法思想について、アリストテレスから発してアウグスティヌスを経てトマスによって完成されたものであると述べる[52]。それによれば、「神の總てを司る合理的意思」である「永久法（lex aeterna）」が起点となり、「完全なる團體の支配者より出づる實踐的理性の命令」としての法が発せられ、「宇宙の團體全部が神的理性（ratio divina）に依つて支配」されるのであり、すべての法はそれが正当な理性に従う限りは永久法から引き出されている。理性を備えた被造物である人類は「神の摂理」に参与し永久の理性の分け前に与るが、「理性を備へた被造物の永久法への參與」が自然法なのであって、「我々が善悪を識別する自然の理性の光（lumen rationis naturalis）は卽ち自然法の機能」であり、これは「神的なる光の我等に對する刻印に外ならない」という。人間の理性は、自然法から一層特殊な事柄の確定に進むが、この特殊な確定が「人定法卽ち實定法（lex positiva）」だとされる。[53]同時に、田中はトマスの「人間の性質は変化するものである」との言葉を引いて、トマスの道徳観が「彈力的」であることを指摘する。人間の本性に植えつけられた一般的な原理である自然法が、一方においては人間の恣意的な主観によって変動することはなく、しかし他方において「人間生活の需要、各民族の慣習等に相對的に無限の多様性を帯び得ることを承認する」と強調する。[54]

田中においては、人間生活の道徳と法のすべての土台に、合理的である神の意思がある。「法を國家の意思に還元」する法実証主義は、「法と法以外の世界との架橋の否定」である。[55]田中にとっては、人間理性に与えられた自然法が人間の諸関係の根底にあるのであって、実定法はその一部分が具体化したものにすぎない。そして、田中において、人間の目標は宗教によって指示される。社会生活、ことに家族生活と国家生活という具体的な地盤、つまり（一つの文化現象としての）宗教、道徳、習俗、芸術、経済、技術、国家および法律制度などを含む「文化」を通じて実現される。[56]「家族生活及び國家生活は其れ自體價値があるものではなく、神の理想の實現の手段としてのみ價値があり、神の意思に従って動いてこそ始めて存在の理由を獲得する」[57]。

以上のように、田中の思想において自然法は、神の永久法を土台にしていることにより、実定法とそれを定める国家とを相対化する契機を内包しつつ、理性の発露としての人間の社会性を担保して、国家と実定法を含む文化の総体の多様性と秩序とを維持するのである。

3　戦後国家と教育をめぐる田中の構想

田中のカトリック的自然法思想に従えば、国家は絶対的な価値を持つものではなく市民に対して絶対的な強制を行うことはできないはずであった。田中はすでに戦前にも、日本の国家のありかたについて批判的な見解を示唆していた。たとえば、宗教は国家の政策を実現する手段、つまり国家が設定する道徳をプロパガンダする「思想善導機関」ではないと論じ、国家は「寧ろ如何なる道徳的原理を奉ずべきかを宗教に聞かなければならない」と主張していた[58]。

終戦を迎えると田中は矢継ぎ早に数多くのエッセイを発表し、激しい論調で敗戦までの日本の誤りと戦後国家の建設をめぐっての彼の思考を開陳している。敗戦に至るまでの一五年ほどの日本の国家は、軍国主義、過激国家主義、「神がかり」的な非合理主義によっていわば簒奪されていた、と捉えており、口を極めてこれらの悪弊を非難する[59]。そして、そのような「軍國主義的國家主義的世界観」が政治の分野のみならず教育・文化の分野まで支配したとするが[60]、田中の見るところ、これは、法の起源を国家に置き国家に最終的な権威を置く実証主義の行き着く先であった[61]。田中が多くのエッセイで強調する「天賦の理性の光」こそが国家の土台であるべきなのである。「民主主義や國家理論はそれ自體普遍人類的性格を有しなければならない。此の普遍人類的原理が日本の社會の具體性を顧慮して適用せられるまでのことである」[62]。人間の理性に基づいて国家が構想されるとき、それは普遍的な性質を帯びる。それを田中は「自然法的性格」と表現する[63]。自然法の普遍性は、個々の国家や民族の独自性を完全に滅却することなく、むしろそれにおいて発揮されながら、普遍性を志向する。そのような普遍性において実現されるのが、世界と人類全体の、また日本国内における平和と秩序であることを、田中は主張する。田中にとって、国家間の戦争や戦前日本のような国家の逸脱といった事態は、「天賦の理性の光」が十全に発揮されていないこと、またそれとほぼ同義としての「自然法」の否定といった状況において生じてくるものである。

ここで、田中は「理性」について注釈をつける。彼の言う「理性」とは、「啓蒙主義的」理解におけるものではなく、「形而上學的能力をも包含するもの」である。啓蒙主義的な理解における理性とはつまり、近代的・カント的な「事象相互間の因果法則其の他自然科學的原理を認識する能力のみ」を指すが、これはつまり概念に基づく推論能力を理性と捉える近代の見方であり、古代からトマス・アクィナスに至る理性理解を捉え直した新スコラ哲学は、こうした啓蒙主義的理性理解を狭隘なものと見る。田中が「理性」と述べるとき、それは、新スコラ哲学の見方に従って、啓蒙主義が取り上げた理性の能力に加えて、「正邪善悪美醜等を識別する形而上學的能力をも包含する」のである[64]。このような議論によって、田中は、価値の源泉を国家に置くことを否定するのと同時に、価値の決定をすべて個人の判断に委ねるとして彼が批判する哲学的自由主義を批判し、個人主義・自由主義をも退ける。田中は、「我々は價値を選び非價値を捨てることの自由を有するが、何が價値か何が非價値かを決定する自由はこれを有することはない」と主張する。[65]先に、我々には正邪善悪美醜等を「識別する」能力が与えられている、と言われた意味が、ここに表れている。倫理的に言えば、正邪善悪を決定するのは人間ではなく、人間はそれを識別する能力を与えられているのみである、というのが田中の理性理解である。そして、真の自由には真善美の秩序がなければならないが、それは「宗教的に云へば神の權威に基づくものでなければならない」[66]。「凡ての權は神に由來し、凡ての秩序は神の定むる所である。而して人間は此の秩序の中に眞の自由を享受するのである。……神と其の支配こそ眞の民主主義の目標でなければならない」[67]。真理は「天地の公道」として客観的に存在しているのであって、天皇といえども「天地の公道」に人民とともに服従するのである。[68]

田中の強調する理性は、人間一人ひとりに対してそれを賦与する者、つまり神によって究極的に基礎づけられ、そして神とその支配と真理とに向かって発揮されていくものである。自然が超自然によって完成される、恩恵（超自然）は理性をも含む自然を破壊せずむしろこれを完成する、という形で、神から一方的に与えられる啓示と人間理性とのあいだの関係を調停したトマス・アクィナスの重要な枠組みに従って、[69]田中による国家の構想はなされる。

国家の目的は、領土拡張や資源獲得や経済的繁栄などではない、と田中は主張する。国家の目的は「各個人をして人間たる使命を遂行することを得せしめる」にある。[70]戦後一九四五年一〇月には、田中は文部省学校教育局長に着任するのであるが、戦後の早い時期から、田中は教育における個人の重要性について明確な態度を打ち出している。田中は一九四六年三月のエッセイにおいて、「團體は個人によつて成立し、個人としての完成が團體の維持發展の必須條件」であると訴える[71]。田中は、戦前には日本人は教育によって、日本の国家のみが神聖な道徳的なものであり、また国家は善悪を超越して何事も為しえるという観念を植えつけられてきたが、国家や全体や公益が強調されるあまり、国家を構成するのは個人であることが軽んじられ、個人の精神生活がまったく空虚にされた、という[72]。これに対して、自然法の理念に基づいた国家建設が、国家を相対化しつつ国家の本来の目的を遂行することを可能にするのである。

戦後直後に著された田中の思想においては、自然法に基づく国家建設は民主主義的なものである。彼の論ずるところによると、民主主義の重点は、消極的には人権の尊重、殊に各種の自由の擁護にあり、積極的には各人をして人間たるに値する生活をなさしめること、殊に人民の福祉の増進にある。民主主義とは、「要するに人民を國家またはその一部の者の單なる手段（Mittel）としてではなく、自己目的（Selbstzweck）として取扱ふこと」、つまり「人民のため」の政治を意味する[73]。国家が究極の価値を帯びる全体主義と、個人に絶対的な価値が置かれる個人主義的自由主義との双方を避けるために、個人と団体とが正しい関係に置かれなければならないと田中は考える[74]。

ここで、国際連合の多数決主義をめぐる田中の興味深い議論に触れておきたい。この議論は、集団と個をめぐる田中の考え方についての理解に示唆を与える。国際連盟が全会一致主義を採用していたのに対して、国際連合は多数決主義を採る点に田中は注目する。この二者の差異は、数的なものではなく質的なものであると田中は言う。彼によれば、全会一致主義は「徹底的な個人主義的自由主義的原理の發現」であって、団体に属する個体の意思に絶対的権威があることを土台にする発想であり、個体が反対すれば全体の意思が成立しないことになる。[75] これに対して、多数決主義においては、個体の利益は全体のために犠牲にされることが起こりえるが、ここにおいては「單なる個體の算術的總和に非ざる、獨立の團體意思」が構成される。つまり、多数決主義は個を尊重しつつ個人主義的な個の意思の積み重ねやその総計とは異なる全体というものを打ち立て、個をそれに従わせる。この文脈では直接的には論じられていないが、個の利益を犠牲にするかもしれない全体の意思をめぐるこの強い主張は、「天賦の理性の光」に基づく自然法が、具体的な状況において起こりうる逸脱を是正して、長期的には善に向かって秩序づけられる、という前提なしには考えられないものであろう。

教育は、田中にとって、国家と個人の間を結びつつ双方に対して決定的な役割を果たすものであるが、全体と個人のあいだの秩序ある適切な関係において考えられるべきものである。田中は明治以来の教育のありかたを次のように批判する。教育学は哲学や宗教から切り離されて心理的技術的に堕し、家庭教育と社会教育はまったく等閑に附され、教育者は「世界觀」を喪失していた。このようななかで、国家権力を究極、万能のものとした戦前の過激国家主義者らは、教育を政治の手段として政治すなわち彼ら自身に従属させ、「人民が國家の奴隷となることの訓練」とその思想の普及徹底のために教育を利用し、個人の権利と自由を蹂躙した。戦前国家にとって、教育は国策遂行の手段にしかすぎず、また、人格や文化はあくまで権力に対して手段としての意義しか与えられなかった。[76]

田中にとって、教育は「民主主義の實現の最重要な前提条件」である。[77] 民主主義においては、教育の直接の目的は「人格の完成及び個性の健全なる發達」に置かれる。これについて田中はアリストテレス主義的な色彩でこのように説明を加える。「人格の觀念が倫理的性質を有し、また個性の發達の意味が決して個人的放恣の發揮を意味するものではなく、人格及び個性とともに人間が社會的動物である事實の承認を前提とする」。戦前の国家は、国家・政治と個人の双方を歪んだものとすると同時に、教育をもみずからに従属させることで歪めていた。だが、全体と個、国家と個人の、本来あるべき調和的な関係に照らしてみるならば、「公民教育の意義」は、「理想的な國家は理想的な個人によつてのみ構成せられる」という前提を承認したうえで、「協同體意識——神祕的な國家崇拝ではない——を備へた個人を養成することを目的とする」ことにある、と田中は論じるのである[78]。

4　田中の「君主制」と教育勅語をめぐる理解

このように新スコラ主義カトリック自然法思想に基づいて、戦前の国家と教育を批判し、戦後国家と教育の再建を構想して立法における実現に向けて尽力した田中であるが、彼の問題の多い天皇制観と教育勅語をめぐる態度も、少なくとも彼自身の理解においては、自然法思想のなかに位置づけられている。

戦前の「神がかり的の國體明徴論」のような「非合理的な」議論は、天皇を神的地位に押し上げ天皇に「最高の價値」を賦与し[79]、日本の独自性を誇示して「日本を世界の中心と爲し」、「世界各國を自己の傘下に」置こうとした[80]。だが田中においては、国家（または天皇）の存立基盤には、人間の「天賦の理性」に基づく「自然法」がなくてはならず、その発現としての国家（または天皇）でなければならない。同じように、天皇に無謬性を見ることは間違っている。天皇といえども真理を尊重し道理に服従しなければならない。[81]

戦前の神がかり的な君主制は間違っていたが、逆から言えば、適切な君主制というものは、普遍的理性に基づいて構築されるならば、田中にとって、大いに可能なものということになる。戦後に著された論考においても、「我が國體と民主主義とは理論的にも現實的にも矛盾するものではない」と田中は断言する。[82] 先述したような、〝普遍性〟を志向しながら「人間生活の需要、各民族の慣習等に相對的に無限の多様性を帯び得ることを承認する」という、彼の新トマス主義的自然法思想の展開として、[83]民主主義の実現はそれ自体としては「政體の如何を問はず可能」であって、「政體」は「民族の特異性」「民族の具體的事情」に従って決定されてこそ民主主義の実現が可能になる、と論ずる。[84] 田中において、「我が國體と民主主義」が両立可能である根拠は、「皇室が人民の幸福に不斷に軫念せられ、又平和に對する熱意を持續せられてゐたこと」にある。この人民幸福と平和の希求において、皇室は「國家社會の支柱」となり、これなしに「國内的の平和と秩序」が維持できないものとなる。[85] 人民幸福と平和と秩序を核としたこのような論理において、田中にとって皇室が、民族の独自性を担保しながら自然法に基づく普遍的世界観のうちに位置づけられるのである。

ここでいくつかの論考においては、田中が直接的に天皇・天皇制を論ずるよりも、むしろ皇室を中心として論じていることが目を引く。この点について田中は明瞭な説明は行っていない。田中のさまざまな議論から推論するに、天皇中心の議論をできるだけ避け皇室を中心に据えることには、二つの理由があるのではないか。一つには、すでに見たように、戦前の天皇個人の神格化との決別である。二つめに、「本性的に、『社会的存在（ポリーティコン）』[86]」とされる人間本性の最初の発現の場としての家族を重視する田中の自然法の発想をもとにした、皇室を中心とした拡大家族としての国家の議論である。田中によれば、日本国家は「宗家と仰ぐ皇室を中心として結合し、自然的に發達した一大家族的集團」だといい、これは「單なる比喩以上の、社會的事實」だという[87]。しかし、この主張は、近代近くに至るまで長らく天皇と皇室とは、日本社会において政治的には相対的に意味の小さい存在だったという歴史的事実を無視しており、また日本の国家観から血縁による日本人以外の者や海外にルーツを持つなど文化的に異なる背景を持つ日本人とを暗黙のうちに排斥する方向性を内包している。皇室を「宗家」とする日本国家という、深刻な問題性を孕む認識について、田中は多くを説明しない。

田中の「國體護持」の強い主張は、実際のところ、自然法思想に発しているというよりも、彼自身の心情的・功利主義的な天皇・天皇制の理解を自然法思想に強引に引き寄せたものではなかったか。小論「日本君主制の合理的基礎」（一九四五年三月に執筆され、終戦後の九月に加筆したとの但し書きが付されている）において、田中は、日本が「天皇の統治」するところであるのは初めからの「歴史的事實」であり将来に対する「不動の根本規範」であることは「日本國民の血肉となってゐる信念」であると断じ、「これが信念である限りに於ては、それは格別の辯明や理論的基礎付けを必要としない」とまで断言する[88]。「合理的基礎」を論じようと始めながら、しかし、田中は議論の冒頭で、いささかの検証もなしに「天皇の統治」を絶対化しているのである。さらに、田中はたびたびしかし短く、日本人の性質の極端から極端への揺れやすさに言及し、そして彼自身が歴訪したラテン・アメリカ諸国の革命・無政府状態・独裁制に揺れ動く政情に鑑みて、天皇制がなかったとすれば日本もこれらの国々と同じ道を辿りかねない、という危機感をもらす[89]。「天皇制の辯明」とのタイトルの論考

（一九四六年一月初出）においては、秩序や中庸といった観念の価値は、解放され啓蒙された時代には封建的残滓として打ち棄てられると前置きしつつ、天皇制は「秩序の理念から我々にとつて特に要望せられる」とし、「秩序の下に於てのみ民主主義の實現が可能なる限り、天皇制は民主主義と矛盾しないのみではなく、我が政治社會存續の必須條件である」と論じる。[90] 戦後日本の国家・社会の秩序の安定という、彼にとって緊迫した目的ゆえに、田中は天皇制存続の是非にまで踏み込みかねない議論を深めることを拒絶し阻んだのではなかろうか。

教育勅語についても、田中は、天皇制をめぐる議論と同様に問題を見せつつ、自然法によって基礎づけようとする。田中の理解する自然法とは、「時代及び場所を超越する正邪善悪の區別が嚴存し、それが道徳、法及び政治の基礎を爲し、又あらゆる文化に對する限界を画することを認むる思想」であり、「天地の公道」「人倫の大本」と言い換えられる「自然的道徳原理」であるが、それはモーセの律法や教育勅語の諸道徳律において発現している、という。そして、この基本原理のうえに、交換的正義や分配的正義、また契約などの法的原理等が展開する、とされる。[91]

戦後直後の時期において田中は、現在に至るまで教育勅語の問題点とされている点について、意識していないわけではない。教育勅語が、天皇から国民への訓示の形式を採っており、君臣関係を前提にしていることを、田中は指摘している。しかし、教育勅語が国家主義的な方向で国民の盲従の習慣づけのために濫用されたことが間違いだったと述べるのであり、君臣関係の枠組みそのものは問題にせず、[92] むしろ、一国の君主が国民に対して国民道徳を示すことは、親が権威をもって教えることと同様に、さしつかえないことだとしている。[93] 内容面についていえば、「一旦緩急アレバ」以下の文言についても、文部省が軍国主義的な強調を推し進めたことが問題だった、と、軍国主義的に強調しなければ問題性はないかのような筆致で、短く述べる。[94] 君臣関係の前提にしても、「一旦緩急アレバ」の文言にしても、天皇制をめぐる議論におけるのと同様に、田中は濫用の問題として片づけて深入りしようとしない。田中は教育勅語の不完全さについて、徳目が列挙されるにとどまっていること、世界人類の福祉と平和などの現代的関心が含まれていないことを挙げるが、そうした不十分さは誤謬ではない、と主張する。[95] そして、教育勅語は法律ではないため無効になることはなく、聖書や中国古典、ギリシャ古典、仏教経典などのすべての古典と同じく、「眞理に適つてゐるが故に効力を持」ち、また「内容的の權威を持つ」として、教育勅語の記す徳目が普遍的であることを強力に主張したのであった。戦後直後のこうした教育勅語擁護の背景には、自由主義・個人主義・共産主義がもたらすと彼が断じた、価値と道徳の相対主義・アナーキズムへの強い拒絶と危機感があった。

おわりに

以上に見てきたように、戦後直後の田中は、彼の新トマス主義的カトリック自然法思想において天皇制と教育勅語とを根拠づけた。彼の開陳する自然法思想に照らせば、それは原理的には不可能なことではない。だがその議論は、大戦での敗戦と占領という、政治的・社会的・精神的危機の時代にあって、彼の自然法思想を秩序の維持の重要性に著しく重心を傾けて展開した結果であり、天皇（皇室）を軸とすることで国家・社会の崩壊を防ぐという、功利主義的な動機に基づいていたのではなかったろうか。もっと言えば、天皇進講の翌日に喜色満面でそれを告げたという、田中のごくごく個人的な天皇への敬愛の念が大きく作用していた可能性もある。[96] あるいは、戦時中の天皇崇拝と軍国主義の結びつきの悪弊をその極致において目の当たりにし、それを激しく批判しながら、それでもなお「君主制」の存置を主張する根底には、ヨーロッパにおけるようなより安定的で穏健な君主制のありようを、日本の天皇制もめざすという、遠く楽観的な展望があったのかもしれない。

教育勅語については、終戦後しばらく経った一九六一年には、田中は以下のように言及している。

国家は……自ら文化的、学問的活動……をなすことを得ない。……国家の活動は単に一般的に文化を奨励助長するという限界内にとどまらなければならない。従って、教育理念のごとき純然たる学問的、ことに専門的な教育哲学的問題は、国家の干与の外にあるものといわなければならない。これは学者の研究や教育者や一般人の良識による判断に任せられるべき事柄である。……従って……道徳の徳目や教育の理念に関する綱領のごときものを公権的に決定公表することは、国家の任務の逸脱であり、パターナリズムかまたはファッシズム的態度といわなければならない。この故に明治二十三年の教育勅語のごときは、そのかかげている道徳訓の内容の正不正当否は別として、それが天皇の権威によって制定された点において問題となるのである。問題はその制定が反民主主義的というよりも、国家が介入する権限をもっていないところの、道徳や教育内容の問題に立ち入った点に存するのである。[97]

ここに繰り広げられた教育勅語への評価においても、田中は、自身の自然法理解、また形而上学的能力を含むとされる「自然の理性の光（lumen rationis naturalis）」理解、つまり価値の源泉は国家にはなく、正邪善悪等は客観的に存立しており人間はその区別を識別するのみであって、神の権威にこそ真善美の秩序が基礎づけられている、との枠組みを背景にしつつ、そこから逸れることなく議論している。そして、真善美の秩序の識別またそれに基づく教育理念の制定は、国家の任務ではなく国家に可能なことでもなく、国家外において人々によってなされなくてはならない。

現代において田中の教育勅語評価を振り返るとき、そこには、国家また天皇を強力に相対化する契機が併せ含まれていることを忘れてはならない。教育勅語によって日本文化の独自性や優越性を多少なりとも称揚する向きは、田中の議論からは出てくるはずがないのである。とはいえ、戦後直後の時点において、君主による訓示の形式をとりあえず等閑視し、列挙された徳目について詳細な吟味もなしに普遍性を訴えた田中の教育勅語擁護の議論は、現在に至るまである種の都合の良い論拠として粗雑に使われ続ける余地を残している。

また、一九六一年時点での田中の、戦後直後とは異なる、天皇と教育勅語とにやや距離を置く感じにも目が引かれる。半澤孝麿は、田中を「方法論的非政治主義」と呼んだ(98)。つまり、自他ともに認める保守主義者たる田中であったが、田中は終生、「特定の文化的伝統や生活の形式に対する一体化」、すなわち「それに対するある意味で排他的な忠誠」というものを欠き、「具体的な政治上の保守主義」となることはなかった、と半澤は論じる(99)。戦後直後に強い意欲で天皇制と教育勅語を擁護しながら、田中の意識と思想のなかでは、それらはすべてが神の権威のもとで秩序づけられる世界のなかでの「器」、つまり道具にすぎないとの見方があった。ここに、現代における教育勅語擁護論と田中とのあいだの断絶がある。

一方、田中は政治的な「抵抗」の可能性について、その可能性を意識しつつも最大限の留保をつけながらかなり限定的な位置づけしか与えなかった。一九三三年の「法と道徳」論文において、田中は、法の任務のうち、もっとも重要なものとして「法的安定即ち平和、秩序」を挙げ、正義はそれに次ぐ第二の任務であるとする。ソクラテスは自身への誤った判決に従った。田中は、ロマ書13章1節を引きつつ、実定法への服従はそれ自体が道徳的行為であり、神によって要求されていることを主張しつつ[100]、次のように述べる。

國家の實定法又は其の命令の或る部分が自然法に反し不正なる故を以て國權全體を無視し、之に反抗することは許されない。斯かる場合に、我が國では考へ得られぬことであるが外國で一派の學說は各個人には passiver Widerstand を認め、又若し國家で人民の最根本なる權利を侵害し、極端の虐政の場合に初めて aktiver Widerstand を認める[101]。

この箇所の註において、田中は passiver Widerstand（受動的抵抗）の例としてガンディーを挙げる。戦前には、大学人・東京帝大法学部長として、大学自治への国家の軍国主義的・全体主義的介入に対峙し抵抗した田中であったが、他方で、自然法を国家の秩序へと強固に結びつける思想を持ち、実際に戦後には国家の立法・司法の内部に入ってその制度と体制の設計者となっていった。逸脱する国家とそれへの抵抗をめぐる田中の思想は、別途より詳細に検討する必要があるだろう。

　最後に、田中の教育論は現代の教育思想、ことにキリスト教学校の教育思想に何を残すだろうか。現代のキリスト教学校のキリスト教教育は、田中の構想したような、国家を超えるところ、神に向かって人格を形成することをめざす教育ということを改めて、受け取り直すことができるかもしれない。近年、〝社会で役に立つ〟実学を強みとして宣伝する、一面において人間を経済的存在としての側面に特化する教育理念を掲げる学校は少なくない。だが、経済的側面、政治的側面などはそれぞれ人間の一側面にすぎず、それらを目的とした教育は田中の述べるところの「人間全体つまり『全人』(der ganze Mensch) または全一的（インテグラル）な人間[102]」には関わっていない。田中の思想においては、教育の目的は、哲学・芸術・宗教等も含め教育のすべてが一人の人格のなかで有機的な像を結んでいくことをめざしながら、政治・経済・社会等の諸領域に関わりつつそれらを超越するところへと方向づけられるものである。その際、神に向かっての人格の形成は、生涯未完のプロジェクトであって、プロテスタント・キリスト教的強調点に従って言えば、終末的完成を待ち望むものである。と同時に、それは、完成を待ち望み続けるいまだ未完のものでありながら、一人の人格の教育過程における成長とその後の人生のどの時点においても、神に基礎づけられているという、その点においてはすでに十全のものでもある。キリスト教教育は、神の前での人格として、一人ひとりが「いまだ」完成を待ち望み続ける者でありつつ、「すでに」神によって基礎づけられている者であることを教えることを通じて、「全人」としての一人ひとりに関与することができるのではないだろうか。

注

（1）本章は、拙稿「田中耕太郎の教育勅語への評価をめぐって」『キリスト教と文化　紀要（38）』（青山学院大学宗教主任研究叢書、二〇二三年）および「田中耕太郎の戦後国家の構想における教育の位置づけをめぐって」『キリスト教と文化　紀要（39）』（青山学院大学宗教主任研究叢書、二〇二四年）をもとに、加筆・修正を加えて再構成したものである。

（2）拙稿「官製宗教と向き合うキリスト教主義学校――『信条としての宗教』と『儀礼慣行としての宗教』のはざまで」『フェリス女学院大学国際交流学部紀要　国際交流研究』九号（二〇〇七年）。なおこの論文は、筆者のPrinceton Theological Seminary博士課程留学中の二〇〇三―二〇〇四年に、「宗教と社会」プログラム三年次の「宗教社会学」試験の一部として提出したものをベースに翻訳したものである。議論の枠組みについて故マックス・スタックハウス（Max Stackhouse）教授のゼミでの課題図書、議論から強く影響を受けている。特にキャサリン・ベルの別掲の著書から影響を受けた。

（3）Catherine Bell, *Ritual: Perspectives and Dimensions*, Revised Edition（Oxford: Oxford University Press, 1997, Kindle edtion）, 128, 136, 148-149.

（4）牧原出『田中耕太郎――闘う司法の確立者、世界法の探究者』（中央公論新社、二〇二二年）一五〇頁。

（5）鈴木英一「教育基本法の立案者たち――田中耕太郎と田中二郎」『季刊教育法』No.140（二〇〇四年）七九、八一頁。また田中二郎は、教育基本法はGHQの意見や命令によって影響されることなく、田中耕太郎の考えを基本として、文部省と教育刷新委員会の協力によってできた、と回想している。鈴木竹雄編『田中耕太郎――人と業績』（有斐閣、一九七七年）六一〇―六一二頁。一方で、田中二郎は、田中耕太郎が基本法との関連で取り組んだ教育関係諸法、すなわち学校教育法、教育公務員特例法、教育委員会法などは、田中耕太郎が文部省を離れてのちかなり変容した、とも述べている（鈴木竹雄編『田中耕太郎』前掲、一四五頁）。
（6）荒木慎一郎「田中耕太郎の教育目的観――『真理の探究と人格の完成』を中心に」『九州産業大学国際文化学部紀要』九号（一九九七年）八―九頁。
（7）牧原『田中耕太郎』前掲、一三七―一三八頁。
（8）鈴木「教育基本法の立案者たち」前掲、七八頁。
（9）田中耕太郎「教育勅語論議」『教育と政治』（好學社、一九四六年）一九四―一九五頁。また、『教育と政治』三二―三三、二七八―二八〇頁も参照。また、一九四六年二月に学校教育局長として行った地方教学課長会議の訓示においても、教育勅語が「わが国の醇風美俗と世界人類の道義的な核心に合致」し「儒教、仏教、基督教の倫理とも共通して」いる、と述べている。田中二郎「教育立法――教育基本法を中心として」鈴木編『田中耕太郎』前掲、一三二―一三三頁。
（10）田中二郎「教育立法」前掲、一三六頁。
（11）衆議院決議では、民主化途上にある日本において教育勅語が「国民道徳の指導原理」として持続しているかのように「誤解される」ことがないようにすること、またこれが「主権在君」「神話的国体観」に基づくもので「基本的人権を損ない」、「国際信義」に対し疑念を残すものとなる、ということが明示された。三羽光彦「第3章　戦後における教育勅語の原理的排除」日本教育学会教育勅語問題ワーキンググループ編『教育勅語と学校教育――教育勅語の教材使用問題をどう考えるか』（世織書房、二〇一八年）九五頁。
（12）島薗進『国家神道と日本人』（岩波書店、二〇一〇年）ii―iii頁。さらに島薗は、国家神道を「治教」と「祭祀」にまたがるものとして捉え、これを内容と形式の面からさらに緻密に定義している。

島薗の定義によれば、「国家神道は天皇を神聖な存在として崇敬し、天照大神と神社に祀られる神々を礼拝し、それら神聖な存在のもとにある日本の国土や精神伝統が独自で高い価値をもつものであるとする」という内容をもって、国民にこれに従う道徳や祭祀の実践を促し、また「皇室祭祀と伊勢神宮と靖国神社を頂点とする神社等での儀礼システム」と「神聖天皇崇敬の言説システム」とが「国体論、教育勅語、軍人勅諭」などを典拠として「学校・軍隊・戦争・祝祭日・イベント・メディア」などにおいて広められた。島薗『戦後日本と国家神道――天皇崇敬をめぐる宗教と政治』（岩波書店、二〇二一年）二三―二四頁。

(13) 高橋陽一「教育勅語の構造」岩波書店編集部編『徹底検証　教育勅語と日本社会――いま、歴史から考える』（岩波書店、二〇一七年）五、八頁。

(14) 中嶋哲彦「序　教育勅語問題と本書刊行の経緯――教育勅語のさらなる批判的検討に向けて」日本教育学会教育勅語問題ワーキンググループ編『教育勅語と学校教育』前掲、七頁。

(15) 田中「教育勅語論議」前掲、一九四―一九五頁など。

(16) 鈴木「教育基本法の立案者たち」前掲、七九頁。

(17) 貝塚茂樹『戦後日本と道徳教育――教科化・教育勅語・愛国心』（ミネルヴァ書房、二〇二〇年）一九二頁。

(18) 田中の生涯については、おもに以下の文献を参照した。日本経済新聞社編『私の履歴書13』（日本経済新聞社、一九六一年）、柳沢健『生きてきた道』（大空社、一九九七年）、牧原『田中耕太郎』前掲。

(19) 牧原『田中耕太郎』前掲、一二七頁。

(20) 田中は訪問国の言語を学び原地語で情報収集を行うだけでなく、英語のほかにフランス語やイタリア語でも論文執筆を行った。鈴木編『田中耕太郎』前掲、六五九―六六〇頁。

(21) 日本経済新聞社編『私の履歴書13』前掲、三三三頁。

(22) 日本経済新聞社編『私の履歴書13』前掲、三五〇頁。

(23) 田中は、「もし一つのクリスト教が存在しなければならないとすれば、聖書の解釈が信者個人の主観的判断に任せられ、各人各様になってはならず、そこに教会があって権威を以て解釈を下さねばならない」、「人類の聖化のためには信者が具体的な、つまり歴史的可見的な協同体を形成し、個人的努力とともに集団的な努力をすることが必要とされる」と述べている。日本経済新聞社編『私の履歴書13』前掲、三五〇頁。また、おそらくは無教会主義のグループを暗に指して、祈りが独善的な演説会に堕すことを批判して、カトリック教徒の公的・私的生活に具体的かつ適切に定められた祈りの有効性を論じている。田中耕太郎「信仰の客観性」『教養と文化の基礎』（岩波書店、一九三二年）五九九―六〇〇頁。

(24) 鈴木編『田中耕太郎』前掲、二四九、五九七頁以下ほか。牧原『田中耕太郎』前掲、五三頁。

(25) 田中は商法の持つ「普遍的、世界法的性格は……法秩序全体に内在」すると述べ、「諸民族の法と法の各種の別の間に存する最大公約数としての自然法の基礎の上に世界法理論を築き上げることを構想」したという。日本経済新聞社編『私の履歴書13』前掲、三五三―三五四頁。また、『世界法の理論』第六章においても、商法は民族的色彩を帯びる民法と異なり、手形、小切手、株式会社等々、国境を越える商取引における商業技術を扱うことから、その合理性と普遍性において自然法と相通ずる、と論じている。田中耕太郎『世界法の理論　第二巻』（岩波書店、一九三三年）三七―三八頁。

(26) 日本経済新聞社編『私の履歴書13』前掲、三五四頁。

(27) 日本経済新聞社編『私の履歴書13』前掲、三三二頁。

（28）田中耕太郎『法と宗教と社會生活』（改造社、一九二七年）二四七頁。
（29）最晩年の一九七二年にも田中は『続世界法の理論』（全二巻、有斐閣）を発表している。
（30）たとえば相良惟一（一九一〇—一九八七）は、東京帝国大学法学部を卒業後、文部省、ユネスコ・パリ本部学校教育振興部長を経て、京都大学教授、聖心女子大学学長を歴任した。相良は、田中が会長を務めるもとで東大カトリック研究会の幹事を二年間担当し、またカトリック本郷教会にお いて田中と教会生活を共にした。また、久保正幡（一九一一—二〇一〇、東京大学教授、法制史）、松田二郎（一九〇〇—一九八八、最高裁判事）、豊崎光衛（一九〇八—一九八〇、学習院大学教授、商法）、滋賀秀三（一九二一—二〇〇八、東京大学教授、東洋法制史）、阿南成一（一九二四—、筑波大学教授、南山大学社会倫理研究所初代所長）など。鈴木編『田中耕太郎』前掲、二二三頁以下、特に五九七頁以下参照。

三好千春によれば、明治期に日本で活動したプロテスタント諸教派が教育を通じた宣教活動に注力し、明治学院やフェリス女学院のような中高等教育機関を発展させていったのに対して、カトリック側では、初期の日本伝道において中心的な役割を果たしたパリ外国宣教会は司祭養成を重視して当初はラテン語教育に力を注ぎ、のちには孤児や貧困家庭の子どもの養育事業に重点を移した。この結果、明治期のカトリック教会は、教育・出版といった知的分野においてプロテスタント教会の後塵を拝する状況にあった。このような状況への危機感から、一八八〇年代末頃から一九〇〇年代にかけて開校された雙葉高等女学校、聖心女子学院高等女学校、暁星小学校においては、教育事業による「日本の上層階級への宣教」が明確に意図されており、また一九一三年、イエズス会による上智大学開校は日本の知的分野への進出の足掛かりとなった。三好千春『時の階段を下りながら——近現代日本カトリック教会史序説』（オリエンス宗教研究所、二〇二一年）五三—五五、九六頁ほか。暁星時代に受洗しのちに司祭となりカトリック出版事業に力を注いだ岩下壮一や、岩下の影響を受け聖心出身の妻の感化もあってカトリックに改宗した田中耕太郎らは、カトリック教会の教育分野における宣教の取り組みが最初に大きく実を結んだものと言え、その影響は戦後の法曹・思想界にも及んだのであった。
(31) 学部長就任翌年には、「天皇大権の侵犯」との理由に基づく荒木貞夫文部大臣による京都帝国大学総長選挙の差し止めに際し、法学部長として大学自治の沿革を説明するとともに全国の帝国大学との協力を図った。また、矢内原忠雄、大内兵衛、河合栄次郎といった自由主義的教員に対する学内および学外からの圧力、特に経済学部内の左右の激しい対立をめぐって、学長を補佐して苦慮しつつ対応した。牧原『田中耕太郎』前掲、八八頁以下。
(32) 戦後このグループが中心になって岩波書店から文化雑誌『世界』を創刊したが、田中は一年ほどで武者小路実篤の『心』に移った。日本経済新聞社編『私の履歴書13』前掲、三五九頁以下。
(33) 田中の直接の教え子であり学校教育局長付事務官として田中を補佐した相良惟一によれば、文部省時代の田中のもとの官僚の多くは東大法学部卒のいわば田中の教え子であり、また山崎匡輔教育局長、関口泰社会教育局長など、田中の親友も同僚にいるなかで、田中はよくリーダーシップを発揮したという。鈴木編『田中耕太郎』前掲、一〇三頁以下。
(34) 杉原誠四郎『教育基本法の成立――「人格の完成」をめぐって』（日本評論社、一九八三年）四一―四四頁。
(35) 鈴木編『田中耕太郎』前掲、一一四頁。
(36) 牧原『田中耕太郎』前掲、二三四頁。
(37) 牧原『田中耕太郎』前掲、二五七頁。
(38) 自身の自然法に基づく法理論への影響については、ボン大学のエルンスト・ツィーテルマン

(Ernst Zitelmann) らの議論に言及している。柳沢『生きてきた道』前掲、一四〇—一四一頁。

(39) Gerald McCool, *The Neo-Thomists* (Milwaukee: Marquette University Press, Third printing, reviewed and corrected, 2003). 中世西欧におけるアリストテレス哲学の受容により構築されたトマス神学・哲学は、その古代的世界観がやがて近代の知見と矛盾をきたし、またカント的な近代認識論の興隆によって時代遅れのものとされていた。だが、レオ十三世の回勅に応じて一九世紀から二〇世紀を通じてヨーロッパ各地またアメリカのカトリック系大学・研究機関にアクィナス研究の拠点等が作られ、トマス神学は再びカトリック神学の土台として取り戻された。

(40) J. Philip Wogaman, *Christian Ethics: A Historical Introduction* (Louisville, Kentucky: Westminster John Knox Press, 1993), chapter 17 and 19. 第二ヴァチカン公会議以降には、トマス主義の影響は後退し、より聖書に根拠を置く流れになったとされる(Wogaman, 246)。レオ十三世以来二〇世紀を通じて発展したカトリック教会の社会教説は、『教会の社会教説綱要』(カトリック中央協議会、二〇〇九年。原著は二〇〇四年にイタリア語で出版され、教皇庁正義と平和評議会による英語、フランス語、スペイン語翻訳も公式文書とされている)において結実した。同書は、救済史の枠組みにおいて神の計画と教会の使命を確認し、「神の似姿」の教えにおいて人間の尊厳と人権とを基礎づけたうえで、「貧しい人のための優先的選択」(preferential option for the poor)、「補完性の原理」(principle of subsidiarity)、「共通善」(common good) といった原理を示したのち、家庭、労働、経済、政治、国際共同体、環境、平和それぞれの分野を聖書の視点から論じている。小山英之『教会の社会教説——貧しい人々のための優先的選択』(教文館、二〇一三年) も参照。

(41) 田中は、岩下から「系統的な神學的根源」を与えられたとして岩下死後の追悼論文に謝意を記している。田中耕太郎「信と知と愛」『カトリック研究』二三巻一号 (一九四三年) 四六頁。また田中が

「カトリックへの改宗書」であり「法の價値論」であると呼ぶ著書『法と宗教と社會生活』は「岩下師の嚴密な校閲を経た」ものであったという。田中耕太郎「岩下壯一師と現代智識階級」『カトリシズムと現代』（公教社、一九四九年）二九六頁。

（42）岩下は一九一九年から二五年にかけて、文部省在外留学研修生としてヨーロッパの各地で学んだ。パリでは、やがてヨーロッパ・アメリカにおいて新トマス主義自然法思想により、哲学のみならず政治分野においても大きな影響を及ぼすことになるジャック・マリタン（Jacques Maritain, 1882-1973）の講義を受けたようである。輪倉一広『司祭平服と癩菌――岩下壮一の生涯と救癩思想』（吉田書店、二〇一五年）四七―四九頁。のちに自身の弟子にあたる吉満義彦にはマリタンのもとで学ぶことを勧め、自身はマリタンの著作 *Trois réformateurs: Luther, Descartes, Rousseau* を翻訳し（『近代思想の先駆者――ルッター・デカルト・ルーソー』同文館、一九三六年）、吉満は留学への出発を前にマリタンの『スコラ哲学序論』を岩下およびソヴール・カンドウ神父の指導のもとに翻訳出版した。荒木慎一郎「田中耕太郎の人格思想の成立と展開――ジャック・マリタンの思想との並行性を中心に」『カトリック教育研究』三二号（二〇一五年）四三―四四頁。

岩下は、ローマのコレジヨ・アンジェリコにおけるガリグ＝ラグランジュ（Gontran Reginald Garrigou Lagrange, 1877-1964）のトマス神学の講義において、「とぎすました利剣のような鋭い論理的思惟と、深遠な神秘的真理洞察とが一致する境地」を示されたという。輪倉『司祭平服と癩菌』前掲、五三―五四頁。またラグランジュはマリタンが自宅で始めたトマス研究サークルの霊的指導者だったという。荒木慎一郎「田中耕太郎の教育目的観成立に与えたジャック・マリタンの影響」長崎純心大学カトリック社会福祉研究所編『カトリック社会福祉研究』一二号（二〇一二年）一二九頁。

なお、岩下自身はルーヴァン大学の新スコラ主義には感銘を受けなかったとの感想を残しているが

（輪倉『司祭平服と癩菌』前掲、五三頁）、ルーヴァン大学では、一八七九年の回勅を受けてデジレ・メルシェ（Dédiré Mercier, 1851-1926）を中心として設立された高等哲学研究所が一八八七年以来、大学内に移されて、メルシェは一九〇六年にルーヴァン大学を離れたものの、強固なルーヴァン・トマス主義の伝統が築かれていた。メルシェはトマス的認識論においてカント批判を行うことに注力したとされるが、このようなアプローチは岩下の「新スコラ哲學」論文にも表れている。Cf. McCool, *The Neo-Thomists*, 42ff.

（43）田中「岩下壯一師と現代智識階級」前掲、三一三頁。

（44）本章では『法と道徳』（春秋社、一九四七年）に掲載されたものを引用する。なお、大森万理子と田中友佳子に、田中の「法と道徳」論文は一九三三年に初めて出版されたあと一九四七年と一九五七年に改訂・増補されているが、大きな修正や加筆が見られないことを指摘している。大森万理子・田中友佳子「道徳教育を支える法律と道徳訓の区別と相互関連性——田中耕太郎『法と道徳』を手掛かりに」九州大学教育基礎学研究会編『教育基礎学研究』一五号（二〇一七年）一〇八頁。

（45）田中『法と道徳』前掲、一三—一五頁。

（46）田中『法と道徳』前掲、二〇頁以下、また三八頁。

（47）田中『法と道徳』前掲、三二—三三頁。

（48）田中『法と道徳』前掲、四六—四七頁、また五〇頁以下。

（49）田中『法と道徳』前掲、五五、五七頁。

（50）田中『法と道徳』前掲、六〇頁。

（51）田中『法と道徳』前掲、六二頁。

（52）田中『世界法の理論　第二巻』前掲、三〇、五四頁。

(53) 田中『世界法の理論　第二巻』前掲、五四―五六頁。
(54) 田中『世界法の理論　第二巻』前掲、二九―三〇頁。
(55) 田中『世界法の理論　第二巻』前掲、三、七―八頁。
(56) 田中耕太郎「國家と宗教と文化」『教養と文化の基礎』（岩波書店、一九三七年）五六九頁。「國家と宗教と文化」は一九三五年初出。
(57) 田中耕太郎「ファッシズムとカトリックの立場」『教養と文化の基礎』前掲、五五九頁。「ファッシズムとカトリックの立場」は一九三七年初出。
(58) 田中「國家と宗教と文化」前掲、五七〇頁。
(59) 曰く、敗戦前一五年ほどの日本は「誤れる精神主義、非合理主義及び全體主義」また「誤れる軍國主義、國粋主義」によって支配され（田中耕太郎「平和の使徒たらむ」『教育と政治』好學社、一九四六年、九―一〇頁）、「我が國の君主制」は「神がかり的の國體明徵論」のようなものによって歪められて（田中耕太郎「新政治理念と自然法」『教育と政治』前掲、四二頁）、「國體主義の最も堕落した形態」に陥っていた（田中耕太郎「教育と世界觀」『教育と政治』前掲、一二二頁）。
(60) 田中「教育と世界觀」前掲、一二三頁。
(61) 田中「新政治理念と自然法」前掲、三七頁ほか。
(62) 田中「新政治理念と自然法」前掲、四〇頁。
(63) 田中「新政治理念と自然法」前掲、四〇頁。
(64) 田中「新政治理念と自然法」前掲、二八頁。
(65) 田中耕太郎「自由主義と其の限界」『教育と政治』前掲、九〇―九一頁。
(66) 田中「自由主義と其の限界」前掲、九六頁。

(67)田中「自由主義と其の限界」前掲、九八頁。

(68)田中耕太郎「教育に於ける権威と自由」『教育と政治』前掲、二五八―二五九頁。

(69)田中耕太郎「カトリシズム序説」二〇―二一頁、「信仰と道徳」一七一頁、「新たなる思想問題」二〇六頁等。いずれも『カトリシズムと現代』(公教社、一九四九年)所収。

(70)田中耕太郎「國民道徳の頽敗と其の再建」『教育と政治』前掲、一四二頁。

(71)田中「教育と世界觀」前掲、一二六頁。

(72)田中「國民道徳の頽敗と其の再建」前掲、一四二、一四四頁。

(73)田中「教育と世界觀」前掲、一二四―一二五頁。

(74)戦前から戦後直後の田中の思想からの断絶や修正というよりも、むしろ田中の根本的な思想の枠組みをより明瞭にする議論であるが、田中は終戦からしばらく経った時期には「民主主義教育」とされるものに留保をつけている。田中自身が構想・起草から深く関与した教育基本法(一九四七年)への大部の解説書である『教育基本法の理論』(有斐閣、一九六一年)において、彼は教育の目的は「人格の完成」にあるのであって「民主主義」にあるのではないと述べる。民主主義と教育自体は「ちがった次元に所属している」のであり(九頁)、「人格の完成」をめざす教育は「政治的人間」や「経済的人間」の養成にとどまるものではなく、さらには「国家公民教育」を部分として含むもののそれ以上のものであり、「全人」を対象とする教育により「政治よりももっと崇高な人間」をめざしているとする(三一頁)。この意味で、田中にとっては、教育はたんに「民主主義的人間」の養成をめざすべきものではない。もし国家がこのような形で教育の方向性を決定するのであれば、戦前と同じように、国家・政治が教育の上位に立ちこれを支配する誤りに陥ることになるのである。民主主義においては、国家は宗教・芸術・科学・技術等の文化の諸領域における「価値の創造を専門家に任せ」、国家自身は「ただ助長、奨励の立場」を取るべきである（三二頁）。そして、国家を導き国家が遂行する「人格の完成」への教育は、「プラトー、アリストテレスおよび聖トーマス・アクイナスの系統をひく久遠主義」、つまり「クリスト教の真理を永遠な教育原理」とするべきことを示唆するのである（二六頁）。

(75) 田中耕太郎「國際聯合の理念的基礎」『教育と政治』前掲、六三頁。
(76) 田中「教育と世界観」前掲、一一九—一二一、一二七頁。
(77) 田中耕太郎「更生日本の精神的基礎」『カトリシズムと現代』前掲、一五〇頁。
(78) 田中「教育と世界観」前掲、一二七—一二八頁。
(79) 田中「自由主義と其の限界」前掲、八二—八三頁。
(80) 田中「新政治理念と自然法」前掲、一七頁。
(81) 田中耕太郎「民主主義と眞理」『教育と政治』前掲、二三七頁。
(82) 田中「新政治理念と自然法」前掲、四一頁。
(83) 田中『世界法の理論　第二巻』前掲、二九—三〇頁。
(84) 田中「新政治理念と自然法」前掲、四二頁。
(85) 田中「新政治理念と自然法」前掲、四一頁。田中はまた、天皇の決断なくしては終戦が成し遂げられなかったことにたびたび言及する。田中「自由主義と其の限界」前掲、八〇頁ほか。
(86) アリストテレス『ニコマコス倫理学』（朴一功訳、京都大学学術出版会、二〇〇二年）二六頁。
(87) 田中耕太郎「日本君主制の合理的基礎」『教育と政治』前掲、一〇二頁。
(88) 田中「日本君主制の合理的基礎」前掲、九九頁。
(89) 田中「教育に於ける権威と自由」前掲、二七六—二七七頁ほか。

(90) 田中耕太郎「天皇制の辯明」『教育と政治』前掲、二四二―二四三頁。
(91) 田中「新政治理念と自然法」前掲、三三一―三三三頁。
(92) 田中「教育勅語論議」前掲、一九四―一九五頁。
(93) 田中「教育に於ける権威と自由」前掲、二八〇頁。
(94) 田中「教育に於ける権威と自由」前掲、二七八頁。
(95) 田中「教育勅語論議」前掲、一九六頁。
(96) 相良惟一「教育行政・教育立法　一――田中先生の文部省、参議院時代」鈴木編『田中耕太郎』前掲、一一九頁。なお、天皇進講の原稿は「カトリシズム序説」として『カトリシズムと現代』前掲に収録されている。
(97) 田中『教育基本法の理論』前掲、五一頁。
(98) 半澤孝麿「思想形成期の田中耕太郎――地上における神の国の探究」『年報政治学』二六巻（一九七五年）二二六頁。
(99) 半澤「思想形成期の田中耕太郎」前掲、二三三頁。
(100) 田中『法と道徳』前掲、五二―五四頁。
(101) 田中『法と道徳』前掲、六一頁。
(102) 田中『教育基本法の理論』前掲、九頁。

第四章　戦後のキリスト教学校は何と闘ってきたのか[1]

伊藤　悟

はじめに

戦後の学校教育の歴史区分にはいく通りもの方法や主義主張があり得るが、本章ではキリスト教学校が直面してきた課題に焦点を当てつつ、一九四七年から現在に至るまでを五つに区分することを試みる。これらは歴史の非連続性を主張するものではなく、むしろ連続性の中の大きな歴史のうねりとして捉え、とくにキリスト教学校が対峙してきた諸課題を整理しようとするものである。興味深いことに、終戦直後の一〇年程を除くと、キリスト教学校は約二〇年の周期で大きな局面に遭遇してきている。ある判断と舵取りが要求される事態に、ほぼ二〇年ごとに直面してきたのである。当然のことながら、それらは突如として起こった時代変容というよりも、様々な政治的思惑や世間の風潮などの時代背景の中で問題が先鋭化され対峙することになった出来事である。

区分を試みた五つの時代とはすなわち、①戦後教育の黎明時代（一九四七―一九五七年［一一年］）、②教育大衆化の時代（一九五八―一九七九年［二二年］）、③リベラリズム・国際化の時代（一九八〇―

二〇〇二年［一三年］）、④第二の逆コースの時代（二〇〇三―二〇一九年［一七年］）、⑤高度デジタル改革時代（二〇二〇年―現在）である。各時代区分の学校教育を揺り動かしてきた主だったトピックを取り上げながら、キリスト教学校がそれらにどう対応し、抗い、方策を練ってきたのかを概観していきたい。

1　一九四七―一九五七年　戦後教育の黎明時代
――キリスト教学校の再興再編期

（ア）教育基本法制定から逆コースまで

戦後の教育改革はGHQの方針に沿って進められたが、とくに教育勅語の取り扱いについてはGHQも慎重な議論を重ねていた。日本政府・文部省は、民主主義と「国体護持」とが矛盾しないとする立場を取り、先の戦争が起こったのは軍国主義と超国家主義によって教育勅語の理念が大きく捻じ曲げられたことによると主張し、改めて教育勅語の理念に立ち帰ることが戦後教育に必要であると考えていた。その後、教育基本法が学校教育法と共に公布されたが（一九四七年三月三一日）、この時点での文部省の解釈はまだ教育基本法と教育勅語とは矛盾しないというものであった。

その後、衆参両院において、「教育勅語等の排除に関する決議」（一九四八年六月一九日、衆議院）、「教育勅語等の失効確認に関する決議」（同日、参議院）が行われて教育勅語の失効が決定されるが、文部省は、教育勅語は法理上の問題として排除されたものの、依然として道徳訓として教育基本法に引き継がれているという理解を残していた。他方、ＧＨＱは占領初期には日本の民主化・非軍事化を推進してあらゆる思想・結社・言論の自由をもたらしたが、連合国内の亀裂も影響して占領後期になると反共政策へとその方針を転換させていくことになる。一九五〇年に朝鮮戦争が勃発すると、反共体制はことさら先鋭化されることになった。これがいわゆる「逆コース」である。[2]

追い打ちをかけるようにして教育界においても反共体制が色濃く出るようになった。一九四九―五一年にかけてはレッド・パージが強行され、一万人を超える人々が失職した。一九五〇年二月一三日には東京都教育委員会が教員二四六人の整理を突如発表し、同年三月一八日には東京大学で学内共産党細胞禁止の告示が出された。六月に朝鮮戦争が勃発すると、マッカーサーは吉田茂首相宛書簡にて、七万五〇〇〇人の国家警察予備隊の創設と海上保安庁八〇〇〇人の増員を指示することになる。吉田首相は、これを国家再建に利用する千載一遇のチャンスと捉え、「愛国心」教育に意欲を示し、その年文部大臣に就任した天野貞祐は「新しい修身科の特設」を公表するに至ったのである。こうした動きは、国内で燻り続けていた保守派の意識を再燃させることになり、一九五二年四月のサンフランシスコ講和条約発効とともに、それはより顕著な動きへと変わっていった。

（イ）キリスト教学校の使命をめぐって

この時期のキリスト教学校はいずれも新教育体制のもとでの復興に追われた。戦災により失った校舎を再建することや、海外ミッションを含めた資金の調達、教師の確保はもとより、キリスト教学校教育の重要性を明確に打ち出す契機としての自己認識をもつに至った。とくに太平洋戦争において

「神と人との前に拭うべからざる罪過を犯した」[3]との反省から、戦後の日本建設をキリスト教教育によって行うべきとの主張が打ち出され、新しい日本を背負うべき人間はいかなる教養をもった人間であるかを研究することの必要性と、生徒を民主的に育てるという目標をいかにして実現するかを再検討し始めた。一九四七年から基督教教育同盟会より刊行された『基督教教育新聞』においても、キリスト教学校が信仰と思想の堅実な教育を展開すべきこと、またそれは良き教師との出会いと宗教的情操を培う学科目によること、そして礼拝が全校の精神を鼓舞することを主張する記事が多く掲載されている。[4]

キリスト教学校の教育現場では、中学高等学校の聖書科が正課となったことによって、宗教科教員の養成が急務となった。[5]また聖書科教科書の編纂も急ピッチで進められることとなった。一九四九年には、中学校および高等学校のそれぞれの学年をそれぞれ前期後期に分け、計一二冊の聖書科教科書、[6]さらに英語、歴史、音楽の教科書も編纂された。この時期、精力的にキリスト教教育や民主主義教育が展開され、キリスト教を基調とした人格の形成や教養の習得に格別な努力が払われていたことが窺われる。基督教教育同盟会においても加盟校の教育実態の把握のために、各種アンケート調査が実施され、戦前教育との違い、生徒の宗教生活の変化、生徒の教会生活や受洗者数などを調べて公表し、新学校教育制度の特徴を先駆的に展開しようとした様子も見ることができる。

しかしながら、一九五〇年代に入って前述の「逆コース」の影響が出始めると、政府や文部省は、連合国からの独立を見据えた戦後教育改革へと勢いづくようになった。一九五一年の学習指導要領改訂では「日本史」「東洋史」「西洋史」が高校に設置された。一九五五年一二月には高等学校学習指導要領から「試案」の文字が削除され、指導要領は「告示」として法的拘束力をもつものとなった。これには、キリスト教学校の警戒心が一気に高まった。教育内容の自由度が狭められ、さらに一九五八年改訂では「道徳の時間」が特設されることになった。戦後の新教育で重視された経験主義教育は早くも系統主義教育への転換を求められるようになったのである。[7]

戦後すぐに再開された基督教教育同盟会の夏期学校は、キリスト教学校の目的や方向性について教師たちが議論する重要な場であった。キリスト教学校のあり方やキリスト者教員の使命をめぐって盛んに議論がなされ、参加教員の研鑽が積まれた。一九五一年からは宗教教育講習会が設置され、とくに聖書科教諭や宗教主任を対象とした研究集会が多く開催された。

（ウ）『キリスト教教育を阻むもの』

逆コースの傾向に危機感を募らせていたのはキリスト教学校だけではなく、教会もまた同様であった。キリスト教教育についてはこの時期、日本基督教団教育委員会編『新教育とキリスト教教育――一般の教育界との関連』（教会学校教師養成講座、一九五五年）、日本基督教団宣教研究所編『現代日本におけるキリスト教的人間像』（一九五六年）、高崎毅『キリスト教教育』（一九五七年）、小林公一『キリスト教教育』（一九五八年）、高崎毅・太田俊雄監修『キリスト教教育講座』（全四巻、一九五八年）、日本基督教団宣教研究所編『キリスト教教育を阻むもの――わが国におけるキリスト教教育の障害の研究』（一九五八年）、日本基督教協議会教会学校部編『わが国におけるキリスト教教育の現状』（一九五八年）といった書物が次々と刊行された。

このうち『キリスト教教育を阻むもの』の「はしがき」には次のようにある。「戦後の数年は、日本のキリスト教宣教史においても最大の好機といわれ、事実大人も子供も教会に集まったようであるが、それがだいたい昭和二十六（一九五一）年頃を境として急激に減退し始めた。その後四、五年して教勢は、ようやく下向きの傾向をくい止めて横這いから少し上昇し始めたが、どういうわけか教会学校の生徒はいぜんとして減少しつつある」[8]。この研究書ではキリスト教教育の障害要因を四つ、取り上げている。それらは、（1）神学における障害要因、（2）教会実践における障害要因、（3）日本の社会構造における障害要因、（4）日本人の精神構造における障害要因である。

第一の神学における障害要因の項では、バルト神学やブルトマン神学、さらに予定説や再臨説などが日本におけるキリスト教教育においてはむしろ障害要因となっており、さらに他国の神学を紹介するだけではなく日本におけるキリスト教神学の樹立が必要であることを説いている。第二の教会実践における障害要因の項では、カリキュラム、テキスト釈義、教師の力量、生徒の信仰理解・発達段階、生活と聖書の乖離など、教会内部の課題が取り上げられている。次いで第三の日本の社会構造における障害要因として、天皇制の問題が挙げられている。その背景には地主制度（土地制度）と家族制度とが結びついていることから、社会生活の深部に浸透している天皇制的残滓を取り除くことは容易ではないと指摘されている。また人間関係を上下に規定したり、企業形態においてすら家族主義的精神を残している点、さらに家族構成の変化、快楽主義的倫理、マスコミの影響などもキリスト教教育の障害要因となっていることを指摘している。第四は日本人の精神構造についての指摘である。天皇制や戦時下で育てられてきた日本人のメンタリティは、無主体性と非実存性として把握することができるため、キリスト教教育を通じて、失われた主体性の回復、見失われた実存の回復、神の前における「個」の確立によってこの障害を克服しなければならないとしている。

同書の「結論・現実に即した実践を」で小林公一は、「日本人のメンタリティのなかには、優れた思想や教えも、抽象的なものとしては一般の大衆に浸透せず、具体的にある特定の人物によって示されるときに、一般に広く浸透するという面が強くあるのではなかろうか」と述べている。[9] 一般の教育においてはいまや「新しい道徳教育」によって古来の家族倫理や天皇制に回帰させようとしているが、キリスト教教育においては新しい民主的人間関係に基づく道徳教育の展開が必要であって、日本人がヒロイック（英雄的）なものに渇望を覚え、具体性を求めていくことを考えるとき、優れたキリスト教的人物を輩出してゆくことに、広くキリスト教界が努力をしていくことが必要であると指摘されている。

2　一九五八―一九七九年　教育大衆化の時代
――問われるキリスト教学校

(ア)「道徳の時間」制定から「ゆとり教育」の提起まで

先に述べたように、一九五八年は戦後教育の大きな転換点となった。この年に改訂された学習指導要領はその性格も内容も、それまでとは大きく異なるものであり、経験主義教育から系統主義教育へと転換し、「道徳の時間」が設定され、学習指導要領は「試案」から「告示」へと変わった。

一九五八年三月一五日の教育課程審議会の答申で「新たに道徳教育のための時間を特設する」ことが提言された。文部省はこれを受けて当初、道徳の教科化を目指したが、学校教育法施行規則の改正では、「道徳の時間」は学校行事と並ぶ教科外活動の領域として位置付けられた。「道徳の時間」の設置をめぐって、日教組を中心に激しい批判論が展開されたからである(10)。

一九五四年から日本経済は飛躍的な成長を遂げることになり、それは一九七三年一一月まで続いた。日本は十分な復興を遂げ、一九五六年(戦後一一年)にしてすでに「もはや戦後ではない」が流行語となった。高度経済成長期と呼ばれるこの一九年間は、神武景気、所得倍増計画、オリンピック、新幹線、高速道路網、地下鉄整備、大阪万博、沖縄復帰、列島改造計画といったキーワードから推察できるように、国民の生活を大きく変えるものであった(11)。

高度経済成長による「豊かさ」を契機に、日本は世界にもまれに見る「教育爆発の時代」を迎えた。高等学校、大学への進学率は軒並み急上昇した。一九五〇年に四二・五%であった高等学校の進学率は一九七四年には九〇%を超え、一九五五年に一〇・一%であった大学進学率は一九七五年には三八・四%となり、学校数も一九五三年度には大学二二六校、短期大学二二八校だったのが一九七一年度には大学三八九校、短期大学四六八校となり、うち大部分は私立学校であって、女子学生の大学進学率も大幅に伸びた。それは同時に教育が大衆化されていったことを意味する。進学率上昇、学校数増加に伴って一九五〇年代から一九七〇年代までは、教師不足が深刻な課題であった。次々と設置されていった私立学校においても教師の確保は容易ではなかったが、それでも共通理念を追求したり、公立学校の大衆化の弊害を憂えていた志の高い教師たちが、私立学校には集まったりしてきた。

一九六八年から一九七〇年にかけては、全国の大学で学生紛争の嵐が吹き荒れた。学費値上げ、誤認退学、大学の使途不明金、学生寮の管理などを理由に学生がストライキを決行、さらにそれが暴力や立てこもり事件などに発展し、これが多くの大学に飛び火した。

学生紛争の影にあって小学校・中学校教育はあまり社会の注目を受けなかったが、じつは一九六八年は文部省が第三次の学習指導要領改訂を告示した年として重要である。改訂のポイントとしては「教育内容の現代化」が打ち出され、生産性向上のために教科内容も高度化・現代化が図られ、科学技術教育の向上を目指し、教育課程の領域編成は四領域（各教科、特別教育活動、道徳、学校行事）から三領域（各教科、道徳、特別活動）となり、教科の最低授業時数は標準授業時数とされたのである。さらに後述する「期待される人間像」（一九六六年）に即した内容が織り込まれ、小学校道徳では「日本人としての自覚をもって国を愛し、国家の発展に尽くす」ことが盛り込まれた。また国民としての心情の萌芽や、日本の国土や伝統文化の尊重が述べられるようになった。

教育の大衆化現象は、業績や能力によって人を判断する社会を生み出し、学歴社会を激化させることになった。教育内容は難化し、学習塾の乱立、低年齢化、詰め込み教育、競争社会、受験雑誌ブームを引き起こした。努力すればだれでも社会的成功を得られるとの神話が、多くの人々の心と感覚をとらえた時代である。教育の大衆化現象はまた、いじめ、不登校、落ちこぼれ、校内暴力などの「教育荒廃」をもたらした。万引き、集団非行、窃盗、シンナー、教師への暴力などが横行し、青少年の攻撃的・犯罪的行為が社会問題となった。これらに適切に対応できない学校や教師は厳しく批判され、また批判の矛先は、次第に画一的な教育方法と偏差値序列に拠っている学校教育のあり方、管理教育に向けられるようになっていった。[12]

こうした背景を受けて、教育改革を求める声が高まり、その後の「ゆとりと充実」路線へと大きく転向していくことになる。偏差値教育や詰め込み教育が教育荒廃の元凶であるというのは、文部省、日教組、そして世論の大方の見方であった。一九七六年、教育課程審議会は、授業時数一〇％削減、教科内容二〇％削減という答申を出し、翌一九七七年改訂の学習指導要領に反映された。

(イ)「期待される人間像」を受けて

一九五〇年代から一九六〇年代前半にかけては、基督教教育同盟会（一九五六年、基督教学校同盟に改称）の中高部会の研修会でカウンセリングやホームルーム運営についてのテーマが多く取り扱われている。しかし学習指導要領の改訂が行われて「道徳の時間」が設置され、国の教育体制の方向転換が明らかになると、キリスト教学校も教育再点検の必要性に迫られた。学校同盟の研究集会などでも道徳教育とキリスト教学校の宗教教育との関係性を問う試みがなされ、聖書科カリキュラムの検討や聖書科教科書の一部改訂を求める声も高まった。この頃の学校同盟の夏期学校の主題は、一九五八年（第二八回）「宣教百年とキリスト教学校教育」、一九五九年（第二九回）「キリスト教学校教育の使命」、一九六〇年（第三〇回）「キリスト教学校教育の展開」、一九六一年（第三一回）「民主主義モラルについて」といったキリスト教学校のあり方や教育内容を確認するテーマが多く扱われている。

一九五八年の学習指導要領改訂において、「宗教」（聖書）は文部省の道徳教育の代替的役割を担っていくことが認められたが、[13] これについては、聖書科が「その道徳教育が目指していた方向性を聖書の視点から根本的に是正していく」[14]ことが迫られているとの受け止め方をする者も多くいて、学校同盟内には中高聖書科カリキュラム研究委員会が設置され、一九六七年に「中高聖書科カリキュラム研究委員会中間報告一九六七」が出されている。

一九六六年、「期待される人間像」が中央教育審議会から出された。この中央教育審議会の答申内容は、「後期中等教育の拡充整備について」[15]としてまとめられていて、主たる提言は後期中等教育のあり方についてであるが、本文に付随して公表された別記「期待される人間像」が大いに注目されることになった。その前文には、「以下に述べるところのものは、すべての日本人、とくに教育者その他人間形成の任に携わる人々の参考とするためのもの」であり、「ここに示したのは人間性のうちにおける諸徳性の分布地図である」とされ、後期中等教育の背景理念がかなり詳細に述べられている。日本人としての徳（理想像）が縷々記され、個人について、畏敬の念（霊性）について、家庭について、社会人について、そして愛国心や天皇を中心とする国家観が提示されている。答申全体が二万一〇〇〇字におよぶ膨大な内容であるが、そのうち「期待される人間像」が一万三〇〇〇字を占め、のちに影響力を及ぼす文書となっている（次頁目次参照）。審議会において福田繁文部事務次官は、「教育基本法を教育の場に具体的に生かしていくためには、わが国の国土と民族と文化を基盤とし、かつ学校教育の段階ごとの教育目的に即してさらに検討を進めていく必要がある」と説明し、草案を執筆した高坂正顕（東京芸術大学学長・当時）は、教育基本法は抽象的であるがそれをより具体化しようとしたと述べて、これが教育基本法の欠陥を補完する役割をもつと述べたという[16]。

「期待される人間像」に対する評価は大きく分かれた。全面的に賛意を表すもの、反憲法的であり

「後期中等教育の拡充整備について」（1966 年）目次	
後期中等教育の拡充	**別記　期待される人間像**
第 1　後期中等教育の理念 1. 後期中等教育の拡充整備の必要性 2. 人間形成の目標としての期待される人間像 3. 後期中等教育の目的・性格 第 2　後期中等教育のあり方 1. 高等学校教育の改善 2. 各種学校制度の整備 3. 勤労青少年に対する教育の機会の保障 4. 社会教育活動の充実 5. その他の方策 (1) 特殊教育機関の拡充 (2) 普通教育の徹底 (3) 女子に対する教育的配慮 (4) 高等学校の単位の認定 (5) 就学奨励 第 3　後期中等教育の拡充整備に伴う諸問題 1. 中学校における観察指導の強化 2. 入学者選抜制度の改善 3. 小学校，中学校，高等学校の教育の関連性 4. 特別教育に対する制度的考慮 5. 教員養成に対する要請 6. 学習成果の社会的公認 7. 青少年に対する社会環境の浄化 8. 継続教育としての社会教育の充実 9. 教育に関する基礎的研究の拡充	まえがき 第 1 部　当面する日本人の課題 1. 現代文明の特色と第一の要請 2. 今日の国際情勢と第二の要請 3. 日本のあり方と第三の要請 第 2 部　日本人にとくに期待されるもの 第 1 章　個人として 1. 自由であること 2. 個性を伸ばすこと 3. 自己をたいせつにすること 4. 強い意志をもつこと 5. 畏敬の念をもつこと 第 2 章　家庭人として 1. 家庭を愛の場とすること 2. 家庭をいこいの場とすること 3. 家庭を教育の場とすること 4. 開かれた家庭とすること 第 3 章　社会人として 1. 仕事に打ち込むこと 2. 社会福祉に寄与すること 3. 創造的であること 4. 社会規範を重んずること 第 4 章　国民として 1. 正しい愛国心をもつこと 2. 象徴に敬愛の念をもつこと 3. すぐれた国民性を伸ばすこと

絶対主義天皇制時代への郷愁を示すとして批判的なもの、さらにその中間的な意見など、様々な論議を呼ぶことになった。とくに批判が集中したのは愛国心と天皇制に関する提言である。「期待される人間像」は愛国心について、「真の愛国心とは自国の価値を一層高めようとする心がけであり、その努力である。自国の存在に無関心であり、その価値の向上に努めず、ましてその価値を無視しようとすることは、自国を憎むことともなろう。われわれは正しい愛国心を持たなければならない」と述べて、その重要性を強調している。また、天皇制については、「象徴としての天皇の実体をなすものは、日本国および日本国民の統合ということである。しかも象徴するものは象徴されるものを表現する。もしそうであるならば、日本国を愛するものが、日本国の象徴を愛するということは、論理上当然である」と述べ、「このような天皇を日本の象徴として自国の上にいただいてきたところに、日本国の独自な姿がある」と結ばれている。

こうした内容は教育現場に強いアレルギー反応を引き起こしたが、実際には答申直後に出された学習指導要領改訂（一九六八年）の随所に「期待される人間像」の内容が盛り込まれていた。キリスト教学校における危機感も大きかった。「期待される人間像」に対して、「キリスト教的人間像」や「キリスト教教育の目指す人間」について精力的な議論が展開された。基督教学校同盟（現・キリスト教学校教育同盟）の広報紙「キリスト教学校教育」や夏期学校の主題にも「人づくり」や「人間形成」をめぐるテーマが目立つ。一九六四年から高等学校カリキュラムに倫理社会が設置されてからは、道徳教育と宗教教育の関係をめぐって多くの研究者が論陣を張った。これらの問題を取り上げて、青山学院宗教主任会と関西学院キリスト教主義教育研究室が『キリスト教教育の理想と現実』（創文社、一九六八年）を出版したことは、キリスト教学校教育同盟編『同盟百年史』が高く評価して述べている。[17]

（ウ）台頭するナショナリズム

キリスト教学校には相次いでそのアイデンティティを問われる問題がのしかかってきた。あらゆるかたちでナショナリズムが蔓延ってきた時代である。紀元節復活に向けた動きは一九五一年頃から見られ、一九五七年二月一三日には、自由民主党の衆議院議員らによる議員立法として「建国記念日」制定に関する法案が提出された。これには日本社会党が大きく抵抗し、法案提出は一〇回にも及んだが、最終的に一九六六年一二月九日、佐藤栄作内閣は「建国記念の日は、二月十一日とする」とした「建国記念の日となる日を定める政令」（昭和四一年政令第三七六号）を公布し、即日施行した。妙なことに、他の祝日が祝日法に基づくのに対し、「建国記念の日」だけは政令によって定められている。これを契機として一九六九年には、「靖国神社国家護持法案」（靖国神社法案）が提出された。

こうした急速なナショナリズムへの動きをキリスト教学校も静観してはいなかった。一九六八年の基督教学校同盟の総会では、「靖国神社問題について」の懇談が行われ、靖国神社法案への反対の意思表示や決意表明を出すべきとの意見、それはキリスト教の宗教的欺瞞だとの声、さらに慎重に研究を続けるべきなど多数の意見が出されたが、一致した結論を出すには至らず継続審議となった。翌一九六九年の総会では、「中教審答申、大学紛争処理法案、靖国神社国家護持法案についての対策に関して、教育同盟として何らかの態度決定が必要と考えられるので、全国総会において審議されるよう要望する」との議案が関西地区協議会から提出された。靖国神社法案については、この総会において満場一致で反対声明を出すことが決議された。

このほか国からの助成金、いわゆる私学国庫助成を受けるかどうかについては、キリスト教学校としての判断が求められた。私立学校中学入学者の減少と大学入学者の激増は、各学校に大幅な学費値上げを強いることにつながり、また物価上昇と共に教職員給与のベースアップも私立学校にとって大きな課題であった。キリスト教主義学校教職員組合連合からも助成金を求める運動や労働条件の改善が提起されており、各キリスト教学校は、国家からの助成を受けるかどうかで揺れていた。『同盟百年史』は「国庫助成を受けることによって、文部省その他の干渉を受け、キリスト教主義学校の宗教的特質を失う恐れはないか」との懸念の声があったこと、また一方で「補助を受けることによって、建学の精神を失うことは許されない」との指摘があったことを記している[18]。

一九六九年七月三一日から八月二日に御殿場東山荘で行われた、基督教学校同盟主催のキリスト教学校教育特別研究集会では、主題「変革期に立つキリスト教主義学校」のもと、変革期にあってキリスト教学校教育とは何かを問う研究集会が開催された。東京女子大学学長（当時）の宮本武之助は、「キリスト教主義学校とは、聖書の告げる真理と常に緊張関係を持とうとする学校である」とし、さらに「キリスト教信仰と文化とは、厳密に区別されねばならないが、分離され得ないもの」とし、キリスト教学校の他の学校にはない特徴として「学内のすべての人間に対して文化的生の深遠ともいうべき問題を問いかけるもの、またそれに対処する生き方を示すものとしてキリスト教がある」と述べている。立教大学の大須賀潔は「伝道は教会の使命であり、学校の任務ではありません。……教育それ自体が任とするのは自由なる人格形成の可能性を各人において開くことではないか」とキリスト教学校固有の使命について語った。また高崎毅は、講演「変革期に立つキリスト教学校——何が問われているか」の中で、「ミッション・スクール」に繰り返し投げかけられてきた課題の筆頭にナショナリズムを挙げている。明治のナショナリズムは「官学の優位、私学の二流化」をもたらし、その流れは戦後教育にも受け継がれているとする。そのほか、「ミッション方策よりの問い」「弁証法神学からの問い」「教育の公共性からの問い」「社会科学からキリスト教学校の社会的 Identification への問い」「世俗化からの問い」「キリスト教学校教育の質からの問い」「ミッション論からの問い」「大学論からのキリスト教学校への問い」といった多角的な課題点を取り上げ、日本になおもキリスト教学校を必要とするかという問いに真摯に向き合ってこなかったのではないかと指摘して、私立学校の存立意義を自覚することの重要性を説いた[19]。

3　一九八〇—二〇〇二年　リベラリズム・国際化の時代
——キリスト教学校の特色化

(ア)　ゆとり教育、個性重視、激動する社会

一九六〇年代終わりに起こった学生紛争の影響はキリスト教大学にも深い爪跡を残し、一九八〇年代初めまで続いた一方、一九七六年からの「ゆとり教育」への方向転換は、能力中心主義・偏差値至上主義から「人間化」への転向であり、授業時数にゆとりを持たせただけではなく、学校の主体性を尊重し、特色ある学校づくり、充実した学校生活を展開できるようにした。また徳育や体育、クラブ活動などが重視され、生徒の個性や能力に応じた教育を目指して戦後初めて習熟度別学級編成が導入されたりもした。大学進学率は格段に高まり、入学試験の形態も推薦入学制度や大学共通第一次学力試験など多様な形態が採り入れられていった。大学共通第一次学力試験（共通一次）は一九七九年から一九八九年まで実施され、その後はセンター試験（一九九〇―二〇二〇年）、そして現在の「共通テスト」と名称や内容や対象は変えられていった。

ゆとり教育は確かに生徒たちの学校生活に変化を与えた。生きる力、心の教育などが推奨され、画一的な教育のあり方から一人ひとりの個性を重視した教育へと変えられていった。各学校では交換留学プログラムが展開され、海外留学をする生徒や学生が急増し、国際化時代の到来を感じさせた。とくに一九八五年のプラザ合意以後の急速な円高傾向は、留学をより身近なものとし、学術留学だけではなく、語学留学やワーキングホリデー、異文化交流、自己啓発などを動機として、じつに多くの若者が海外進出を始めていった。キリスト教学校も例外ではなかった。教会や卒業生のネットワークを通じて積極的に国際交流を推進し、海外校との姉妹校協定を締結したり、短期留学先での履修単位を卒業単位に組み入れたり、中には海外分校を開校する学校もあった。海外からの留学生受け入れも、教育方針やキリスト教教育と絡めながら次々と拡大していった。

だが一方で、ゆとり教育や大学の大衆化は学力を極端に引き下げていることが指摘され始めていた。大学入学試験競争は厳しいが、入学すればそこは四年間のフリーパス遊園地とも言われ、大学生の幼稚化、能力低下、モラルの低さ、モラトリアム、個人主義化、快楽主義的傾向が社会問題化した。おおおむね一九六〇年代中頃から七〇年代に生まれた世代をX世代というが、テレビ世代とも呼ばれ、ビデオ、ゲーム、カラオケが盛んになり、バブル景気の黄金期に高校・大学時代を送った世代である。テレビやマスコミ情報を通じて新しい若者文化が次々と生み出されていった時代である。

しかし一九九〇年代初頭にバブルが崩壊すると状況は一変した。高騰し続けた資産価格は急降下し、地価の下落、金融政策の失敗、消費税導入、不良債権による銀行機能障害は多くの会社の倒産を引き起こし、失業率を上昇させ、大学生にとっても就職氷河期を迎えることになった。さらにそうした不況に追い打ちをかけたのが一九九五年一月一七日の阪神・淡路大震災であった。六四三四人の死者を出し、近畿圏広域に甚大な被害をもたらし、被災地域のみならず全国民の生活に大きな打撃を与えた。関西地区のキリスト教学校や教会も死者・負傷者を多く出し、教会堂や校舎などにも甚大な被害をもたらした。キリスト教学校教育同盟加盟の八校で総額約八〇億円という損害を出した。

また、一九八八年から一九九五年にかけて起こった一連のオウム真理教事件は、地下鉄サリン事件をはじめとする犯罪史上最悪といわれるカルト団体によるテロ事件である。これにより国民の中に宗教への不信感が広範に広まり、「宗教」と聞くだけでアレルギーを起こす人が増えた。この影響により、キリスト教学校は生徒や学生に正しい宗教観を身につけさせることに翻弄させられることになった。聖書教授や教義教育のみならず、宗教安全教育の必要が強く求められた。キリスト教学校に行くのはよいが、信者になるのはご免という人たちが増えることになり、「宗教をどう教えるか」はキリスト教学校の大きなテーマとなった。

マスコミの発展は世界の情報を身近なものにした。中東や中米、さらにアフリカで起こった戦争や紛争のニュースはテレビを通じて現地の状況が届けられるようになり、世界のあらゆる暴力や人権蹂躙の様子、また人種差別や民族差別の実態がつぶさに報告されるようになった。一九九〇年に起こった湾岸戦争は、アメリカを中心とする多国籍軍がイラクにミサイルを撃ち込む映像が初めて生中継で世界に報道され、劇場型の戦争、戦争ゲームなどと呼ばれた。日本は一三〇億円に及ぶ経済的支援を負担したが、軍事的支援を行わなかったため、特にアメリカから国際的非難を浴びた。とりわけ湾岸戦争後は、国連平和維持活動（ＰＫＯ）への参加など、国内外から国際貢献のあり方が問われた。二〇〇一年九月一一日のアメリカ同時多発テロ事件は、文明の衝突、宗教の衝突、民族対決を日本人にも一気に身近なものにさせた。また、これを機に世界規模のテロ戦争、報復戦争が始まった。

（イ）国旗・国歌法、大嘗祭をめぐる攻防

あらゆる国際化が進む一方で、それは自国防衛、国防費、国際協力などのあり方について、多様性やリベラリズムについて、またゆとり教育や経済繁栄によって緩み始めた国家と国民のあり方について見直すべきとの声を徐々に高めさせることにもなった。一九九〇年代以降は、日本の軍事大国化や伝統的共同社会への回帰によって国民統合を推進しようとするネオナショナリズムが台頭し始める。キリスト教学校の多くはこうした動きに敏感に反応し、平和教育や国際教育の重要さを改めて自覚した。

「日の丸」掲揚と「君が代」斉唱をめぐっては終戦直後から緊張感があった[20]。一九八九年の学習指導要領改訂で「我が国の文化や伝統を尊重する態度の育成」が重視され、入学式や卒業式などにおい

て国旗を掲揚し国歌を斉唱することが義務化されると、ナショナリズムの色彩が一気に鮮明化して緊張感は最高潮となった[21]。私立学校・私立大学においても、平成の天皇即位一〇周年に合わせて「日の丸掲揚」の通達が出されるに至り、「日の丸」掲揚・「君が代」斉唱が助成金交付の査定項目に加えられるケースが発生したり、公立学校における校長の自殺事件、君が代の起立斉唱問題、ピアノ伴奏拒否問題が起こるなど事態は泥沼化した。学習指導要領の法的拘束力や憲法第一九条「思想・良心の自由」との合憲性が最高裁判決まで争われることになった。国はこうした事態を、一九九九年に「国旗及び国歌に関する法律」を制定することによって幕引きを図った。

昭和天皇が亡くなると、それまで表立って問題にならなかった皇室の諸行事について、政教分離の観点からの議論が沸き起こるようになった。たとえば大嘗祭や即位の礼は国事行為であるか宗教行事であるか、大喪の礼は国葬として相応しいか、またその日を休日とする取り扱いは妥当かなどが政争の具となった。フェリス女学院大学長（当時）の弓削達は、一九九〇年の天皇即位に伴う大嘗祭に反対して元右翼団体幹部に自宅を銃撃されている。靖国神社問題も同様で、一九八五年の中曽根康弘首相による公的参拝発言以来、中国や韓国からの非難が相次ぐことになり、信教の自由、政教分離、歴史認識、A級戦犯合祀など、積み残されていた戦後処理の課題が露わになった。

こうした国の動向を背景としながらキリスト教界・キリスト教学校では、敗戦五〇周年となる一九九五年を節目に、平和教育が盛んになった。北星学園ではこの年「平和宣言」を発表し[22]、明治学院では中山弘正院長（当時）が「明治学院の戦争責任・戦後責任の告白」を公にしている[23]。青山学院では、雨宮剛が中心となった青山学院大学プロジェクト95によって、『青山学院と出陣学徒――

戦後五〇年の反省と軌跡』（一九九五年）、『青山学院と平和へのメッセージ――史的検証と未来展望』（一九九八年）、『青山学院と戦争の記憶――罪責と証言』（二〇〇〇年）、『戦没捕虜追悼礼拝（一九九五――二〇〇二）――平和と和解への道――英連邦戦死者墓地』（二〇〇二年）、『青山学院と学徒出陣六〇年――戦争体験の継承』（二〇〇三年）、『青山学院のメソジズムと学風――平和を実現する人々は、幸いである』（二〇〇四年）が次々と刊行された。

（ウ）キリスト教学校の世俗化とアイデンティティ

一九八〇年代・九〇年代はゆとり教育、国際化、大学設置基準の大綱化、リベラリズムが推し進められる一方で、日本では少子化が進行していた。経済成長にも陰りが見え始めていた。多くの私立学校にとってそれは、生き残りをかけた競争へと足を踏み入れることを意味した。キリスト教学校もまた同様で、その教育の独自性をいかに維持継承するか、またいかにキリスト教教育を機能的に展開するかに注意が向けられた。というのも、大学進学率が向上し、ゆとり教育や大綱化により自由化や個性化が促進されてくると、独自性を発揮できる一方で、企業や社会から求められる人材の育成に教育の照準を合わせることが求められるようになったからである。市場主義・能力主義・競争主義的発想がキリスト教学校の中でも高い優先順位で考えられるようになり、成果至上主義・評価主義・査察主義的傾向は、キリスト教教育の理念や本質を捻じ曲げ、市場論理による学校経営を志向させるようになっていった。それは建学の精神や礼拝を形骸化させ、学校におけるキリスト者教員の割合を急激に減らすことにもつながった。

キリスト者教員の減少は、数の論理で、各学校においてキリスト教教育の弱体化をもたらした。信仰論や精神論や人格論よりも効率性や即効性が重んじられ始め、進学率、就職率、社会的成功が学校や教育や教員資質を測る物差しとなっていった。各種資格免許の取得や、学生に「付加価値」をいかに身につけさせるかのアイディア合戦、そのためのメディア進出、施設環境充実のための校地獲得、そのための財政基盤の確立などが、多くの学校で優先事項となっていったのである。キリスト教教育と学校経営とが一体となっていた時代が終わり、両者の対立緊張関係が目立つようになった。キリスト教学校の世俗化が顕著になった時代といってよい。具体的には、カリキュラム内での礼拝の位置付けや教員採用手続き、そして法人理事・評議員・学長・校長のクリスチャン条項の問題として顕在化することになった。学校が多様化する中、キリスト教学校教育同盟も、協働や共闘のための連帯機関というよりも、情報交換とゆるい連携の場となっていった。ときには、キリスト教学校教育同盟は疲れ果てた現場教員の癒しやサロンと化していると揶揄されることもあった。

キリスト教学校教育同盟ではこの頃からアンケート調査をしばしば実施している。「学校礼拝についてのアンケート」「クリスチャン・コードに関するアンケート」「建学の精神およびキリスト教活動に関してのアンケート」等々。これらは「キリスト教学校教育」紙上で調査結果が報告され各校の動向を見る目安になったが、キリスト教教育の弱体化をくい止めるよりも、かえって他校の実態が弱体化に安心感を与えることにもなった。

危機感を抱きながらこの時期に実施されたのが「キリスト教学校教師養成事業委員会」の研修セミナーと研究セミナーである。一九八〇年から一九八五年の六年間に開催されたセミナーの果実として、

『キリスト教学校の教育――中・高教師のために』（一九八七年）と『キリスト教学校の理念と課題』（一九九一年）が刊行された（いずれもキリスト教学校教育同盟刊）。『キリスト教学校の教育』はキリスト教学校教員のための入門テキスト、『キリスト教学校の理念と課題』はその理論編であって、ともにこの時代の危機感とキリスト教学校の自己検証の様子が表出されたものである。(24)

4　二〇〇二―二〇一九年　第二の逆コースの時代
――混迷するキリスト教学校

（ア）脱ゆとり教育から教育基本法改定へ

詰め込み教育への批判から、一九八〇年代から二〇一〇年代初頭までは「ゆとり教育」が展開された。しかし、国際比較において学力が低下していることが学習到達度調査などで指摘された。また子どもの学習離れを明らかにするデータも公にされた。これを受けて文科省は、二〇〇二年に「確かな学力の向上のための二〇〇二アピール――学びのすすめ」を発表した。これはそれまでの「ゆとり教育」路線からの方向転換を意味した。

この頃、神戸連続児童殺傷事件（一九九七年）、栃木女性教師刺殺事件（一九九八年）、西鉄バスジャック事件（二〇〇〇年）などが相次いで起きた。「ムカつく」「キレる」少年非行が注目され、また学校では「学級崩壊」の事例が次々と報告された。またその背景として幼少期の家庭での「子育て法」や学校でのゆとり教育との関連が指摘された。神戸の事件がきっかけとなり、中央教育審議会は一九九八年に「心の教育」答申を出した。その後、文科省は二〇〇一年に「心のノート」の配布と「心のせんせい」の配置を道徳教育充実のための具体的方策として打ち出した。

教育基本法改正論議が浮上してきたのは、二〇〇〇年に小渕恵三首相の私的諮問機関として設置された「教育改革国民会議」において「新しい時代にふさわしい教育基本法」の制定が提言されたことによる。これを受けるかたちで二〇〇三年三月二〇日、中教審は「新しい時代にふさわしい教育基本法と教育振興基本計画の在り方について」を答申し、文科大臣に対し教育基本法の改正を強く求めた。この答申が、その後の日本の教育動向を変える契機となった。教育基本法改正案をめぐっての党内協議は盛んに行われていたものの、当時の第一次安倍晋三内閣は「教育再生会議」（二〇〇六年）を設置し、「徳育の充実」「学力の向上」「教育システム変革」「教員養成改革」などを掲げた。その後二〇〇六年一一月一六日の第一六五回臨時国会・衆議院本会議において、政府提出の教育基本法改正案について、野党欠席のまま与党単独で採決を強行した。これに際しては、政府のタウンミーティングでの「やらせ質問」問題が指摘されたりしたが、直前に高等学校「未履修問題」がやり玉に挙げられるなど、これらは教育基本法改正に向けて意図的に仕組まれた世論形成策だったのではないかという疑念がいまでも残されている。

旧教育基本法は国家からの教育の自由を保障するものであったが、新法ではあたかも国家が教育の自由を付与するかのように法の精神が捻じ曲げられ、教育の目的も、個人の価値を尊ぶよりも力ある者の力を伸ばすものへと変容した。徳育が重視され、愛国心や国家概念が強調され、さらに伝統的習俗を肯定するものへと変質した。また、公共性（同調・協調）がとくに強調され、人の内面よりも態度を重視した教育観が前面に出た教育基本法への転換となった。

教育学研究者の多くが「教育内容への国家介入を防ぐための条項」と位置づけるところの教育基本法の「教育は、不当な支配に服することなく」（旧法第一六条第一項）については、自民党は削除を要求したが、公明党は反対し、この文言は残されることになった。また、自民党は「愛国心」の言葉を入れることを主張したが、「国と郷土を愛する態度を養う」との表現にとどまった。「国」と「愛」との間に「郷土」を入れて「愛国」と続かないようにしたのだという。

（イ）変質した教育基本法、強まる教育統制

この教育基本法の改定により、その後急速に国による教育統制が強化されていった。教育基本法の改正を受けて「学校教育法」「地方教育行政の組織及び運営に関する法律」「教育職員免許法及び教育公務員特例法」のいわゆる教育三法が翌年六月二七日に公布された。これにより、文部科学大臣の権限が拡大し、学校における中間管理職位や教員免許更新制度の新設により校務組織が明確化され、管理体制が強化されることになった。また学校評価と情報提供が義務化・画一化された。私立学校も含め第三者機関評価を受けることが義務付けられ、私立学校の公的性格が強く強調されるようになった。自己点検・自己評価、認証評価、アカウンタビリティ、私学ガバナンスが求められるようになったのもこの時期である。

社会全体もまた、市場主義、競争主義、能力主義、管理主義、成果至上主義、評価主義といった新自由主義的な発想や志向が強まった。一方で、市場競争に追いつけない企業や学校、また個人は淘汰

されていくのであり、それは自己責任として片づけられることがあたりまえの感覚となっていた。とくに短期大学や女子大学、また少子化の激しい地域では私立学校の定員未充足（定員割れ）が顕著となり、改組や閉学を余儀なくされるケースも目立ち始めた。

いじめ問題は二〇〇〇年代に入って深刻化していた。その状況は「道徳の教科化」を後押しする流れを容易にした。二〇〇八年三月の小学校・中学校の学習指導要領改訂は新教育基本法を踏まえ、ゆとり教育の見直し、知識基盤社会、グローバル化、生きる力が強調されるようになり、「道徳の時間」三五時間の確保、道徳教育推進教師の配置、「心のノート」充実化が前面に出された。教育立国の実現が謳われ、いじめ報道が起きるたびに、これを梃子にして道徳教育への機運が高められた。いじめ問題を発端として（理由に挙げて）、二〇一三年一月には政府は「教育再生実行会議」を設置し、いじめ対策の法制化や体罰根絶のためのガイドラインの作成を実現させた。同年一二月には、文科省は有識者による「道徳教育の充実に関する懇談会」を設置し、その報告書は明確に「道徳の教科化」を提案するもので、教科の性格、教科書、評価方法についても進言する内容であった。これを受けた中央教育審議会は、二〇一八年度より「道徳の時間」を「特別の教科　道徳」として教科化すること、その目標、指導法、検定教科書について、それに伴う学習指導要領改訂について答申を出すことになる。[25]そして二〇一五年三月二七日、学校教育法施行規則の一部改正をもって「道徳」が教科化されることが正式に決定され、二〇一七年教科書検定、小学校では二〇一八年度から、中学校では二〇一九年度から完全実施されることになった。

こうした一連のネオナショナリズム的動静に、キリスト教学校は可能な限りの抵抗を行ってきた。

キリスト教学校教育同盟の総会において、研究集会において、各学校の教職員研修会において、教育基本法や道徳の教科化をめぐる問題点や、キリスト教学校の課題が話し合われた。とりわけ「道徳の教科化」によって、当初、「聖書科」（宗教）がなくなるのではないかとの懸念があったり、聖書と道徳の関係、さらに教員養成や研修のあり方について緊迫した議論が展開された。またこの問題の重要性に鑑み、キリスト教学校教育同盟理事長の諮問委員会として「道徳の教科化に関するプロジェクト委員会」が設置され、二〇一六年六月に答申が出されている。

この答申では「道徳の教科化」から派生するであろうキリスト教学校の問題点が整理され、その対応策や提供システムの構築について述べられている。また道徳の代替として「聖書」を設定してきたキリスト教学校においては、すでに道徳を超える宗教教育が、礼拝をはじめとする学校教育活動の全領域を通して行われてきたことが指摘されている。さらに中学校四領域二四項目（小学校では二二項目）にわたる「特別の教科　道徳」の内容に的確に応答できるようにと、これまでキリスト教学校の中で培われてきた学びが、今回の学習指導要領の目標としている道徳の内容とどのように重なり、どのような広がりと深まりを与えているのかが比較考察されている。加えて、いくつかの学校の事例も参考資料として盛り込んだ精力的な答申であった。

（ウ）東日本大震災とボランティア

この二〇年期にもう一つ特筆すべきは、二〇一一年の東日本大震災の経験である。東日本の広範囲（南北約五〇〇㎞、東西約二〇〇㎞）に及んだ地震の被害は甚大で、さらに巨大津波の発生、原子力発電所事故による放射能汚染によって未曽有の危機を経験した。日本国内で起きた自然災害で死者・行方不明者の合計が一万人を超えたのは第二次世界大戦後初めてといわれ、東北にあるキリスト教学校もそれぞれ大きな被害を受け被災者を出した。関東圏でも大きな揺れを経験し、帰宅困難者が大勢発生したり、余震や電力不足の影響から卒業式や入学式の中止が相次いだ。

この被害状況を受けて、学校、自治体、企業、教会、NPO、個人が次々と復興ボランティアに名乗りをあげ、様々なボランティア活動、地域支援活動が展開された。阪神淡路大震災のときにはなかった情報インフラを駆使してのボランティア・ネットワークが構築され、瓦礫の撤去作業だけではなく、子どもたちの学習支援、コミュニティづくりなど、被災地・被災者と直接触れ合うボランティア活動も多く行われた。机上の学習以上の大きな学びを得て教室に戻り、学んだものをまた実践に活かしていくというサービスラーニングをはじめ、社会貢献などのプログラムやカリキュラム化が一気に進んだ。

そうした学びやネットワークは、二〇一六年の熊本地震においても他の災害においても、学校教育を動かす力となっていき、キリスト教学校にとっては、なぜキリスト教学校なのか、キリスト教で語られる愛をどのように表すのかを日々問いかけられることになり、学びやキリスト教教育のかたちを変える契機となった。

5　二〇二〇年―現在　高度デジタル改革時代
――キリスト教学校は転換できるか

（ア）新型コロナ・ウイルスと二つの戦争、分断化される世界

二〇二〇年はCOVID-19とともに始まった。感染者累計七・六億人、死亡者数六九〇万人という事態は世界を震撼させ、経済活動、市民生活、教育現場、国際関係などに多大な影響を及ぼし、日本では一月一五日に一例目の感染症例が確認され、二月には大規模イベントの自粛、三月一一日にWHOがパンデミックを宣言後、四月七日に政府が緊急事態宣言を発出した。学校教育は、オンライン授業や時間差登校によって学びのスタイルが大きく変化し、学習意欲のある者とそうでない者との差が大きく生まれ、個人間格差、学校間格差が生まれることになった。大学においては授業の教員間格差も大きく、就職活動なども大きく様変わりした。著名人の死亡や東京オリンピックの延期も衝撃を与えた。「三密」回避のために運動会や学園祭、スポーツ大会などが軒並み中止を余儀なくされ、飲食業界やサービス業界を中心に多くの業界で景気が極端なマイナス成長となったことから、学校教育も家族の収入減による退学者が増加し、学校も行政も様々な支援体制を整えることに奔走させられた。「学びを止めない」をキャッチフレーズに、各教育機関は最大限の児童・生徒・学生のサポート体制を組んだが、教育現場の教職員にも疲弊状況が垣間見られた。

共生社会を目指してきた二〇〇〇年代・二〇一〇年代であったが、二〇一〇年代中頃から世界構

造に変化が起こり始めていた。二〇一三年から二〇二〇年までの第二次安倍内閣期は長期政権ではあったが、この時期に日本は経済も国家戦略も衰微し始め、統治機構は劣化していった。国民の中には、国力が衰微してもとりあえず個人が相対的に良ければよしとする「自分ファースト」が現れるようになり、アメリカ合衆国ではトランプ大統領が登場し自国第一主義体制を展開し始めた。「民主的なルールが目詰まりを起こし、結果として現実をただ既成事実として受け入れるだけの消極的な現状維持のメンタリティが拡がっていった」のであり、「こうした傾向はSNSに代表されるネット空間の匿名性の飛躍的な拡大を通じて増幅されのだった」[26]。ネトウヨがナショナリズムを支えるムードづくりの役割を果たしていた。国民の意見統一を図るのではなく、国内の勢力を分断することによって政権を安定させようとする動きが世界各地で見られるようになった。トランプ大統領はメキシコ国境の壁づくりを強行し、こうした分断はCOVID-19の拡大によってさらに加速した。燻ぶっていた米中関係は悪化し、二〇二一年三月にバイデン大統領が米中関係について「二一世紀における民主主義と独裁政治の間の戦争」と発言したことから、「新しい冷戦」時代に突入したとの見方もある。

コロナ収束の兆しが見えてきた矢先に、今度は相次いで二つの戦争（ロシアによるウクライナ侵攻［二〇二二年二月］とパレスチナ・イスラエル戦争［二〇二三年一〇月］）が勃発した。これにより世界秩序の変調は決定的になり、覇権国争いが激化し、ますます世界の先行きが不透明になっていった。日本では安倍晋三銃撃事件（二〇二二年七月八日）は衝撃の出来事であったが、事件背景が明らかになってくると、そこから一気に旧統一協会問題が社会問題となって浮上した。旧統一協会（世界平和統一家庭連合）と政治家の癒着だけではなく、「二世信者」が問題視されるようになり、国民の宗教に対する不信感や嫌悪的ムードが高まった。オウム真理教事件以来のことである。

（イ）Society 5.0、教育DX、SDGs、二〇二〇年教育改革

こうした特殊要因ともいえる事態に後押しされて、内閣府や経産省が実現を目指してきたデジタル革新によるSociety 5.0、また文科省が構想してきたＩＣＴ教育、ＧＩＧＡスクール構想、教育ＤＸ（デジタル・トランスフォーメーション）は飛躍的に前倒し展開されることになった。各学校では、ネット環境の整備、タブレット端末の導入、オンライン授業が急ピッチで進められ、コロナ禍での対応として推進された。高校生には「新型コロナウイルス感染症対応地方創生臨時交付金」を財源に一人一台の端末整備に乗り出した。私立小・中学校では、多くが公立学校よりも速いスピードで環境整備が進められた。

デジタル化に伴って学校教育の中にグローバル教育市場が参入するようになると、学校の役割も変化した。教育関係での国内のＩＣＴ市場規模は、二〇一五年と二〇二〇年を比較すると約八・四倍にも拡大し、「誰も取り残さない」という政策に便乗した企業側の戦略のもと、もはや学校のＩＣＴ教育は教育産業の支援なしには進められなくなった。「教育×テクノロジー」（EdTech）による新たな未来の教室を広げようという動きは新型コロナ・ウイルスの影響を受けて加速化し、文科省のみならず、経産省、デジタル庁も教育界に参画するようになったのである。

二〇二〇年度に小学校、二〇二二年度に中学校、二〇二三年度に高等学校の学習指導要領が改訂された。これはじつに大きな改訂であり、教育のかたち、方法、見通しなどあらゆる点で、新時代を意

識した教育改革となった（二〇二〇年教育改革）。社会の変化に柔軟に対応し、これからの予測困難な世界を生き抜くために必要な資質・能力を備えた子どもたちを育むことが強調され、それらは「知識及び技能」「思考力・判断力・表現力など」「学びに向かう力、人間性など」からなる三つの柱に基づく。幼児教育と小学校教育の接続をより強化し、小学校・中学校では外国語教育が強化され、プログラミング教育、理数教育、道徳教育、伝統や文化に関する教育、消費者教育、特別支援教育に重点が置かれることになった。二〇一六年に選挙権年齢が一八歳に引き下げられたことを受けて、主権者教育も重視され、高等学校公民科には必修科目として「公共」が新設された（二〇二二年）。これは主権者教育の重要性や社会参画する力を身につけることを掲げているが、高等学校における道徳教育に力点が置かれた改訂であった[27]。すでに小学校では二〇一八年から、中学校では二〇一九年から「特別の教科　道徳」が設置されていたが、二〇二一年三月には高等学校における「公共」の教科書検定基準が発表され、翌二〇二二年四月から「現代社会」が廃止されて、「公共」「地理総合」「歴史総合」が必修科目として置かれた。これにより長く続いてきた一連の道徳問題は一旦、制度的には「片付いた」とされた。

（ウ）転換を迫られるキリスト教学校

教育界の急速な変化や要請に直面して、ＩＣＴ教育や教育ＤＸについてはキリスト教学校の多くは、抗うのではなく、これにほぼ便乗するかたちで波に乗ろうとしているのが実状である。文科省が推し進めてきた二〇二〇年教育改革では「未来を見据えた教育の大改革」が謳われており、変化の激しい時代を生きる子どもたちが、社会の中で活躍できる資質、能力を育成することに重点が置かれている。ＡＩの進出によって現在ある職業の四九％が機械に代替される、現在の小学生の六五％は今は存在していない職業に就く、三分の一の企業で外国人雇用が増加するとの未来予想の中で、これまで知識や技能を評価してきた学校教育は、知識や技能の習得だけではなく、それをもとに「自分で考え、表現し、判断し、実際の社会で役立てる」ことが求められるよう大きく変わることになった。また、教員による一方通行の授業から、生徒自身が主体的・能動的に参加する授業・学習へと、教育内容だけではなく、発見学習、体験学習、ディベート、教室内でのグループディスカッション、問題解決学習（ＰＢＬ）、調査学習、学習グループワークなど教育方法の抜本的変革を求めたのが「新学習指導要領」（二〇二〇年）である。また大学入試システムも変容することとなった。多くのキリスト教学校・キリスト教大学においては、二〇二〇年教育改革に追従するかたちをとり、その対応に追われている。キリスト教学校教育同盟の教研テーマや各種研修会の主題を見ても、「変革期」や「転換期」という表現が目立つ（次頁参照）。そこには時代の大きな転換点との認識と同時に、キリスト教学校自体が変革していかなければならないとの自戒が込められている。[28]

加えて私立学校のガバナンス問題が浮上してきた。私立学校の成り立ちの多様性に鑑み、文科省も学校の自主性を重視してきたが、近年発生したいくつかの私立大学での不祥事もきっかけとなって私立学校法が改正されるに至った（二〇二〇年）。これは私学経営の透明化や意志決定方法を規定するものであるが、政府による統制機能や行政介入をさらに容易にしようとするもので、建学の精神の維持や私学の本当の独自性を確保する点においては大いに問題ある制度と思われる。これまで学校経営と

キリスト教学校教育同盟教育研究テーマ		
一九八〇―一九九九年	1980-81年	現実を理想につなぐもの
	1982-83年	私学の独自性―キリスト教学校の立場から―
	1984-85年	転換期に立つキリスト教学校　建学の精神の活性化―転換期に立つ教育現実の中で―
	1986-87年	内からの教育改革
	1988-89年	キリスト教学校教師に問われているもの
	1990-91年	キリスト教学校―変わるもの・変わらないもの―
	1992-93年	キリスト教学校の教育―われわれはどこに立つのか―
	1994-95年	キリスト教学校―われわれはなにをめざすか―
	1996-97年	混迷の時代に希望を―新しい伝統の創造―
	1998-99年	21 世紀を生きるキリスト教学校―あらためてその使命を問う―
二〇〇〇―二〇一九年	2000-01年	いのちを尊ぶ教育―新しい展望を求めて―
	2002-03年	共に重荷を負うキリスト教学校―その固有の使命を果たすために―
	2004-05年	人をはぐくむキリスト教学校―建学の精神を共に担う―
	2006-07年	幅広く深く学ぼう―キリスト教学校の意味―
	2008-09年	歴史を創る担い手になろう―キリスト教学校の過去・現在・未来を見据えて―
	2010-11年	イエスの生き方に倣うキリスト教学校―これからの同盟 100 年に向けて―
	2012-13年	共に生き共に歩もう―新しい連帯をめざして―
	2014-15年	共に祈り　共に生きよう
	2016-17年	時代の担い手としてのキリスト教学校―共に喜び、共に泣く―
	2018-19年	キリスト教学校につながる喜び―多様性の尊重と共生をめざして―
二〇二〇年―	2020-21年	キリスト教学校の使命と可能性―いのちの尊さと平和を求めて―
	2022-23年	希望と喜びに生きる―新たな転換期に立つキリスト教学校―
	2024-25年	新たな時代におけるキリスト教学校の使命と連帯―命の輝きと平和を求めて―

教育研究を共に担ってきた多くのキリスト教学校においては、これにより教育の質が変化し、学内の協働体制文化が覆されることが危惧されている。

しかしながらキリスト教学校自体も弱体化の傾向にあり、かつてのような問題意識の共有や抗議運動に展開するまでの力も人員も持ち合わせていないというのが実情である。弱体化の最大要因として、キリスト教学校の担い手（クリスチャン役員・教職員）の恒常的不足が挙げられる。担い手不足は教育を変容させる。また行政介入についてはそれを妥当とする世論も強く、私学のアカウンタビリティ（説明責任）はキリスト教学校においても一般化され、様々な制約と管理・監視体制のもとで厳しい学校運営を余儀なくされている。

そのような時代状況にあって、キリスト教学校におけるキリスト教教育をどのように内実化させるか、また状況に合わせたアダプティブ・チャレンジをどのように積極的に捉えていくかは各学校の判断に委ねられている。「時代を築く」「時代の先駆けとなる」「時代のニーズを受け止める」ことは、キリスト教学校の使命として捉えられてきたことであるが、いままさに新たなかたちでキリスト教学校の存在意義が問われる時を迎えている。この時代に、この地域にキリスト教学校はなぜ必要で、どのような教育研究を、どこを目指して展開していくのか。つまり、再び新たなかたちで「キリスト教学校とは何か」が問われるステージに立たされているのである。

まとめにかえて

戦後のキリスト教学校は何に抗ってきたのだろうか。何と闘ってきたのだろうか。各時代の中で何をなし得てきたのだろうか。ほぼ二〇年ごとの周期でリベラルと保守の波が入れ替わって押し寄せてきている。キリスト教学校はその都度、波に呑まれそうになりながらもそれに抗い、あるいは波に乗りながら戦後約八〇年の時を歩んできた。波の満ち引きはあるものの、どうやらキリスト教学校は、どの時代もあらゆるチャレンジを受けてきたと言えよう。

まとめにかえて、キリスト教学校が直面してきた闘いとして三つのことを提起しておきたい。ナショナリズム、セキュラリゼーション、内部ガバナンスの三つである。これまで見てきたように、キリスト教学校を悩ませ続けてきたのは、この国に通奏低音のように流れ続けているナショナリズムの響きである。国家や行政との関わりは日本のキリスト教学校の最初期からの課題である。主権がどこにあるのかは教育の原理をどこに定めるのかの問題であり、神学的には権威問題である。国家主権なのか、国民主権なのか、神主権なのかでキリスト教学校は大きく揺るがされてきた。これはまた、「権利」と「権威」の攻防と言うこともできよう。その中で見えない空気や風のようにして迫りくるのがセキュラリゼーションである。これがもう一つの闘いである。市場主義、能力主義、ランキング主義、成果主義といった可視化された価値基準に、キリスト教学校もまた翻弄され、キリスト教教育と同時に公教育も担うという二つのクライテリアの間で迷走してきた。キリスト教学校においてキリスト教が形骸化したり、その独自性が知らず知らずのうちに薄められたりする状況は、ほぼすべてのキリスト教学校が経験してきた。具体的には、礼拝のあり方やキリスト者教職員の採用などの場面でそれが表出し、それは三つ目の内部ガバナンスの問題としてキリスト教学校の根幹を揺るがすことにもつながる。とくに少子化社会にあって、キリスト教学校としての質保証、認証評価、アカウンタビリティ、コンプライアンス、危機管理責任、広報、社会貢献、人員確保のための基盤整備および組織づくりは、次の時代にもキリスト教学校が持続可能性をもって進んでいくために必要な手立てである。

これら三つの闘いは互いに深く連関性と連動性をもっており、超少子化社会にあっては、キリスト教学校もサバイバルゲームの渦中に投げ出されている。生存競争に勝ち残ることは何を意味するのか。延命措置をすべき根拠はどこにあるのか。この国に、この地域に、この学校が必要だという使命と確信を持ち続けられるか。これらの課題の中を、三つの闘いに挑みながら進んでいかねばならない。

今日のキリスト教学校の弱体化の要因は、これら三つの闘いを丁寧に分析してこなかった点にありはしないだろうか。あるいは闘い方が甘かったのだろうか。本章ではとりわけ日本固有の国家に対する依存と甘えの構造が根深く浸透してきた状況を見てきた。この国に通奏低音のように流れ続けているナショナリズム、そしてセキュラリゼーションに敏感にならなければ、キリスト教学校はいずれ、これらの波に呑みこまれることになるのではないかと懸念する。その対応策としての内部ガバナンスの確立に、キリスト教学校はいま大きな責任と課題を負っていると言えよう。

注

（1）本稿初出「戦後のキリスト教学校は何と闘ってきたのか」『キリスト教と文化　紀要（39）』（青山学院大学宗教主任研究叢書、青山学院大学宗教主任会、二〇二四年）五―三六頁。
（2）拙論「精神的二重構造とキリスト教学校――『逆コース』とは何だったのか」『キリスト教と文化紀要（38）』（青山学院大学宗教主任研究叢書、青山学院大学宗教主任会、二〇二三年）五―二二頁。
（3）「基督教教育同盟会第三三回総会（一九四六年）決議文」キリスト教学校教育同盟百年史編纂委員会編『キリスト教学校教育同盟百年史』（教文館、二〇一二年）一六〇頁。
（4）基督教教育同盟会刊『基督教教育新聞』第二号（一九四七年）、第三号（一九四八年）、第四号（一九四八年）ほか。
（5）これには基督教教育同盟会、キリスト教連合会、カトリック教区連盟の連名による決議文を公表したことが大きな影響を及ぼしたと考えられる。すなわち、一九五一年四月から新教員免許法が施行されるにあたり、「寄附行為に、キリスト教主義を標示している学校においては、キリスト教を学科目として取り入れる場合、これを正課として取り扱いうるよう許可されることを希望する」との要請を各方面に出したのである。
（6）中一『キリスト教入門』『キリスト教の成立』、中二『旧約の歴史』『旧約の宗教』、中三『イエスの生涯』『キリスト教の起源』、高一『聖書の理解』『イエスの教訓』、高二『キリスト教の歴史』『キリスト教と文化』、高三『キリスト教の主要思想』『キリスト教の世界観』である。加えて副読本として『キリスト教読本』（全六巻、一九五〇年）がいずれも基督教教育同盟会から刊行されている。
（7）拙論「精神的二重構造とキリスト教学校」前掲、一七―二〇頁を参照。
（8）山北多喜彦「はしがき　研究の発端と経緯について」日本基督教団宣教研究所第三分科（教会と教

育）共同研究編『キリスト教教育を阻むもの――わが国におけるキリスト教教育の障害の研究』（日本基督教団出版部、一九五八年）四頁。

（9）日本基督教団宣教研究所第三分科（教会と教育）共同研究編『キリスト教教育を阻むもの』前掲、一二七頁。

（10）この時代の教育政策、教育改革については拙論「精神的二重構造とキリスト教学校」前掲、一二一―一七頁を参照。

（11）経済復興とともに所得が激増し、所得水準は一九七〇年までに一九五五年の四倍になったという。各家庭には冷蔵庫、洗濯機、テレビが揃うようになり、一九六〇年から六五年までの間にテレビ普及率は四四・七％から九〇％に、冷蔵庫は一〇％から五一・四％に、洗濯機も四〇・六％から六八・五％に伸び、自家用車の普及も進んだ。第一次産業の割合が減り、第三次産業が増え、人々のライフスタイル、ファッション文化、食生活など、あらゆる点で社会環境が大きく変化した時代である。貝塚茂樹『戦後日本教育史』（放送大学振興会、二〇一八年）六一―六七頁、日本児童教育振興財団編『学校教育の戦後七〇年史』（小学館、二〇一六年）五二―五三頁ほか参照。

（12）貝塚『戦後日本教育史』前掲、一六一―一六九頁を参照。マスコミもしばしば管理教育批判を展開し、「三年B組金八先生」（第一・二シリーズ、一九七九―八一年）といった学園ドラマが注目された時代である。日本の大衆教育社会は「やればできる」という子どもの能力の平等が強調される一方で、親の社会階層による格差を見えない形でもたらしていった。「ある意味でそれは、表面的には『平等』に見える教育システムが、実は特定の社会階層に有利に働いていることが実感できないほどに大衆化が浸透したことを意味していた」（貝塚『戦後日本教育史』前掲、一六三頁）。

（13）この間の経緯は、辻直人「一九五〇年代教育課程改訂への教育同盟の対応」キリスト教学校教育同盟百年史編纂委員会編『キリスト教学校教育同盟百年史紀要』第六号（キリスト教学校教育同盟、二〇〇八年）、ならびに辻直人「『道徳』特設に対するキリスト教主義学校の対応――『キリスト教学校教育』を手がかりに――」キリスト教学校教育同盟百年史編纂委員会編『キリスト教学校教育同盟百年史紀要』第二号（キリスト教学校教育同盟、二〇〇四年）に詳しい。

(14) キリスト教学校教育同盟百年史編纂委員会編『キリスト教学校教育同盟百年史』前掲、二〇八頁。

(15) 以下を参照 <https://www.mext.go.jp/b_menu/shingi/chuuou/toushin/661001.htm#49>（二〇二五年一月閲覧）。

(16) 菱村幸彦『戦後教育はなぜ紛糾したのか』（教育開発研究所、二〇一〇年）五六―六三頁を参照。

(17) キリスト教学校教育同盟百年史編纂委員会編『キリスト教学校教育同盟百年史』前掲、二三二頁。

(18) キリスト教学校教育同盟百年史編纂委員会編『キリスト教学校教育同盟百年史』前掲、二三四頁。

(19) キリスト教学校教育同盟『キリスト教学校教育特別研究集会　報告』（一九六九年）。

(20) 戦後ＧＨＱは「日の丸」掲揚を禁じた。一九四九年にマッカーサーが「日の丸」掲揚を解禁すると、翌一九五〇年に天野貞祐文相は、学校で祝日などに行事を催す際は「国旗を掲揚し国歌を唱道することが望ましい」と通達を出した。一九五八年の学習指導要領改訂によって「国旗を掲揚し、『君が代』を斉唱させることが望ましい」と規定化され、一九六八年には音楽教科書に「君が代」の歌詞と楽譜が掲載されるようになった。しかし学校現場ではそれに従う状況はほとんど起こらなかった。当初から日教組が大きく反発し、反対運動が全国展開されていたからである。

(21) 菱村『戦後教育はなぜ紛糾したのか』前掲、八九―九六頁ほか。

(22) 「北星学園平和宣言」は次の通り。「ことしは、アジア・太平洋戦争が終わって五〇年目にあたります。キリスト教の精神に立つ学園として、これまでの私たちのあり方をふり返り、あらためて平和をつくり出すことの大切さと、人権を尊ぶ教育の重要さを思います。戦争で、アジアの人々に与えた多くの被害・苦しみを痛感し、その責めにこたえていくことが、ともに同時代に生きるものの責任と考えます。これまでの不十分な戦後の歩みを反省し、新しい時代の平和をつくる学園として歩むことを宣言します。平和をつくり出す人たちは幸いである。（マタイによる福音書第五章九節）一九九五年五月二三日、学校法人北星学園」。

（23）明治学院敗戦五〇周年事業委員会編『心に刻む――敗戦五〇年・明治学院の自己検証』（明治学院、一九九五年）。

（24）『キリスト教学校の教育――中・高教師のために』の目次項目は次の通り。「第一章　キリスト教学校とは」「第二章　キリスト教学校における礼拝」「第三章　キリスト教学校のカリキュラム」「第四章　キリスト教学校の生徒指導」「第五章　キリスト教学校における教師の在り方」「第六章　これからのキリスト教学校（座談会）」。

『キリスト教学校の理念と課題』の目次項目は次の通り。「総論　キリスト教に基づく教育」「Ⅰ　キリスト教学校の教育理念（キリスト教学校の教育／キリスト教学校教育の問題／福音と教育）」、「Ⅱ　キリスト教学校における礼拝（キリスト教主義学校と礼拝／キリスト教教育の価値論的枠組みと礼拝の問題）」、「Ⅲ　キリスト教学校の教育目的と方法（キリスト教学校の教育目的／キリスト教学校におけるキリスト教教育のあり方を求めて／キリスト教学校における教育の方法）」、「Ⅳ　キリスト教学校における教師の在り方（キリスト教学校における教師の在り方――教師論をめぐって――／キリスト教学校における教育者の責任と限界）」。

（25）道徳の教科化に関する議論が行われる中、文部科学省は二〇一四年に「こころのノート」を全面改訂して『私たちの道徳』を作成し、無料配布を行った。

(26) 内田樹、姜尚中『新世界秩序と日本の未来』(集英社、二〇二一年)三二頁。

(27) 拙論「新設科目『公共』の設置とキリスト教学校」『キリスト教と文化　紀要(37)』(青山学院大学宗教主任研究叢書、青山学院大学宗教主任会、二〇二二年)二一―三八頁を参照。

(28) キリスト教学校教育同盟が二年に一度定めている教育研究テーマの変遷は、キリスト教学校の自己理解と時代理解を反映していると言えよう。一九八〇年以降のテーマは一六八頁の表の通りである。そのほか各集会のテーマは、二〇一〇年までのものは『キリスト教学校教育同盟百年史』資料編、それ以降のものは同盟ウェブサイトで確認できる。

第五章　道徳教科化における思想的問題
——「修身科」復活問題における天野貞祐と昭和天皇の関係

森島　豊

1　道徳教科化の背景と問題の所在

道徳教科化の背景

宗教教育を通して豊かな人間性を養い、徳育を高めることは、キリスト教信仰に基づく人格形成を建学の精神とするキリスト教学校と矛盾するものではない。重要なことは、「道徳」と「国体」が不可分な関係にある日本の仕組みを認識することである。戦前の日本が国体と結びつけて徳育を重んじたことは、教育勅語や『国体の本義』の存在からも理解できる。問題は、戦後の道徳教育における両者（道徳と国体）の関係はどのようになっていたかである。戦後の道徳教育において天皇の存在や愛国心は国民の警戒心から教育現場に導入されてこなかったが、敗戦直後の政府の教育方針では皇室や愛国心を道徳教育と切り離して考えてはいなかった。

戦前戦後の歴代首相の指南役を努め、終戦の詔書に重要な修正を加えただけでなく、元号「平成」

の提唱者と言われる安岡正篤《まさひろ》（一八九八―一九八三）は、外来思想を受容しつつ日本精神を自覚して展開し、道義心と国体信仰を結びつけて考えていた(1)。特に終戦の詔書に挿入された「万世ノ為ニ太平ヲ開カント欲ス」という文言には「日本の天皇なればこそという権威のある言葉(2)」として「天皇道の本義」が込められており、「道徳的立場(3)」を基準とする天皇の権威と日本人の精神的拠り所が語られていた。終戦の詔書の起草に関わり、戦後に政界入りした迫水久常《さこみず》（一九〇二―一九七七）は安岡が挿入したこの言葉を「わが日本国再生への大道を厳かに宣せられた(4)」ものと主張した。つまり、天皇の権威に基づく道義心は終戦工作に尽力した人々において、思想的に戦前から戦後にかけて継承されていたのである。

安岡はキリスト教が「日本化」しなかった理由として「国家主義よりも世界同胞主義を重し」としたことを挙げ、「真に護国の大道とせぬかぎりキリスト教は発展できないでありましょう(5)」と批判した。彼が評価したキリスト教は「海老名弾正の神道的キリスト教や、松村介石《かいせき》の儒・道習合的キリスト教、戸川安宅《あんたく》の禅的キリスト教(6)」であったが、それは先に小崎弘道や本多庸一に見られたものと同様の日本精神との融和である。つまり、日本における宗教教育を通した徳育は、歴史的にも構造的にも日本精神に基づく伝統的国家のあり方と衝突する可能性がある。

戦後処理の責任を担ったキリスト教の影響を受けた人々――天野貞祐、南原繁、田中耕太郎、森戸辰男――も道徳教育において、天皇との結びつきを否定しなかった。文部科学省「道徳教育の充実に関する懇談会」委員を経て中央教育審議会専門委員を歴任し、二〇一八年度からの「道徳の教科化」に一役買った貝塚茂樹は、「道徳の『教科化』は決して『平成』の時期における固有の課題ではなく、その起点は、一九四五年八月の敗戦と占領期の教育改革（戦後教育改革）にあったことは明らかである[7]」と主張する。彼が根拠とするのは、修身科に否定的だったのがGHQでなく「むしろ日本側（文部省）の方であった[8]」こと、教育基本法も制定当時「その趣旨と普及の徹底に努めたのは文部省側」であり、むしろ批判は「左翼にゆくほど厳しいものがあった」こと[9]、教育勅語は「法理上の問題[10]」として神格化の取り扱いが否定されたが、徳目自体は妥当であると判断され「教育勅語の道徳的な意味での連続性を否定したわけではない」ことを取り上げている[11]。要するに、戦後教育改革の担い手になったオールド・リベラリスト（自由主義知識人）は道徳教育において、天皇論と愛国心論を共有していたのである。

貝塚はこの事実から「道徳の教科化問題は戦後日本の歴史に通底する課題であり、教科化の実現はその一応の解決を意味している[12]」と主張する。そして、「道徳教育が政治的イデオロギーの対立の争点と位置付けられ……戦後日本の新しい道徳教育をどのように考え、いかに構築するかという本質的な議論は後景に追いやられ、道徳教育それ自体が『賛成か、反対か』の単純な二項対立の構図に押し込めて論じられ[13]」てきたことを問題視する。貝塚の分析によれば、一九六〇年代から「教育勅語体制から教育基本法体制へ」という理解が戦後教育史の通説となり[14]、「自由主義と保守主義を分ける判断基準は、天皇に対する『距離』」とされ、南原繁や矢内原忠雄に対しても「天皇への親和性ゆえに思想的な『限界』が批判される[15]」ことになった。その後の道徳問題は「教育論というよりも、政治的なイデオロギー論の立場を色濃くした批判が基調[16]」となり、「道徳教育アレルギー[17]」ともいうべき風潮から本質的な議論が展開できなかったという。

貝塚がその根拠としているのが、道徳教科化に反対する教育思想界の教育勅語や修身科に対する評価と認識が、敗戦直後と一九六〇年以降とで矛盾していることである。後に「天皇制支配のイデオロギー装置[18]」と位置づけられる教育勅語も、「成立過程の研究に比べて、国民とのつながりが最も深かった時期の研究が空白となっている[19]」ことを問題視する。貝塚が特に注目するのは、戦前の教育勅語が「十全な有効性を持ち続けていたわけでは必ずしもなかった[20]」という事実や、「教育勅語の評価と解釈は煥発当時から決して『安定』していたわけではなかった[21]」ということ、皇室と結びつけることを和辻哲郎が「教育勅語の精神を無視するものである[22]」と主張していたこと、今日通説となっている日本精神論とのつながりは一九三七年以降であったこと等である。[23]

〔教育勅語を天皇制支配のイデオロギー装置とする理解は〕教育勅語がそれぞれの時代に内包する課題と制約の中で、その評価と解釈が様々な変転を繰り返したという実態を正確に捉えてはいないばかりでなく、教育勅語が学校教育に於いて果たしてきた実際の機能の解明を妨げる役割を果たした。[24]

以上のように理解する貝塚は、「近代の道徳教育の中核となった教育勅語と修身科を歴史的な意味で学問的に評価すること[25]」が重要であるとする。そのための歴史的理論的研究を整備するために、道徳の教科が「その契機の一つとなる可能性を内在している[26]」として道徳の教科化を評価した。道徳教科化は二〇一八年に小学校で、二〇一九年に中学校で開始された。貝塚の見方によれば、戦後道徳教育が課題とした「期待される人間像」の形成が一段階進んだということになる。この場合、天皇論や愛国心論と結びついた道徳教育は否定されるべきでなく、むしろ「否定契機としてより積極的に建設して行ってこそ、はじめて未来において新しくしかも真実のものを誕生させることができる」[28]と受け止められている。[27]次なる目標は「道徳の専門免許の創設」[29]となっている。キリスト教学校の道徳教科を聖書科で代替する方針は、貝塚らの方針とあるところまで調和するが、日本の歴史・伝統・文化の取り扱いにおいて将来的に必ず難しい問題に衝突するだろう。

問題の所在――貝塚茂樹の天野貞祐論

さて、貝塚の道徳教育史に関する考察は、今日通説とされている主張が必ずしも敗戦直後の理解ではなかったこと、また教育勅語の解釈にも変転があったことなど、興味深い指摘が多くある。[30]しかし、それゆえに天皇論と愛国心論に結びついた道徳教育批判を、「道徳教育アレルギー」や「政治的なイデオロギー論」という言葉で解消して良いだろうか。思想史的に辿れば、近代国家建設の当初から神権政治を求めた政府は国民に天皇論と愛国心論に結びついた君民一体の忠誠を求めており、教育勅語の正式な解釈に変転があったとはいえ、これが一九三〇年代後半以降の「天皇制支配のイデオロギー装置」を起動させる下地となっていたことは事実である。さらに、戦後の道徳教育に関する一連の流れの中に「祖国愛の涵養、国民道義の確立」（一九五五年自由民主党の政策[31]）、「わが国の文化、伝統を生かした上での、公正な愛国心の育成」（一九六三年教育課程審議会答申[32]）、「正しい愛国心を持つこと、象徴に畏敬の念を持つこと」（一九六六年中央教育審議会「期待される人間像[33]」）という文言があることから明らかなように、期待される人間像の形成には伝統的日本精神と結びついた徳育が継承されていた。戦前を客観視できた戦後世代の人々が、戦前に教育を受けたオールド・リベラリストたちと異なり「天皇と国家論を含めた愛国心」に疑問を持ち、「愛国心と天皇を敬愛することは別であり、天皇への敬愛を規範化すべきではない」と警戒したのは重要な問題提起であっただろう[34]。しかし、天皇敬愛の愛国心を持った道徳教育を戦後教育改革者たちが共有していたことについて、これに問題を感じていない貝塚は、「否定的媒介[35]」を経る前に制度的枠組みの変更を急いだ感が否めない。この問題は日本の教育における伝統思想の展開をめぐるものであり、「政治的なイデオロギー論」という言葉に解消されるものではなく、極めて深刻な、人間性に関わる問題提起である。

そこで本章では、一九五〇年代の「修身科」復活の議論において社会的な関心を集めた天野貞祐と昭和天皇との関係に注目し、日本における道徳教育の本質的な問題を考察したい。道徳の教科化に導いた教育学者貝塚茂樹は、戦後道徳教育の歴史を研究する中で天野貞祐に注目して以下のように述べる。

> 今は天野貞祐という一人の人物が無性に気になっている。……天野に対する関心は、その後の研究を進める過程でも変化することはなかった。むしろ、戦後の道徳教育問題の縦糸に天野を配することで、今日まで連続する道徳教育問題の所在と課題とが一本の鮮明なラインとして見えてくるのではないか、という漠然とした最初の見通しは、より確信に近いものになっていったというべきであろう。

この思いは消えるどころか、現在も継続しており、むしろその確信の度合いはますます高まっている。[36]

その後も「いつも気になっていた天野貞祐という『一人の人物』は、私の中ではいつしか『尊敬すべき人物』となっていた。今の私にとって天野の著作と向き合う時間はかけがえのない幸せの時間である[37]」と述べて、天野貞祐を研究対象にした書物を二冊出版している。[38] 貝塚において天野貞祐が道徳の教科化に重要な存在であることは、以下の言葉からも理解できる。

歴史を遡れば、一九四五（昭和二十）年八月の敗戦以来、道徳を教科化することの是非は、戦後教育の一貫した課題であった。特に、一九五〇（昭和二十五）年に天野貞祐文相が提起した、「修身科」復活問題は、その後に続く教科化問題の端緒となったことは否定できない。つまり、道徳の教科化問題は戦後日本の歴史に通底する課題であり、教科化の実現は一応の解決を意味している。[39]

貝塚によれば、「文相としての天野の発言は、結果としては、当時の再軍備問題などの高度な政治的課題と呼応し、それを補強するものとして理解され[40]」、「先行研究の多くは、道徳教育についての天野の発言を『教育政策の反動化と「新教育」批判』、あるいは『占領政策の転換――「逆コース」――と天皇親愛教育の始動』という項目で括ることで、……いわゆる『逆コース』の重要なメルクマールと位置づけ[41]」た。けれども、当時の天野の発言と新聞各紙の社説や世論調査を確認すると、世論は修身科復活に賛成が多数であった[42]。国民の多くが修身科の必要性を感じていた理由の一つは、敗戦後の虚脱状態の中で少年犯罪が増加し、「①敗戦後の思想混迷にあえぐ青少年に精神的支柱を与える。②あらゆる家庭で子どもの行儀やしつけに困っている。③社会科教育では、徳育教育の効果があがらない[43]」という意見があった。

また、戦前に修身科の意義を否定した天野の修身科復活発言における「心境の変化[44]」について、貝塚は戦前の著書『道理の感覚』における修身科批判と比較して「少なくとも天野の中では矛盾なく共存するものとして説明されていた[45]」と理解する。そこで重要視されるのは天野の次の発言である。

この種のもの〔教育勅語〕が知識人にとっては不必要だとしても、一般人にとってはやはり何か心の拠りどころとして必要だとも考えられはしないか、こうわたくしは反省してみました。すくなくともこれが在ってわるいとは考えられない。その上世間にはその要求も相当強いから、とにかくわたくしはこれを問題として採り上げ、社会の声を聞こうと考えるに至ったのであります。……要するにわたくしは従来のものへ復帰しようなどと考えるのではありません。すでに社会科は修身科より一歩を進めたものだといえます。ややもすれば個人道徳に止まりがちな従来の修身科よりははるかに広い展望を持っていますが、遺憾ながら十分その成果を上げていない。そこでこれまでの修身科と社会科とを契機としてこゝに新しい道徳教育の工夫をしようというのであります[46]。

そして吉田茂との関係から天野の発言が「逆コース」と同一視されたことについては、「彼〔吉田茂〕は徹頭徹尾誠実の人だった。文教をわたしに委せた以上、ひとのしばしば想像する如く決して干渉することはなかった[47]」という天野の言葉を紹介しながら、「天野は、こと道徳教育に関わる自らの発言については吉田からの指示や示唆を一貫して否定している[48]」と述べて、誤解を指摘している。

総じて貝塚は「『平板な「修身科」の復活を主張するものであるかのように誤解され、世間にさわがれたことに彼が不本意さを覚えるのは当然と言える』と述べることで天野に同情する[49]」という武田清子の評価を引用しながら、天野貞祐の取り組みを再評価し、「修身科」復活問題はその後の教科化問題の端緒となったとともに「〔道徳〕教科化の実現は〔修身科復活問題の〕一応の解決を意味している」と認めた[50]。

しかし、問題の本質は道徳と天皇制との関係であった。貝塚が指摘するように修身科復活問題も、当初は多くの国民が天野の提案に共感しており、社会を二分するような強い反対意見は見受けられなかった。修身科復活が問題視されたのは、天野の「国家の道徳的中心は天皇にある[51]」という国会での発言に端を発していた。そこで貝塚は天野の国家論や天皇観を紹介するが、そこから顕在化する問題については踏み込んだ考察をせず、むしろ一般的な倫理に限定することで問題の本質から注目を逸《そら》している感が否めない。さらに、当時の修身科復活に対する国民の賛同は、「強盗、強姦、暴行、あらゆる刑事上の犯罪は頻々として数うるにいとまがないという結果になつて現われ[52]」ているという問題意識から始まっていた。そこで出された国会での質問は、「これまでの法律、道徳、宗教の中心はことごとく皇室を中心として流れ出ておつた」けれども、「この中心を失いました我が国民」の道徳的状態に対する対応を問うものであった(53)。それに対する天野の回答が「国家の道徳的中心は天皇にある」だったのであり、ここに国民は問題を感じたのである。ところが、貝塚は国民の道徳心と天皇の関係における問題を深刻に受け止めていない。

興味深いことに、近年、天野がこの発言に至った過程の中に、昭和天皇からの影響があった可能性が発覚した。二〇二一年から刊行が始まった昭和天皇の侍従長田島道治の『拝謁記』は、天野の発言と昭和天皇との関係を示す新たな証拠を示している。この事実は、天野貞祐の唱えた修身科復活が天皇敬愛の愛国心に支えられた道徳教育を目指した可能性を示唆する。そうすると、天野を手引きにして道徳教科化を実現した取り組みも、思想的に同様の問題を含んでいたことになる。次に、天野の一連の言動を振り返りながら、この資料の文言を確認したい。

2 天野貞祐の発言の経緯

吉田茂に乞われて文部大臣（一九五〇—一九五二年）を務めた天野貞祐は、教育刷新審議会第三十一回総会（一九五〇［昭和二五］年一〇月六日）で次のように発言した。少し長いが、引用する。

道徳教育ということでございますが、これについては、私は総理から曾つて教育勅語がないということを言われ、教育勅語に代るべきものを作ってはどうかということを言われたのですが、併し私はそれに対して、第一この教育勅語を出すとして主体はどこになるのか、政府であっても工合が悪いし、国会であるべきものと私は思いますが、併し今の国会がそういうものを出しても、権威を持っていないのじゃないか、そういう主体ということがはっきりしないということ。もう一つ、これが基準を定めるということについて躊躇する理由は、日本人が、教育勅語にしても詔書さえ刷れば何か道徳というものが身についたような考えをする傾向があると思う。これは、皆さんの体験から言われるとどうか知りませんが、私は教育勅語は骨の髄まで暗誦しております。教育勅語に対して本当のモラルが養われたかというと、これは私の考え方が間違っているかもしれないが、これは父母の教育とか、学校の教育か先生の影響とかいう問題で、自然にモラルというものが、幾らか身について来たように思うので、詔書は直ぐそれが身につくような考えにも、又考うべき点があると思い、今もってそれに変るべきものを私が作ろうとしないのですが、併し私も国民の向うべきところを何か示すということもよいのではないかという考えから、実はどうしたものかというような気持ちを持っているわけでございます。ただ現在のような時期にそういうものを出すならば、東条内閣当時のような、一種の誤解を世界から受ける虞れもあるということで、躊躇している次第でございます。

それから、修身という科目をなくしたことは実によくない、修身という学科を是非作れということを言われますが、どうも私の考えが、逆に考えるところがあるのかもしれませんが、修身教育というものが、非常に教訓的なことを一から十まで書いてある、そうして先生が修身の講義をするということが、果してどれだけ効果があるものだろうか。……実際社会に出た人の体験から考えてみると、一番影響を受けた先生は、修身の先生よりも、数学の先生、英語の先生、歴史の先生とか、身を以て生徒を愛し教育に魂を捧げたという人の影響が多くて、道徳的にやっている修身の影響が案外少いという点もありゃしないか。そういう点で、私は非常に懐疑的なことを考えたりしますが、一般から非常に修身の科目を作れということについて、私の尊敬する方々からも、そういう御説もありますから、私もよく考えてみて、修身という科目は、やはり作った方がよいか……、私は社会科という科目が聊《いささ》かその修身の徳目を持って、日本の従来の道徳の一番欠けているのは、やはり社会的意識だ、社会道徳という言葉から言ってもよいかもしれませんが、日本の道徳で最も欠けておったのは社会道徳ではないか、そういう意味では、社会科という科目こそ、正に修身の役目をすべきものではないかというふうに考えたが、現実には少しも効果が挙がっていない。この点も佐野〔利器〕先生のお話をよく考え、又、皆さんと相談をいたして私も善処いたしたいと思っております。(54)

この発言から明らかなように、天野はもともと新勅語の作成と修身科の導入に消極的であった。その理由として、勅語については権威の主体が不明確であること、修身科という科目の設置ではなく人格教育が重要であることを挙げていた。ところが、二週間後に開かれた教育刷新審議会第三十二回総会(一九五〇〔昭和二五〕年一〇月二〇日)では、次のように意見が変わり始めた。

従来私は必ずしも修身というものを特別にやらないでも、それぞれの学校が、或る意味では人間を作るので、それぞれの先生が教育家としての先生でなければいけないのだという考えを持っておりましたけれども、宗教のない日本では、特に修身科というものが必要なのではないかと、この頃考えております。それらの点は文部省としても考えて参るつもりです[55]。

そして、翌月一一月七日に行われた全国都道府県教育長協議会での発言で以下のように態度が変化した。

わたしはもとの修身といったような教科は不必要だと考えていたが、最近各学校の実情をみると、これが必要ではないかと考えるようになった。地方の教育者に会っていろいろと意見を聞いてみると、教育関係の法令はいろいろ整ってきたが、その内容がないため、教育上支障をきたすという声が多い。そこで、教育の基盤として、口先でとなえるものではなく、みんなが心から守れる修身を、教育要綱といったかたちでつくりたい。これを教育勅語の代わりにして民主主義社会に必要な道徳再開をはかりたい[56]。

その二〇日後の一一月二六日の『朝日新聞』に、天野は先に引用した「私はこう考える——教育勅語に代るもの」を寄稿し、「要するにわたくしは従来のものへ復帰しようなどと考えるのではありません。……これまでの修身科と社会科とを契機としてこゝに新しい道徳教育の工夫をしようというのであります[57]」と述べたのである。

3　昭和天皇からの影響

問題が大きくなるのは、先述したように、約一年後の一九五一（昭和二六年）一〇月一五日の参議院本会議での「国家の道徳的中心は天皇にある」[58]という発言からである。重要なことは、それまで天野の発言になかった「天皇」の存在が突然、現れたことである。たとえば、彼が新勅語を発布する際の主体と権威を問題にしたとき、政府や国会の名前を出しても、天皇の存在は出てこなかった。また、「教育勅語の代わり」となる修身のような科目の必要性を述べたときも、天皇との関係ではなく、「民主主義社会に必要な道徳再開」を主張していた。重要な点は、なぜ天野が殊更に天皇の存在を主張したのかということである。

実はこの五日前（一〇月一〇日）、昭和天皇と侍従長の田島との間で次のような対話が交わされた。田島は昭和天皇の言葉を次のように記録している。

> 兎に角皇室と国民との関係といふものを時勢にあふ様にして、もつとよくしていかなければと思ふ。私も微力ながらやる積りだ。長官も私の事で気付いたらいつてくれとの勿体なき御言葉を拝す。[59]

昭和天皇は、戦後、皇室と国民の結びつきが希薄になっていることを憂いていた。この背景には、日本が共産主義化することへの天皇の危機感があった。田島の『拝謁記』には、マッカーサーや吉田茂の共産党に対する過小評価を危惧する天皇の発言があり[60]、特に朝鮮戦争の勃発（一九五〇年六月）と、サンフランシスコ平和条約署名（一九五一年九月八日）による連合国軍の占領期間の終了が決定して以降、共産思想の影響を憂慮する発言が増えている。敗戦後、日本の秩序と統治は連合国軍の管理下に置かれ、皇室の存在もその保護下にあったので、占領期間の終了と共産思想の影響は皇室に脅威となっていた。昭和天皇としては、「アメリカが撤兵したら困る[61]」と考えており、具体的に以下の考えを持っていた。

日本人としては願はしい事ではないが、九州に若干の兵をおくとか、呉に海軍根拠地を設けるとか、兎に角日本の治安の問題に注意して貰はねば困るし、朝鮮の問題に鑑みて総て早く処置をとつて貰ひたいと思ふ。そして、日本に共産党の存在、又は発展する温床のある事がいけないから、之をアメリカが除く事をしなければいかぬ[62]。

皇室と国民との結びつきも、この観点から昭和天皇の関心事であったと考えられる。これに対して田島は次のように答える。

私共の年輩以下、ある程度迄の年の人間は、昔の教育等で皇室に対し元々尊敬の念をもつて居りますするし、又時勢の要求で〔皇室に対し尊敬の念をもつことを〕適当に致す事も出来ますが、若い人はどうも遭遇した時代が違ひまするので、新しい民主的の意味で親しみと尊敬とを皇室に対してもつといふ事は、余程学校教育なり家庭教育なり、又社会教育で教へてゆかなければなりませぬが、去りとて又宣伝的になりまするのも如何と存じまするが、其辺よく致さねばなりませぬ。(63)

要するに、皇室と国民との親密な関係構築のために田島が注目したのは「教育」という手段だったのである。戦前の日本人が皇室に対して尊敬の念を抱いたのは「昔の教育」を受けたからなので、戦後も学校教育、家庭教育、社会教育を通してこれを教える必要を提言した。これに対して昭和天皇は「其点よく天野文相とも相談し、又小泉や安倍などとも話し、何か皇室と国民との理想的結びつきに行く様研究し、骨折つて欲しい(64)」と、文部大臣をはじめ教育関係者に相談するように命じた。これを受けて田島は、「御役目として研究でなく直ちに実行にも移すべき事で、拝命以来不束《ふつつか》ながら力《つと》めましたつもりで……今後も仰せの人とも相談し、御思召のよりよく実現される様に此上とも力めまする旨申上ぐ(65)」と記している。つまり、天野は問題となる発言の前に、田島を通して「皇室と国民との理想的結びつき」を求める天皇の意思を伝え聞いたのである。それは天野に文部大臣として天皇の重要性を意識させたと考えられる。

これを受けて天野は、一〇月一五日参議院本会議で中山福藏から「我が国の宗教、法律、道徳、教育の中心点、その拠点というものを奈辺に求むるか(66)」と問われ、次のように答弁した。

戦前或いは戦時中極端な国家主義が支配し、いわゆる全体主義が支配したに対して、反動的に極端な個人主義が支配して、個人が国民であるということを忘れ、国家が個人の母体であり基体であるということを人が自覚しない。従つて又国家の象徴であるという意味、日本国の象徴たる天皇、即ち象徴という意味も十分理解せないような点から、この混乱が来ていると思いますので、一方においては、学校の教育の道徳教育というものを改善をし、又他方においては、私は国民諸君の御参考になるために、近く一般の基準、道徳的基準、個人、社会、国家というような、天皇の象徴性というようなことを、国民諸君に理解して頂く参考のものを提示したいと考えております。[67]

これに対して中山は「道徳の中心、法律の中心、宗教の中心、教育の中心を失つている今日の日本は、……これらの問題の拠点というものをどこに文相は狙いを置いておるか[68]」と問い、天野は以下のように答弁した。

私は、この日本の思想的混乱、今の道徳的な混乱とか、そういうことを一片の文書を出してそれで解決できるなんて決して思つておりません。これはもつと深いところに根拠があるのです。政治とか経済とか、そういうものに非常に重大な根拠があつて、文部大臣が一片のものを出してできるなんということは考えておりません。（「そうだそうだ」と呼ぶ者あり）又国家の道徳的中心は天皇にある、だから先ほど象徴という意味をもつと明らかにしよう、私はここで以て象徴という意味を講義するのは不適当だから言わないのであつて、そういうことは明らかにしよう、（発言する者あり）道徳的と言いましたよ。道徳的ですよ。という、そういうことを私は考えておるので、決して一片のあれに、それもただ道徳的中心となるというようなことを言つてそれで済むとは私は思つておりません。だからして、このただ一片のそういう言説をなして、それで、ものができるなどと私も決して思つておるわけではございません。(69)

この「国家の道徳的中心は天皇にある」という発言が発端となり、国民から戦前回帰や修身科復活が疑われ、社会で活発な議論に発展した。この発言から一週間後の一〇月二二日、田島はこの件に関して昭和天皇に以下の報告をした。

先日陛下から、皇室と国民との新しき理想的の結び付きに考へよ、天野文相とも話合へとの仰せございましたが、実は先日天野が、広島迄宮廷列車便乗のお許しを願出て参りました節……天皇は憲法にもある通り国民統合の象徴であるといふ事は、政治以外、道義、道徳的親愛の中心といふ意味だと申しましたのが言葉の足りなかつたか、天皇が道義の中心と誤伝せられ、昔の天皇神聖論への復帰だなどといはれ、陛下に御迷惑をおかけしては恐縮である、尤も余り問題が大きくなれば辞職してもなど丶申して居りましたが、其節陛下の天野文相とも話合へとの御話を拝して居ります旨申しました事でございます。今回、四日間汽車で供奉《ぐぶ》致しまする機会に又話合ひたいと存じて居ります。(70)

『拝謁記』の編集に関わった河西秀哉が「天野には戦前への回帰という自覚はなかった」と述べるように、天野は戦前戦中の軍国主義教育や天皇神聖崇拝の復活を意図していたのではない。むしろ、戦後の日本国憲法に基づいて、象徴としての天皇を「道義、道徳的親愛の中心」と解釈した。それは日本国憲法制定の際に金森徳次郎が天皇を「憧れの中心(71)」と表現した日本の国体の意味に近い。実際に、天野が後に個人的に公表した「国民実践要領」には、天皇を「国民的統合の象徴」と表現し、「それゆえわれわれは天皇を信愛し、国柄を尊ばねばならない(72)」と主張した。

重要なことは、道徳問題を天皇と国民との関係でとらえたことである。しかも、天野の教育思想に天皇の存在が現れるのは、明らかに昭和天皇の影響である。戦前の彼の道徳思想における天皇の位置づけについてはさらなる考察が求められるが、少なくとも戦後はこの段階から天皇の存在を意識している。その考察は日本国憲法に基づいた「国民統合の象徴」としての天皇であり、また国体と結びついた道徳である。換言すれば、天皇と国民との関係を、道徳的絆として結びつけたのである。たとえば、国会で「道徳的中心」という発言が問題となったとき、これを「親愛」という言葉に言い換えて、「親愛という人間関係は、宗教的でもなく政治的権力的でもなく、文化的でもなく、道徳的というべき(73)」として、天野は国民統合の象徴としての天皇を「道徳的性格における国民親和の中心(74)」と位置づけた。そして「わたくしは、一個の学徒として天皇を親愛の中心と考え、これを『道徳的中心』と表現して少なくとも差し支えない(75)」と述べ、「天皇は道徳的意味をもった国民の中心と言える(76)」と主張した。したがって、天野貞祐を手引きにした道徳教科化の思想的実態は、天皇と国民との理想的な関係に基礎づけられた道徳教育ということになる。

山本七平は『「空気」の研究』の中で、日本人の意思決定を拘束する空気の正体を探究した。[77] 彼は日本人の行動を支配する「日本的情況倫理」に注目し、「情況倫理を集約した形の中心点に、情況を超越した一人間もしくは一集団乃至はその象徴に求める以外になくなってしまう」ときに、情況が規範となることを論じた。[78] それは具体的には、天皇を中心にしてすべての国民を平準化する平等主義であり、その構造原理が日本社会の隅々にまで行き渡っている空気の正体なのである。

山本は「昔の表現に従えば『一君万民』であり、これが、その考え方の基本となっている平等主義である[79]」と指摘した。筆者は拙著『抵抗権と人権の思想史』の中で一君万民の平等思想の生成過程に注目し、それが日本人の人権理念として定着していることを実証した。[80] 本共同研究は、その日本の伝統思想が教育に及ぼす影響に注目するものだが、天皇と国民との理想的関係に基礎づけられた道徳教育は、日本人の行動に規範を与える「空気」を醸成することになる。これは円滑な国民の統合を求める国家や為政者にとっては効果的な作用をもたらすが、個性を重んじる人格教育を目指すキリスト教学校が克服すべき問題である。現代の道徳教科化には、見えにくい仕方であるが、この問題が潜在していることを見逃してはならない。

注

（1）安岡正篤については拙論「戦後平和思想に潜む伝統思想　I――天皇勅書と平和国家」『キリスト教と文化　紀要（36）』（青山学院大学宗教主任研究叢書、二〇二一年）参照。

（２）茶園義男『密室の終戦詔勅』（雄松堂出版、一九八九年）七三頁。
（３）関西師友協会編『安岡正篤と終戦の詔勅――戦後日本人が持つべき矜持とは』（ＰＨＰ研究所、二〇一五年）五二頁。
（４）迫水久常編『万世の為に太平を開く――天皇陛下のご聖断』（東芝音楽工業株式会社、一九七一年）三九頁。
（５）安岡正篤『人生、道を求め徳を愛する生き方』（至知出版社、二〇〇五年）一六三頁。
（６）安岡『人生、道を求め徳を愛する生き方』前掲、一六三頁（以下、本章の引用文中のルビは原則的に筆者による）。
（７）貝塚茂樹『戦後日本と道徳教育――教科化・教育勅語・愛国心』（ミネルヴァ書房、二〇二〇年）ii頁。二九―三〇頁参照。
（８）貝塚『戦後日本と道徳教育』前掲、五頁。
（９）貝塚『戦後日本と道徳教育』前掲、一八一頁。
（10）貝塚『戦後日本と道徳教育』前掲、一五七頁。
（11）貝塚『戦後日本と道徳教育』前掲、一五七頁。一七五―一八一頁参照。
（12）貝塚『戦後日本と道徳教育』前掲、一四四頁。
（13）貝塚『戦後日本と道徳教育』前掲、二頁。
（14）貝塚は市川昭午の研究（市川昭午「教育基本法の評価と変遷」『季刊　教職課程』一九七五年秋季号）を参照して、「教育基本法制定当時の構図に変化が生じたのは一九五四（昭和二九）年の『教育二法』制定の頃からであり、一九六〇（昭和三五）年の荒木萬壽夫文相が教育基本法改正の意図を表明することで、完全に『逆転』した」という理解を採用している。貝塚『戦後日本と道徳教育』前掲、一八一頁。
(15) 貝塚『戦後日本と道徳教育』前掲、一八〇頁。
(16) 貝塚『戦後日本と道徳教育』前掲、一五一―一六一頁。
(17) 貝塚『戦後日本と道徳教育』前掲、一四五頁。
(18) 貝塚『戦後日本と道徳教育』前掲、一七四頁。
(19) 貝塚『戦後日本と道徳教育』前掲、一五九頁。
(20) 貝塚『戦後日本と道徳教育』前掲、一六一頁。
(21) 貝塚『戦後日本と道徳教育』前掲、一六六頁。
(22) 貝塚『戦後日本と道徳教育』前掲、一七〇頁から引用。和辻哲郎「危険思想を排す」『和辻哲郎全集』第二二巻（岩波書店、一九九一年）一四二頁（初出『太陽』［一九一九年一月］）。
(23) 貝塚『戦後日本と道徳教育』前掲、一七二―一七四頁参照。
(24) 貝塚『戦後日本と道徳教育』前掲、一七四頁。
(25) 貝塚『戦後日本と道徳教育』前掲、三頁。
(26) 貝塚『戦後日本と道徳教育』前掲、一八四頁。
(27) 貝塚『戦後日本と道徳教育』前掲、二二頁。
(28) この言葉は教育研究者唐澤富太郎（一九一一―二〇〇四）の言葉であるが、貝塚が好んで引用しており、教育勅語や修身科についての彼の基本姿勢として表現されている。貝塚『戦後日本と道徳教育』前掲、一五二頁より引用。唐澤富太郎『日本教育史』（誠文堂新光社、一九五三年）参照。
(29) 貝塚『戦後日本と道徳教育』前掲、一五〇頁。一三三頁参照。
(30) 同様の視点は小熊英二の優れた研究によって明らかにされた。小熊は、現代の戦後民主主義理解が一九六〇年代に発明された戦後観を前提としたイメージに流されており、敗戦後当時の人々が表現しようとした心情とは認識の違いがあることが明らかにした。小熊英二『〈民主〉と〈愛国〉――戦後日本のナショナリズムと公共性』（新曜社、二〇〇二年）参照。

(31) 貝塚『戦後日本と道徳教育』前掲、一三頁。
(32) 貝塚『戦後日本と道徳教育』前掲、二〇頁。
(33) 貝塚『戦後日本と道徳教育』前掲、二三頁。
(34) 貝塚『戦後日本と道徳教育』前掲、二二頁。
(35) 貝塚『戦後日本と道徳教育』前掲、一八三頁。
(36) 貝塚茂樹『戦後道徳教育の再考――天野貞祐とその時代』（文化書房博文社、二〇一三年）二四五―二四七頁。最初の段落の言葉は、貝塚茂樹『戦後教育のなかの道徳・宗教〈増補版〉』（文化書房博文社、二〇〇六年）「はじめに」からの再引用。
(37) 貝塚『戦後道徳教育の再考』前掲、二四五―二四七頁。
(38) 貝塚『戦後道徳教育の再考』前掲。貝塚茂樹『天野貞祐――道理を信じ、道理に生きる』（ミネルヴァ書房、二〇一七年）。
(39) 貝塚『戦後日本と道徳教育』前掲、一四三―一四四頁。
(40) 貝塚『戦後日本と道徳教育』前掲、二四三頁。
(41) 貝塚『戦後道徳教育の再考』前掲、一八―一九頁。
(42) 貝塚茂樹『戦後教育改革と道徳教育問題』（日本図書センター、二〇〇一年）二七三―二八一頁参照。
(43) 貝塚『戦後教育改革と道徳教育問題』前掲、二七九頁。

(44) 天野貞祐『今日に生きる倫理　天野貞祐全集第四巻』（栗田出版社、一九七〇年）二三五頁。

(45) 貝塚『戦後道徳教育の再考』前掲、三三頁。

(46) 天野貞祐「私はこう考える——教育勅語に代るもの」『朝日新聞』一九五〇年一一月二六日、四頁。貝塚『戦後道徳教育の再考』前掲、二七頁参照。

(47) 天野貞祐『教育五十年』（南窓社、一九七四年）一三九頁。

(48) 貝塚『戦後道徳教育の再考』前掲、三九頁。

(49) 貝塚『戦後道徳教育の再考』前掲、四三頁。

(50) 貝塚『戦後日本と道徳教育』前掲、一四四頁。

(51) 『官報　号外』「第十二回国会参議院会議録第四号」（昭和二六［一九五一］年一〇月一五日）一七頁 <https://kokkai.ndl.go.jp/#/detail?minId=101215254X00419511015&current=-1>（二〇二四年九月一日参照。また、以下の引用文は新字体に改めた）。

(52) 『官報　号外』「第十二回国会参議院会議録第四号」前掲、一一頁。

(53) 『官報　号外』「第十二回国会参議院会議録第四号」前掲、一一頁。

(54) 日本近代教育史料研究会編『教育刷新委員会　教育刷新審議会会議録第五巻』（岩波書店、一九九六年）三二六—三二七頁。

(55) 日本近代教育史料研究会編『教育刷新委員会　教育刷新審議会会議録第五巻』前掲、三三五頁。

(56) 天野の発言は、貝塚『戦後道徳教育の再考』前掲、二九—三〇頁より引用。

(57) 天野「私はこう考える」前掲、四頁。貝塚『戦後道徳教育の再考』前掲、二七頁参照。

(58) 『官報　号外』「第十二回国会参議院会議録第四号」前掲、一七頁。

(59) 田島道治『昭和天皇拝謁記——初代宮内庁長官田島道治の記録　2』（岩波書店、二〇二二年）

一九五一（昭和二六）年一〇月一〇日条、二四六頁。
(60) 田島道治『昭和天皇拝謁記――初代宮内庁長官田島道治の記録　1』（岩波書店、二〇二一年）一九五〇（昭和二五）年一月一七日条、九〇頁。田島『昭和天皇拝謁記　1』前掲、一九四九（昭和二四）年七月八日条、二二一―二二三頁参照。
(61) 田島『昭和天皇拝謁記　1』前掲、一九五〇（昭和二五）年五月三〇日条、一五一頁。
(62) 田島『昭和天皇拝謁記　1』前掲、一九五〇（昭和二五）年六月二六日条、一六五頁。
(63) 田島『昭和天皇拝謁記　2』前掲、一九五一（昭和二六）年一〇月一〇日条、二四六頁。
(64) 田島『昭和天皇拝謁記　2』前掲、一九五一（昭和二六）年一〇月一〇日条、二四七頁。
(65) 田島『昭和天皇拝謁記　2』前掲、一九五一（昭和二六）年一〇月一〇日条、二四七頁。
(66)『官報　号外』「第十二回国会参議院会議録第四号」前掲、一一頁。
(67)『官報　号外』「第十二回国会参議院会議録第四号」前掲、一三頁。
(68)『官報　号外』「第十二回国会参議院会議録第四号」前掲、一五頁。
(69)『官報　号外』「第十二回国会参議院会議録第四号」前掲、一七頁。
(70) 田島『昭和天皇拝謁記　2』前掲、一九五一（昭和二六）年一〇月二三日条、二五三頁。
(71)「第九〇回帝国議会衆議院議事速記録」第五号、一九四六年六月二六日、七六頁。<http://teikokugikai-i.ndl.go.jp/>［国立国会図書館「帝国議会会議録検索システム」］（二〇二四年九月七日参照）。
(72) 天野貞祐「国民実践要領」『今日に生きる倫理』前掲、四〇五頁。
(73) 天野『今日に生きる倫理』前掲、二二八頁。
(74) 天野『今日に生きる倫理』前掲、二二八頁。

(75) 天野『今日に生きる倫理』前掲、二二八頁。
(76) 天野貞祐『教育論 天野貞祐全集第五巻』(栗田出版社、一九七〇年)一六三頁。
(77) 山本七平『「空気」の研究』(文藝春秋、二〇二一年〔初版一九八三年〕)。
(78) 山本『「空気」の研究』前掲、一三四頁。
(79) 山本『「空気」の研究』前掲、一三五―一三六頁。
(80) 拙著『抵抗権と人権の思想史――欧米型と天皇型の攻防』(教文館、二〇二〇年)参照。

第六章　キリスト教的な人格教育とは

長山　道

1　「人格」という日本語

教育基本法第一条には、教育の目的として「教育は、人格の完成を目指し、平和で民主的な国家及び社会の形成者として必要な資質を備えた心身ともに健康な国民の育成を期して行われなければならない」と定められている。この中でもとりわけ「人格の完成」という表現は、一九四七年の制定以来、二〇〇六年の改正を経ても変わることがなく掲げられている。この表現は旧教育基本法制定に文部大臣として尽力したキリスト者田中耕太郎（一八九〇―一九七四年）によって実現したものであり、田中自身『教育基本法の理論』（一九六一年）等の著作で、「人格の完成」ということばの背景に彼のキリスト教思想が大きく影響していることを明らかにしている。

人格的な教育は、日本における教育の目的として広く定められているばかりではなく、日本のキリスト教学校の教育方針にも非常にしばしば掲げられている。その時々の社会的要請に応えて単なる知識や技術を伝える教育、また功利主義的な価値観に基づく人材教育に対し、個人の内面的な涵養にまで関わる人格教育が、キリスト教学校の特長として謳われている。教育基本法改正の際に、「真理と正義を愛し、個人の価値をたつとび……」(旧法第一条)といったキリスト教的概念が削除されてしまっただけに、「人格」の教育はいっそう、キリスト教学校が日本の学校制度によりながら社会的存在意義を発揮する際に守るべきものとして、重要視されることとなった。

ところでしかし、人格を教育するとはいったいどういうことであろうか。そもそも人格とは何であろうか。この問いに対する答えを求めようとするときに、「人格」という日本語が明治時代に造られた翻訳語であることに、まず注意を向ける必要がある。「人格」ということばが生まれ、「人格」概念が日本にもたらされた背景には特殊な経緯があり、単に personality に対応する訳語であるというだけでは説明がつかない含意があるからである。

明治期の「人格」概念については、佐古純一郎(一九一九―二〇一四年)の『近代日本思想史における人格概念の成立』(一九九五年)に詳しい研究がある。佐古自身、母校である二松学舎大学で教鞭を取るにあたって、教育基本法第一条に定められた「教育の目的」に注目し、中でも「人格の完成」とはどういうことなのか、「人格」とはどういう存在なのかという問題意識を持つに至り、この研究を始めたという[1]。

佐古の研究によれば、personality の訳語は一八八一年、哲学者井上哲次郎(一八五六―一九四四年)が『哲学語彙』で personality を「人品」と訳したものが初出であると考えられる[2]。personality の訳語はその後二十年ほど一定せず、さまざまな造語が登場した。キリスト者による翻訳を挙げると、植村正久(一八五八―一九二五年)は『六合雑誌』に一八八六年掲載の「基督教神論」にて「有心者」

という訳語を当てている。小崎弘道（一八五六―一九三八年）も『信仰の理由』（一八八九年）の中で、この「有心者」を採用している。[3] 熊本バンドの森田久萬人（一八五八―一八九九年）は一八八七年、『六合雑誌』に掲載された「哲学ノ目的及範囲」にて「霊知有覚」という訳語を造り、宗教学者岸本能武太（一八六六―一九二八年）は同年同誌に寄せた「有神略説」において「品位」、「品格」という翻訳をあてている。[4]

それでは、「人格」という訳語はいつから使われ始めたのであろうか。イリノイ大学シカゴ校名誉教授である言語学者井上京子氏の研究によると、一八八九年に法律用語としてpersonalityを「人格」と訳した例が見られる。[5] また、再び佐古の研究によると、同年五月、教育学者谷本富（一八六七―一九四六年）も『哲学会雑誌』所収の「支那古宗教論」において、「人格」の訳語を採用している。[6] またこの年の一二月には、同誌の雑録欄に「精神病に於て人格の変化」という見出しが掲載されている。翌年にも同誌の雑録欄に匿名で掲載された心理学の記事に「人格」ということばが使われ、「ペルソナリチー」とフリガナがつけられている。[7] さらに一八九三年には『哲学会雑誌』改め『哲学雑誌』に、イギリスの社会理論家ヘレン・デンジー（一八六〇―一九二五年）による「心理学に於ける無意識作用論の発達」（一八九三年）の抄訳が掲載され、匿名の訳者が「人格」の語を使用している。[8] こうした背景から、佐古は「人格」という日本語がまず心理学の用語として確立したと考えている。他方、井上は法律用語として使われたのが最初だと考えている。[9] いずれにせよ心理学や法学の用語であるから、つまり哲学や倫理学で用いられる場合のような道徳的価値は、当初は含意されていなかったと推測されるのである。[10] したがって、「人格」には本来明治期のキリスト者による「有心者」、「霊知有覚」、「品位」、「品格」といった訳語に見られる宗教的・道徳的な意味があったわけではなく、価値中立的な概念として成立したものであったのであろう。

それではキリスト者がpersonalityにあたる日本語として「人格」ということばを使い始めたのはいつからであろうか。一八九〇年『六合雑誌』に収録された「神と宇宙の関係」に「人格」ということばが二回登場する。ただし、筆者は「神学士某口述」とされており、誰が書いたものかは不明である。[11]一八九二年の『哲学会雑誌』雑報欄にpersonalityを「人格」と訳した例も見られるが、訳者は匿名であり、佐古の推測では、言葉遣いの特徴から倫理学者中島力造（一八五八―一九一八年）ではないかという。[12]この中島は、一八九五年『哲学雑誌』所収の「『ジェームズ・セス』氏著倫理學」でpersonalityにあたる日本語として「人格」ということばを使っている。思想家綱島梁川（一八七三―一九〇七年）は、一八九五年に東京専門学校文科の卒業論文「道徳的理想論」の中でpersonalityの訳語として「人格」ということばを二度使用している。[13]井上哲次郎の述懐によれば、一八九七年頃に中島力造よりpersonalityの訳語として適切な日本語を尋ねられ、「人格がよかろう」と答えたところ、それ以降「人格」ということばが定着したという。[14]当初は法学や心理学の用語として使用され始めた「人格」ということばは、こうして倫理学、哲学、さらには神学の分野でも用いられるようになり、道徳的、ひいては宗教的価値を含むものになっていったと考えられる。とはいえ、中島に「人格」の語を薦めた井上は、キリスト教を攻撃する立場にあったので、中島がこのことば自体にキリスト教的な含意を込めて採用したとは推測し難い。

中島力造はイギリスの哲学者トーマス・ヒル・グリーン（一八三六―一八八二年）の思想、とりわけ人格主義（personalism）を日本に導入した倫理学者である。グリーンは、一九世紀後半から二〇世紀初頭にかけて起こったカント復興運動の中でイギリスに生まれた、理想主義学派の中心的人物であった。グリーンにおける personality はイマヌエル・カント（一七二四―一八〇四年）の Persönlichkeit という概念の翻訳であると考えられている。[15] 中島はキリスト者であるが、こうした経緯から、彼が日本に導入した「人格」概念は神学やキリスト教思想よりも、グリーンを経由したカント哲学に基づいていると考えるのが適切であろう。ここから、「人格」という日本語の概念は、カントにおける Persönlichkeit の翻訳語としての性格を強めていくこととなる。

一九〇〇年代から一九一〇年代にかけて、ドイツでエルンスト・リンデ（一八六四―一九四三年）やゲアハルト・ブッデ（一八六五―一九四四年）といった教育学者が、カント的な「人格」（Persönlichkeit）の形成を論じた「人格的教育学」（Persönlichkeitspädagogik）を展開し、これが大正期の日本に導入されることとなった。教育学者中島半次郎（一八七二―一九二六年）は『人格的教育学の思潮』（一九一四年）で「人格的教育学」を紹介し、この人格的教育学が特に強調する Persönlichkeits-bildung を「人格の陶冶」と訳した。[16] 教育学者であり文部官僚も務めた篠原助市（一八七六―一九五七年）も、『批判的教育学の問題』（一九一八年）所収の論文「最近の教育理想」において、同様に「人格的教育学」を紹介し、「人格の陶冶」ということばで人格形成の教育に言及している。[17] 一九二二年には、哲学者阿部次郎（一八八三―一九五九年）が『人格主義』を出版した。彼の人格思想は、ドイツの哲学者、心理学者であるテオドール・リップス（一八五一―一九一四年）に基づくものであったが、このリップスもまた、カントの人格主義を継承、発展させた人物であった。

こういうわけで、Persönlichkeitというドイツ語の翻訳として定着した「人格」という日本語は、カントの思想を源流としていることが明らかになった。これに対し、グリーンが同じPersönlichkeitの訳語として採用したpersonalityという英語は、日本語の「人格」とは異なった道を英語圏で歩むことになる。人格心理学の創始者の一人であるゴードン・オルポート（一八九七―一九六七年）は、熱心なキリスト者であったが、心理学は実証的な学問であるため、道徳的な価値を扱うべきではないと考えていた。ただし、彼がこのとき道徳的な価値を含む語として念頭に置いていたのは、personalityではなくcharacterということばである。characterは日本語では「性格」と訳されることが多いが、一九世紀の道徳哲学の影響で、英語圏ではcharacterの方がむしろpersonalityよりも道徳的価値を含むことばとして用いられるようになっていた[18]。英語圏におけるpersonalityは、より価値中立的な心理学用語として使われていたが、これも一九五〇年代に日本で「人格」と翻訳されるようになったため、心理学用語としての「人格」は、本来カント的な意味での「人格」とは異なる概念であるにもかかわらず、日本語では非常にしばしば、同じ「人格」という語によって表現されることがある。

それでも、日本語の「人格」が道徳的な意味を持っていることは、現在も「人格者」という表現があることからもわかる。また、「人格障害」という表現が誤解を招くという理由で「パーソナリティ障害」と言い換えられることからも、「パーソナリティ」がより価値中立的な概念であり、「人格」が価値評価的な意味を含んでいることが窺われるであろう。

一九三三年には、プラグマティズムを代表するアメリカの哲学者ジョン・デューイ（一八五九―

一九五二年）の著書『民主主義と教育』（一九一六年）が、哲学者帆足理一郎（一八八一―一九六三年）の翻訳により『教育哲学概論――民本主義と教育』として日本で出版された。この中でデューイの complete development of personality という表現は、「人格の完成」と訳されている。[19]デューイは一八八〇年代にカント研究ののち、グリーンの倫理学に共鳴するようになった時期がある。その後デューイはグリーンを批判し、独自のプラグマティズムの倫理を確立するようになるのであるが、個人の発展や自己実現としての善には共感を示し続け、グリーンと出発点を同じくしている。[20]教育学者田中智志氏の考察によれば、ここでデューイが論じている「人格の完成」は、当時のドイツ教育学で語られた、すなわちカント的な人格概念の流れをくむ、「人格の陶冶」である。[21]

この「人格の完成」ということばは、戦後教育基本法の制定にも関わった哲学者務台理作（一八九〇―一九七四年）によれば、戦前にはすでに日本の教育界に浸透していた。[22]さらに言えば、「人格の完成」という文言を教育基本法に含めることは、委員の一人であったキリスト者であり教育者である河合道（一八七七―一九五三年）によって「人格は完成の出来るものとは思いません」と反対にあい、[23]後日行われた委員会でも、キリスト教に造詣が深い哲学者であり教育者である天野貞祐（一八八四―一九八〇年）が「人間性の開発」を提案して、これが定着しかけたのであった。[24]最終的には田中耕太郎が「人格の完成」という表現に固執して、ついに教育基本法に採用されたのであるが、この「人格の完成」という表現自体は（田中がキリスト教的な意味を込めて提案していたにもかかわらず[25]）特別にキリスト教的というわけではなかった上、その代替案であった「人間性の開発」もキリスト者によって提案され、南原繁（一八八九―一九七四年）らキリスト者によって支持されたものであったのである。

ところで、「人格」という訳語がpersonalityという英語とは違った意味を持った日本語として定着した経緯は先に述べた。そのため、教育基本法を英訳するときに「人格の完成」を表す適切な訳語が英語圏になく、GHQにこの表現の意味が十分に伝わらなかったということが、教育基本法の研究者である杉原誠四郎氏によって指摘されている。personalityの語を用いた日本人による英訳はアメリカ人にはわかりにくく、アメリカ人による翻訳ではpersonalityではなくcharacterが用いられたり、individual personalityと、「個人」に近い意味で訳されたり、human personalityと、「人間性」と「人格」の区別がはっきりしない表現になったりしたのである[26]。

2　世界における「人格の完成」

旧教育基本法は一九四七年三月三一日に公布、施行されたが、その翌年である一九四八年一二月一〇日には、世界人権宣言が採択された。この宣言の第二六条二は、「教育は、人格の完全な発展並びに人権及び基本的自由の尊重の強化を目的としなければならない」という文章で始まっている。「人格の完全な発展」にあたる英語表現は、the full development of human personalityである。また、この宣言を基礎として一九六六年に採択された国際人権規約A規約第一三条一にも、「人格の完成」という表現が用いられており、英語ではthe full development of the personalityと記されている。さらに、一九八九年に採択された、いわゆる子どもの権利条約第二九条一（a）には「児童の人格、才能並びに精神的及び身体的な能力をその可能な最大限度まで発達させること」と定められており、「児童の人格……を……発達させること」にあたる英語は、the development of the child's personality である。いずれも教育基本法における「人格の完成」およびその英訳 the full development of personality に酷似した表現であることから、日本の教育基本法が先駆となり、世界に影響を与えた可能性が推測されてきた。

例えば前述の杉原氏は、日本で教育基本法が制定され、その条文が一九四七年三月二七日の極東委員会における報告[27]を通して知られたのではないかと考えれば、時間的整合性があると考えている。世界人権宣言に教育の目的が盛り込まれたのは、世界ユダヤ人会議という非政府団体が、「教育の重視だけならナチス・ドイツも行っていたのだから、教育の目的をも示さなければならない」という意見を出したためであって[28]、この団体が極東委員会を通して教育基本法を知っていた可能性があるというのである。しかし、これを裏付ける直接の史料はないようである[29]。教育学者井上敏博氏も同様の推測をしているが、これも可能性の域を出ない[30]。

それどころか、ドイツの組織神学者コンラート・シュトック氏および実践神学者ミヒャエル・マイヤー＝ブランク氏に筆者が二〇二二年末にインタビューを行ったところ、日本の教育基本法は（やはりと言うべきか）全く知られていないだけでなく、「人格の完全な発展」という世界人権宣言の表現は、知られてはいるものの特にキリスト教的とされておらず、むしろ社会主義的な憲法の原理によく表れているという認識であった。旧東ドイツで施行されたドイツ民主共和国憲法は、一九四九年に成立したのち、一九六八年に全面的に改正されて社会主義国の憲法としての色彩を強めたものであるが、確

かにその中には、「人格の完全な発展」に類似した表現がいくつか見られる。一九四九年の時点では、例えば第三九条は

すべての子どもに、その身体的、精神的、また道徳的力の全面的な発展（Entfaltung）への可能性が与えられなければならない。

という文章で始まる。ここでは日本語の「人格」が持つ道徳的な意味に加え、「身体的、精神的」な力という、教育基本法成立までの文脈ではむしろ「人間性」に含まれていた人間の能力が射程に入っている。一九六八年の改正を経て、第九条第二項は

ドイツ民主共和国の国民経済は、社会主義的秩序の強化、常により良い市民の物質的及び文化的満足、彼らの人格の発展（Entfaltung ihrer Persönlichkeit）、そして彼らの社会主義的・社会的関係に奉仕する。

と定められている。つまり、人格の発展は国民経済によってもたらされるものであり、物質的満足に並ぶものである。第一八条第三項には、

社会主義的文化の要素としての身体文化、スポーツ及び観光は、市民の全面的な、身体的、精神

的発展（Entwicklung）に奉仕する。

と「人格」の代わりに「市民」について語られ、その内容は「身体的」および「精神的」にわたる、「人間性」に近いものである。第二五条第三項には、

すべての市民は文化的な生活に参与する権利を持つ。それは経済・技術革命や精神的要求の高まりという条件の下でますます意味を獲得する。社会主義的な人格の完全な現れのために（Zur vollständigen Ausprägung der sozialistischen Persönlichkeit）、また文化的関心と欲求がますます満足するために、市民が文化的生活、身体文化、スポーツに参与することは、国家と社会を通して促進される。

と定められており、身体文化やスポーツが強調される、人間の全人的な完成が謳われている。当然ながら、社会主義の文脈では、「人格の完成」という条文のもとに日本のキリスト教学校が大切にしてきた、宗教的な意味は排除されている。

インタビューを通して明確になったことは、ドイツを含めヨーロッパの人々にとって、「人格の完全な発展」はキリスト教だけでなくルネサンスにも根を持つ概念として認識されるということであった。[31]ルネサンスに根を持つということは、キリスト教以前の、ギリシア・ローマ的な古典古代に範を取るということであり、全人教育を理想とし、そして神中心ではなく人間中心の思想を持つというこ

とになる。したがって、非キリスト教的な用法も十分に可能なのである。

そのため、日本ではキリスト教学校に限らず様々な学校が「人格形成」や「人格の陶冶」、「人格の教育」を教育理念や教育目標の中で挙げているし、そうすることは可能である。杉原氏に至っては、「人格の完成」が儒教に由来し、日本から世界へと広まった概念であると主張するほどである[32]。確かに「人格の完成」という表現は世界人権宣言以前の欧米には見られない一方で、日本ではすでに大正期から戦前にかけて定着しており、キリスト者に限らずこの表現を用いていたようなので、「人格の完成」という表現自体に限って言えば、キリスト教に出自を求めるのは難しいのかもしれない。しかしそれは、すでに第一節で見たように「人格」ということばが日本で独自の発展を遂げたためであって、「人格の完成」の内容は、キリスト教に起源を求めることができるし、またそうすべきではないか。

3 「人格」概念の非キリスト教性

「人格」という日本語は、明治時代に成立した翻訳語であるが、それは必ずしもキリスト教的な言葉として確立したわけではなかったし、personality や Persönlichkeit とは異なる日本独自の使われ方をしてきたことは、第一節で述べた。そこで指摘されたのは、日本の「人格」概念がグリーンの倫理学を経由し、カントの思想を源泉として定着したことであった。

それでは、カントの「人格」(Persönlichkeit) 概念とは、いかなるものであったのであろうか。

カントの翻訳は現在、「人格」をPersonの訳語として、「人格性」をPersönlichkeitの訳語として用いているので、ここでは「人格性」に注目して、カントのPersönlichkeit概念をたどることとする。

カントは、『道徳形而上学の基礎づけ』（一七八五年）において、「人間性（Menschheit）の内にはより大きな完全性（Vollkommenheit）に向かう素質（Anlage）があって、この素質は我々の主体のうちの人間性に関する自然の目的に属している」と述べている。[33] これは「人格の完成」を思わせる文章だが、「人格性」ではなく「人間性」ということばが使われている。カントは「人間性」と「人格性」を同義語として用いる場合もある一方で、両者を区別する場合もある。例えば、『単なる理性の限界内における宗教』（一七九三年）で、カントは次のように述べている。

第一の［動物性のための］素質は何ら理性をその根として持たず、第二の［人間性のための］素質は実践的ではあるが他の動機に役立ちうるだけの理性を、そして第三の［人格性のための］素質のみがそれ自身として実践的な、すなわち無条件的に法則を与える理性をその根として持つ。[34]

ここで「人間性」の素質は経験的に制約された理性に、「人格性」の素質は経験的制約から切り離された先天的な「純粋理性」に基づくものとして説明されている。また、『実践理性批判』（一七八八年）の結びには次のような記述がある。

第二のもの［道徳法則］はわたしの見えない自己、わたしの人格性にはじまり、真の無限性を備えただ悟性にのみ関知しうる一つの世界のうちにわたしを据える。……第一〔天空〕の無数の世界の群れの光景は、動物的被造物としてのわたしの重要さを無とする。……しかし第二のもの〔道徳法則〕はわたしの人格性を通じて知性的存在としてのわたしの価値を限りなく高からしめ、それ〔人格性〕において道徳法則は動物性から、さらには全感性界からさえも独立である生命をわたしに開示する。(35)

これらの引用から、カントにおける「人格性」は制約的な「感性界」から独立した、先天的に理性的な概念であることがわかる。

また、人間の意志が道徳法則に完全に一致するという、人間の一生涯の中では決して達成されることのない完全性のために「魂の不死」が要請される箇所では、「人格性」は次のように書かれている。

意志が道徳法則に完全に適合していることは、意志が神聖であることであり、感性界のいかなる理性的存在者もその存在のいかなる時点においても持ち得ない完全性である。この適合は実践的に必然的に要求されるから、それはその完全な適合への無限進行のうちにのみ見出すことができる。……この無限進行は同一の理性的存在者の無限に持続する現存（Existenz）と人格性を前提してはじめて可能となる。(36)

つまり、人格性は意志と道徳性の一致という、カント哲学において人間が目指すべきとされる完全性を可能にするものである。さらにカントは、「人格性」を神の意志と結びつける。

［理性的存在者である人間を単なる手段としてではなく、目的として使用しなければならないという］この条件を我々が、神の被造物としての世界における理性的存在者に関して神的な意志に帰するのは正当である。なぜならこの条件は理性的存在者の人格性に基づくものであり、この人格性によってのみ理性的存在者はそれ自身における目的であるからである。この人格性の理念は尊敬を呼び起こすことで、我々の本性の崇高さを目の当たりにさせる。(37)

このように、カントにおける「人格性」は価値中立的な概念ではなく、道徳的・宗教的価値を含み、人間を完全性へともたらす役割を担うものであった。この道徳的・宗教的価値観は、確かにキリスト教を基盤に育まれたものである。しかし、人間が生得的に「人格性」への「素質」を与えられ、完全性へと向かっていくというカントの人間理解は、人間の罪の問題が看過されており、あまりに楽観的と言わざるを得ない。

なるほど、カントには「根本悪」という、原罪を思わせる人間理解も見られる。これは先天的に人間が持っている、悪に進もうとする傾向をさすが、人間がこの根本悪を克服して、善へと向かう素質を回復するためには、「心情の革命」が必要だとカントは言う。「心情の革命」はヨハネによる福音書三章に記された、新しく生まれることになぞらえられている。(38)この「心情の革命」を可能にするのは、「神の御子」である。この「神の御子」は、

（我々がこの観念を人格化するならば、）この方ご自身が彼の代わりに、また彼を（実践的に）信じるすべての人の代わりに、代理者として罪責を負い、救い主として苦難と死を通して最高の義を十分に行い、弁護者として、彼らの裁き主の前に義とされて現れるのだと信じることができるようにする(39)

とされており、

この神の御子（人性を受け入れたと表象される限りで）への実践的な信仰において、人間は今や、神の御心にかなうことができるようになることができる（それによって幸いにもなれる）(40)

ので、カントは伝統的なキリスト教の教理を踏襲しているように見えるが、しかしここでイエスの十字架上での死は贖罪の意味を持たない。カントにとって根本悪は「他者によって贖われることができない(41)」もので、人間の「完全な心の変化(42)」を前提しなければ、赦しが考えられないものである。また、復活と昇天は「付録として付け加えられた」もので、「単なる理性の限界内における宗教には用いられない(43)」。したがって「神の子」は、人間が倣うための「善の原理、すなわち人間性」の「例」として、「人間の苦難の最高段階」であるその死によって「道徳性の完全」を描いたということになる(44)。イエスはキリストではなく、他の人間よりも優れた、模範的な人間として扱われている。

同様の主張は『諸学部の争い』（一七九八年）にも見られる。カントにとって「恩寵」とは、イエス・キリストの十字架と復活による恵みを指すものではない。彼は以下のように述べる。

罪（人間の自然本性における邪悪さ）のゆえに、罰を定めた法が（奴隷に適用するかのように）必要となったのだが、恩寵（すなわちこれは、善への根源的素質がわれわれのうちにあるという信仰を通して、そして、神の子において示される、神の意にかなった人間性の実例を通して生まれてくる、この善が発展するという希望である）は、われわれがこれをわれわれのうちではたらかせさえすれば、すなわち、あの聖なる実例に似た生き方を望む心術を能動的にさせさえすれば、われわれ（自由な者としての）のうちでもっと強力になりうるし、また強力になるべきなのである。(45)

つまりカントの言う「恩寵」とは、神が人間に「善への根源的素質」を与えられたということを指している。そしてイエスは「神の意にかなった人間性の実例」であり、人間はイエスに似た生き方を望む「心術を能動的にさせ」、内に与えられた「善への根源的素質」を働かせさえすれば、その善は発展して強力になると考えられている。このような人間観の下では、義認や聖化ではなく人間の努力が問題となる。カントは言う。

それゆえ、聖書の中で、われわれのうちに神聖さを生み出す外的な力にひたすら受動的に身をゆだねることを内容としているように見える箇所は、次の点が明らかになるように解釈されなければならない。すなわち、われわれのうちなる道徳的素質そのものが、あらゆる理性（原因を理論的に探求する場合の）を越えた高みにある起源が神的なものであることを証しており、したがってこの素質をもつことは功績ではなくて恩寵であるけれども、われわれはこの素質の発展にみずから努める必要がある、という点である。(46)

もっとも、カントは義認や聖化の信仰を否定し去るわけではない。

ある人間自身の行いが、その人間自身の（厳しく裁く）良心に照らしてその人間を義と認めるのに十分でない場合、理性は必要とあれば、その人間の義の不足の超自然的補完（この補完が何に存するのかを規定することは理性に許されなくとも）を敬虔に受け入れる権能をもつ。この権能は自明である。というのも、人間がみずからの使命にしたがって（つまり神聖な法に適合して）あるべき姿、これに人間は実際になることもできなければならないのであり、もしそのことが自分の力によって自然的に可能でないなら、外的な神の協力によって（これがどのようなやり方で行われようと）、それが起こるのを希望してよいからである。(47)

つまり、義認や聖化は、カントの思想において位置を持たないわけではないものの、人間の努力にもかかわらず行いが義と認められるのに十分でなかった場合のための補助手段に過ぎないものである。したがって、人間の努力によって完成へと向かうことができるし向かうべきであるというカントの人間観は、根本悪の問題に対しても変わることがない。

キリスト教は超自然的な啓示を含むものであるが、カントの考えでは、誰もがそれを与り知ることができるわけではない。すべての人が近づきうることができるようになるためには、キリスト教は「一般には理性にもとづいていなければならない宗教[48]」なので、義認や聖化に「素質」の発展を基礎づけることはできない。彼はこのようにして、人間が理性を介して理解しうる次元と超越的な次元を区別し、超越的な次元が偶像崇拝や妄想に堕してしまうことを排そうとしたのであるが、その一方でキリスト教を道徳哲学の範疇に解消してしまい、神的なものへの眼差しを閉ざしてしまうこととなった。

日本語の「人格」は、カントのこのような人間理解から、グリーンの倫理学を経由して確立した概念である。そのため、personality に比べて道徳的価値を含んでいるとはいえ、キリスト教信仰の中心的な事柄――復活、昇天、救い、贖罪、義認、聖化――は排除され、むしろ人間の努力や行いの良さに重きが置かれているのではないか。そこに根を持つ日本語の「人格」概念も、人間の罪や悪の問題に対し、非常に楽観的なのではないか。

世界的に謳われている「人格の完全な発展」という教育の目的が、キリスト教だけでなくルネサンスにも根を持つ、ヨーロッパのヒューマニズムの歴史に通じるものとして理解されており、非キリスト教的な意味でも用いられているということは、すでに第2節で述べた。前述のインタビューで、シュトック氏もマイヤー＝ブランク氏も口を揃えて言っていたのは、「人格の完全な発展」という概念は、人間の罪や悪の問題に向き合うことができていないということであった。シュトック氏は「『人格の完全な発展』はキリスト教と両立も矛盾もしうるもので、繰り返し新たな理解の仕方で合意しなければならないものである」と述べ、マイヤー=ブランク氏は「医学が死を考えなければならないのと同様に、教育も罪を考えなければならない」と述べた。

つまり、改正後も教育基本法に残された「人格の完成」という文言を守り、「人格」の教育を大切にし続けようとするとき、日本のキリスト教教育はただこのことばに固執するだけではなく、このことばの内容として含まれるべきキリスト教的価値観を回復し、新たな合意を形成しなければならないのではないか。それはどのようにして可能であろうか。

4 「人格」教育のキリスト教性

「人格」という日本語がもつカント的な人間理解を超えて、「人格」の教育という概念にキリスト教性を見ようとするときに、まず容易に思いつくのは、三位一体の神の位格としてのペルソナと、人間の人格としてのpersonに連続性を求めることであろう。日本では坂口ふみ氏の『〈個〉の誕生』（一九九六年）のような研究もあるが、しかし意外にも、英語圏やドイツ語圏の神学事典や、キリスト教教育学の教科書には、位格と人格に直接的な連続性を認めて教育論を展開する記述が見られることはまずない。その代わりにしばしば取り上げられるのは、Bildungというドイツ語の教育概念である。前述のインタビューでも、シュトック氏とマイヤー=ブランク氏が「人格の完成」の内容を指すものとして共に言及し、注目するように強く勧めたのはBildungという概念であった。

このBildungということばは、第1節で言及したように「陶冶」と訳され、現代では「形成」と訳されることも多い。[49]「教育」を意味することばではあるが、知識や技能だけではなく人格や振る舞いに関わる概念として、英語のeducationやドイツ語のErziehungとは区別される。また、「しつけ」が教え手から学び手へ意図的に一定の期間で行われるものであるのに対し、Bildungは自己に関係してなされるものであり、終わりがない。[50]Bildungは、形成される人間自身が自由に肯定し、受け入れることによって成立するという点で、しつけとも、教化とも、社会化や文化化とも区別される。[51]Bildungとしての教育概念はとりわけドイツ語に特有なものであり、他にはロシア語、ポーランド語といったスラブ語派に見られるのみである。[52]ロマンス諸語や英語など、多くの言語では、ドイツ語のErziehungもBildungも、訳語として同じeducationに相当することばしかない。もちろん、Bildungの意味するところが他の言語で表現できないわけではない。だが、例えば英語ならまずformationと訳され、それから補足説明がなされる必要がある。そうは言っても、Bildungとしての教育がドイツでしか行われていないわけではない。[53]

さらに言えば、ドイツでもBildungということばが一般的に使われるようになったのは、一八世紀から一九世紀のことである。また、一四世紀以前にBildungという言葉が使われた形跡もない。しかし、一四世紀以前、あるいは一九世紀以前にBildungが存在しなかったというわけではない。人間はその遥か昔からからすでに学んでいたし、まさに今日Bildungと呼ばれていることを行っていたのである。ドイツのキリスト教教育学者フリートリヒ・シュヴァイツァー（一九五四年―）が指摘するように、例えば「アイデンティティ」ということばがエリク・エリクソン（一九〇二―一九九四年）によって提唱された概念で、二〇世紀以前の人間には知られていなかったからといって、アイデンティティやそれにまつわる問題が、二〇世紀前には存在していなかったわけではない。事柄が先にあって、概念があとから登場することは稀ではないし、Bildungもそうした概念である。(54)

このBildungという語は、古高ドイツ語bildungaに由来し、最も古くはマイスター・エックハルト（一二六〇年頃―一三二八年頃）など一三世紀のドイツ神秘主義の文書に見られるものである。(55) この単語にはBild（像）ということばが含まれており、以下の聖書箇所に典拠がある。

神は人を自分のかたち［Bild］に創造された。神のかたち［Bild］にこれを創造し（創世記1章27節、［ ］は筆者による）

私たちは皆、顔の覆いを除かれて、主の栄光を鏡に映すように見つつ、栄光から栄光へと、主と同じかたち［Bild］に変えられていきます。これは主の霊の働きによるのです。（コリントの信徒への手紙二3章18節、［ ］は筆者による）

つまり、Bildungという概念は本来、神にかたどって造られた人間の本質を、新しく造り変えられることによって取り戻し、完成し、この世の生において発揮していくという人間形成ないし自己形成を意味していた。Bildungは「人格」ということばを直接には含まないが、内容としてはキリスト教的な「人格の完成」を指していると言えよう。

Bildungがこのような創造論的な語源を持つことから、Bildungとしての教育は、各人に神から与えられた像があるという発想に結びつけられてきた[56]。「それぞれの人間の中に、彼がなるべきものの像があり、人間はそのようになるまでどこか平安ではない」とは、詩人であり東洋学者であったJ・M・フリートリヒ・リュッケルト（一七八八―一八六六年）の教訓詩「ブラーマンの叡智」（一八三六―一八三九年）の一節とされているが、さらに神秘主義的詩人アンゲルス・シレジウス（一六二四―一六七七年）にまで遡りうるものである[57]。こうした経緯から、ドイツの実践神学者ライナー・プロイルは、Bildungを「個人という場において、人間存在の使命が実現化すること」[58]であると述べている。つまり、Bildungは各人が神から与えられた召命に従って生きることであるとも言える。

ドイツのみならずヨーロッパでは、様々な概念がキリスト教的背景を持つことが当然視されているため、こうした経緯について改めて考察される必要性がほとんど顧みられなかった。今日でも教育学の権威とされている教育理論の概念が、神学に依拠しない現代的なものであっても、無言のうちにキリスト教的人間観を前提としている。シュヴァイツァーの考察によれば、創世記1章は教育について明確に言及したものではないにもかかわらず、この人間論がなければ、今日のような仕方でBildungを概念化することはできなかった[59]。例えば、すべての人間が神にかたどって造られていることから、Bildungはすべての人間の権利として理解されることができるようになった。また、創世記1章27節に「神のかたちにこれを創造し、男と女に創造された」とあるように、Bildungは関係的、コミュニケーション的に理解されるようになった。これは単なる個人（Person）の教育を超えるものである。さらに、神の像の回復、主と同じ姿に造りかえられることから、Bildungはしつけや社会化、学習とは異なった、常に今ある自己を超えていく超越性を帯びることになった[60]。そして、この創造信仰は、人間の限界をも常に意識している。創世記4章までに、神との関係、他者との関係、自分自身との関係の脆さが明らかになる。それは教育可能性を示すだけでなく、人間の罪の問題をもBildungの射程に入れるのである[61]。

ところで、神の像の回復や聖化を教育という行為の結果として理解しようとする試みには、非キリスト者のみならずキリスト者からも反論が上がるであろう。これでは人間の可能性を不適切に理想化することになってしまう。人間を完成させることができるのは神ご自身だけである[62]。教育は成長や発展、進歩を目標とするので、生涯「義とされた罪人」にとどまり続けるという宗教改革的人間理解を損なってしまうという批判も考えられよう。

ドイツのキリスト教教育学者カール・エルンスト・ニプコウ（一九二八―二〇一四年）はしかし、「恵みのみによる義認は、成長という観点を通して侵害されない[63]」と言う。ここでは、組織神学者ゲアハルト・エーベリンク（一九一二―二〇〇一年）によって見出された、宗教改革者マルティン・ルター（一四八三―一五四六年）のcoram deo（神の前で）とcoram hominibus（人々の前で）の区分が有効である。すなわち、人の目に人間がいかに成長しようとも、人間が持っている何かがその人を神の像にするのではないし、それは聖化ではない[64]。その人が神によって日毎に赦され、日毎に受け入れられ、根底から全く新しく創造されるという根本的な信仰の認識は変わることがない。もちろん、人間の発達は否定し得ないが、それは信仰の理解や信仰の表現の変化として現れるものである。子どもは子どもなりに信仰の事柄を理解し、自分の信仰を表現することができる。確かに大人になるにつれて理解できることが増え、深まり、信仰の表現の仕方も広がるであろうが、神の目には、大人の信仰の方が子どもの信仰よりも優れているわけではない(65)。

聖化とBildungを関連づけて論じる神学者たちは、必ずしも教育の成果が、聖化の経験的な実現として現れると考えてはいない。キリスト教教育学者ゲアハルト・ボーネ（一八九五―一九七七年）は、人間が神の像へと造られたということと、現実には人間が神の像として生きることを習得できていないということの緊張の中で持ちこたえることが決定的であると考えている(66)。また、現代の組織神学者ヴィルフリート・ヘルレは、「人間における何かが彼を神の像にするのではなく」、「神との対立と神との関係全体における実存が」彼を神の像にすると述べている(67)。この発言の背景には、旧約学者クラウス・ヴェスターマン（一九〇九―二〇〇〇年）の創世記1章27節についての考察がある。すなわち、「神は人を自分のかたちに創造された」というのは人間についてではなく、神の行為についての言葉である。この行為は人間自身の質を造るものではなく、神と人との間の出来事を可能にするものである。人間は、自らの人間としての存在を、神との関係の中で発展させることができるのである(68)。さらに、キリスト教教育学者ベルント・シュレーダーは、人間が神の像へと定められていること、その可能性が約束されていることが人間に尊厳を与える（創世記1章27節、5章1節、詩編8編）が、それはただ破れた仕方でのみ（創世記3章、ローマの信徒への手紙3章23節）実現しており、終末において（イザヤ書65章17―25節、ダニエル書12章3節、ローマの信徒への手紙8章17―39節）実現されるもの、またすでにイエス・キリストにおいて（コリントの信徒への手紙二5章17節、コロサイの信徒への手紙1章15節）実現しているものであると述べている(69)。約束と実現の間のこの緊張の中で、キリスト教教育における人間は描写されるべきである。

このことと並んで、義認と聖化の間の緊張も考慮に入れられるべきである。神によって義とされていることと、義しい者となることの間の緊張は、例えばローマの信徒への手紙8章やエフェソの信徒への手紙4章以下にも描かれている。ただしこの緊張は、両者が分離していることを意味するものではない。ヘルレによれば、義認とは神によって人間が反事実的に義とされることではないし、聖化とは本人の関与なしに魔術的に変化させられることではない。義認によって、人間は自らの生の価値と意味を与えられ、それを通して人間は人間自身になるのである。ただし、このことはあらゆる経験的な実現に先立つ召命の事柄であって、人間に与えられた約束と現実の人間の姿との間の不一致は残り続けるのである[70]。

5 「人格の完成」を守るために

このようにBildungを義認や聖化と結びつけて語る際の困難の一つは、本来の聖書的な意味でのBildungが受洗者においてのみ可能なのではないかと思われる点にある[71]。現実には日本のキリスト者は人口の一パーセントにも満たないにもかかわらず、日本の就学率は一〇〇パーセントであり、現に様々な学校で教育が行われている。家庭教育も、地域における教育もある。教育が信仰に根拠づけられていなければならないのであれば、教育を受ける者はみな洗礼を受けていなければならないのか。それではあまりに非現実的ではないか。

組織神学者エーバーハルト・ユンゲル（一九三四―二〇二一年）の言葉のとおり、「人間は、神なしに人間であることができる」。ユンゲルは、われわれが「神のこの世的な不必要性」を承認しなければならないと言う。しかしまた同時に、神は「必要以上」であるということが主張されるべきであるとも彼は述べている[72]。人間は、自分に神が必要であると自覚することができない。むしろ神と出会って初めて、自分がいかに救われるべき人間であるかを知るのである。伝道は、人間の必要に迫られてなされるわけではない。また、個人の回心は重要な事柄であるが、伝道はそれにとどまるものではないし、まして改宗者獲得主義に陥るものでもない。キリスト教信仰は私的な事柄であるのみでなく、社会において意識されていない、覆われ隠されている次元にも関係している[73]。したがってキリスト者と教会の責任は、社会や文化の形成への参与にまで及ぶものである[74]。現代の社会を構成している「人権」や「自由」、「平等」、「寛容」のような概念がキリスト教に根を持っているのと同じように、すべての人が教育を受ける権利も、キリスト教に由来している[75]。こうしたことは通常意識されないし、意識しなかったからといって社会が立ち行かなくなるわけでもない。しかし、教育の基盤が社会において単に意識に上らないことと、社会全体が教育の基盤そのものを失ってしまうこととは、明らかに異なる。キリスト者と教会は、この点においても世において神に奉仕しなければならない。

しかし現代の教育学は、キリスト教をはじめとする宗教的信念や世界観に導かれることを望まないのではないか[76]。神学のみならず哲学によっても古くから、また近代以降は生物学や脳科学などの科学によっても、人間、また人間であることについての見解が提供されている。

実際には、教育がキリスト教を必要としているかどうかという問いに対する答えは、二つに分かれている。教育にキリスト教は不要であるという立場にたつ代表的な人物として、古典的には新人文主義者ヴィルヘルム・フォン・フンボルト（一七六七―一八三五年）を、現代では教育学者ヴォルフガンク・クラフキー（一九二七―二〇一六年）や教育史家ハインツ＝エルマー・テノルトを挙げることができる。彼らにとって神学が提供しようとする「形而上学的な仮定」や「ユートピア的な期待」[77]、神学的な人間論や教育論は「取るに足りない厄介なお荷物」にすぎず、実際にはすっかり捨て去ってしまって良いものである[78]。例えばテノルトによれば、一般教育が意味しうるのは結局「最低限の教育をすべての人に保証することと、同時に学習能力の修養を開放すること[79]」の二つしかないという。このように理解するならば、宗教的な人間論も教育論もなしに教育が成り立つように思われるかもしれない。しかしシュヴァイツァーによれば、事情はそう単純ではない。というのは、「最低限の教育」とは「われわれの社会におけるすべての青少年が学ぶために何が必要かつ不可欠か[80]」という問いに対する明確な答えに基づいてのみ決定できるものであるし、「学習能力」が何を意味するのか、どのような条件下で「学習能力がある」と言えるのかを明らかにするにもまた、人間論に依存しなければならないからである。「最低限の教育」にせよ、「学習能力」にせよ、ただその都度有用と考えられているものを根拠として、単に実用的な考察に基づいてのみ定義することはできない。結局は、包括的な問いに直面せざるを得ないのである[81]。

Bildung に宗教性を不要とする立場においても、この断片性や、脆さや、疑いの可能性が見落とされているわけではない。例えば、今日の代表的な哲学者ディーター・ヘンリヒ（一九二七―二〇二二年）もそれを指摘した[82]。かと言って、その克服がなされているわけでもない。シュレーダーによれば、人間が人格形成をし主体となっていくことは、前述のエリクソンにおいては「歴史的に偶然的な現象」であり、一貫してキリスト教を否定したアルベール・カミュ（一九一三―一九六〇年）の哲学においては、「克服が期待され得ない原理的な境界づけの表現」として理解されているという[83]。

つまり、神学的人間理解における Bildung とは、終末においてのみ完成されるものであるゆえに、現実に行われている教育に適用できないのではないかと一見したところでは思われるが、むしろ非神学的人間理解における Bildung こそ、終末における完成の約束はもちろんのこと、現実に完成する保証を得ることもできないのである。さらに、神の像に代わる目標も不確かである。また、召命という視点も顧みられるべきである。Bildung の目的は、神から与えられた神の像の回復・実現であるから、どのように生き仕えるべきかを、他者によって決められることができないし、また自分自身で好きなように造り出すこともできない。人間は人間形成の過程の中で、自分の可能性と限界を知ることを繰り返しつつ、与えられたものを発見して習得するのである[84]。

ニプコウの指摘によれば、Bildung についての現代の非神学的理論は、自由な人間像を目指して宗教性からの解放を志したにもかかわらず、否、むしろそのために、人間に不当な要求をしてしまっている[85]。人生は、人間の意のままにはならないものである。その中で人間は、自分自身や他者の価値を見出し、意味づけをし、方向づけをしなければならない。こうした Bildung から宗教的次元が失われると、しつけ、学習、教化といった意味での教育は損なわれる。すなわち、教育は勝者と敗者をより分けるプロセスに変貌し、人間の価値や人生の意味は業績や地位で決まってしまうようになるからである。本来は、人生とうまく折り合っていけない人にも神によって価値と意味が与えられており、人間はこうして神から与えられた生き方を確信できているからこそ、そのために様々なことに意欲を持って挑戦できるはずなのであるが、逆に自己価値を確立するために様々なことに挑戦しなければならなくなるという転倒が起こる(86)。

人間は、自分を自分で決定することができない、被制約的な存在である。プロイルも、人間の存在と人間の行方についての問いや、教育と教育プロセスには、「まさにわれわれが選んだり作ったりしたのではなく、われわれを決定し形成したもの、永続的に決定し導くものが属している」と述べている。したがって、人間が「自らを完全に自由に設計し実現することが、自立した主体としての人間に委ねられている」かのような考えは、「非現実的で幻想的なものとして、否定されなければならない(87)」。プロイルは「自己決定としての教育、あるいは自己決定への教育」という強調された過大評価から教育を解放し、「現実的な基礎」の上に置くために、神学が役立つと考えている。それどころか、神学的な問題に関わろうとしない教育論を、「自己決定の条件と限界を視野に入れずに」人間が自由を行使することを語るものとして批判するのである(88)。

他方、教育がキリスト教を必要としているという立場には、ヘルムート・ポイカート(89)やプロイルのような実践神学者やキリスト教教育学者、ヴィルヘルム・フリットナー（一八八九―一九九〇年）のように神学に造詣が深い教育学者だけでなく、ディートリヒ・ベンナー(90)、ユルゲン・エルカースといった一般の教育学者も属している。この場合、キリスト教についての知識を教えるという意味でのキリスト教（ないし宗教）教育が欠けてはならないというよりも、教育の可能性そのものをキリスト教的次元に根拠づけることが重要である。神学に関しては、教育というテーマは、キリスト教教育の分野にのみ関わる専門的な事柄と見なされるものでは決してない[91]。キリスト教教育は教育という包括的概念の中の特殊で小さな一分野であるかに思われるが、実際にはキリスト教的な人間観が教育という営みそのものの基盤をなすと考えることができよう[92]。

Bildung としての教育概念は、神学的な出自を持つものでありながら、同時に現代の教育一般の課題を言い当てている。例えば、現在各国で実践されている「生涯学習」を提唱したのは、ユネスコの成人教育長を務めたフランスの教育思想家ポール・ラングラン（一九一〇―二〇〇三年）であったが、彼はこの概念の原点を示したワーキングペーパー「永遠の教育」（一九六五年）の中で、教育の真の意義について、「全生涯を送るにあたって充分な知識と技術の蓄え」を与えることではなく、「人生における様々な経験を通して常に一層自分自身となっていく存在というものの発展」に寄与することであると述べている[93]。また、フランスの政治家エドガール・フォール（一九〇八―一九八八年）は、「フォール報告」と呼ばれる生涯学習に関するレポート「未来の学習」（一九七二年）において、変化の激しい社会の中で、人間が人間らしさとしてのアイデンティティを回復するために生涯にわたって学び続けるべきであることを提案している[94]。もし教育がこのように自分自身を発見し、自分自身を回復し、自分自身になっていくための生涯にわたるプロセスであるべきならば、神から与えられた像を追求し、それを回復し、神の像へと造りかえられていくという Bildung の概念は、この教育論の宗教的な根拠となる。

聖化との関連では、人間の発達は決して完成に到達しないということも指摘されるべきであろう。一般的な教育心理学の諸理論は、人間の自然的成長や、教育や学習による発達を前提としているので、神による成長や聖霊による完成を前提とするキリスト教的人間観にはなじまないと思われるかもしれない。ところが、発達心理学が明らかにしているのは、人間は年齢を重ねても成熟し完成することはなく、生涯のそれぞれの時期において克服すべき課題を負っているということであった。エリクソンや心理学者ダニエル・レヴィンソン（一九二〇―一九九四年）の「ライフサイクル理論」は、人間の発達を階段状の段階ではなく「円環」ないし「螺旋」として捉えるものである。つまり、人間の発達とは階段状の段階を経て最終的に完成するものではなく、生涯にわたって円環をなす、もしくは一定のサイクルを繰り返すという理論である。人間が自分自身になっていくプロセスは一生涯にわたり、完成がないということと、聖化が生涯にわたって続くものであり、その完成は終末の事柄であるということとは、両者の人間理解に重大な不一致があるにもかかわらず、不思議と一致している[95]。

ベンナーはテノルトが拒否した人間学・歴史哲学を基盤に教育を理解しているが、しかし特にキリスト教をはじめとする宗教の擁護者というわけではない。それでも、彼の教育論が神学的考察を必要としているのは、人間が「……歴史性と言語に規定されている[96]」からである。確かに人間の「自己決定」は「自由に考えられ、もたらされなければならない」けれども[97]、しかしこの自由は「歴史的な自由」であって、「現在、過去、未来と人間との関係として」把握されている[98]。人間の自己決定はその意味で有限なものでしかなく、さらに大きな人間、人間の歴史、世界全体の決定がある。それゆえベンナーは、「神的な『意味それ自体』、そこから可能になる人間同士の連帯（『愛』）、この両者から生まれる『希望』という信仰の三つの次元[99]」を教育の前提とするのである。

奇しくもこの教育観は、ヴォルフハルト・パネンベルク（一九二八―二〇一四年）が神学的文脈の中ですでに語っていたものであった。彼によると「世界の全体性という観念」は、「個人の存在の可能的な全体性にとって不可欠である」。そしてこのような全体性は、神の実在に対応する宗教的な考えである。この実在は「世界の全体性にとっても個人の存在にとっても、根本的」なものだからである[100]。

このように、人間とは何か、人間はどうあるべきかという問いは、常に神学的な答えを導き出すことになる。人間と人間の定義は、必ずしも神学的な用語で理解されなければならないわけではないかもしれない。確かに神学的でない選択肢もあるであろう。ただ、シュヴァイツァーが結論づけているように、「神学がこの種の究極的な問題を扱うための概念や理論的可能性を持っていることは間違いない」[101]。非キリスト者にとっても、神学は教育理解についての対話の相手となりうるのである。この点では、哲学者ユルゲン・ハーバーマスが「世俗的な側であっても、宗教的な言語の表現力に対する感覚を」[102]保持すべきであると述べていることも、想起されるべきである。

Bildungはこのように神学的な内容を明確に持ちながら「人格の完成」の内容を満たすものであるが、この概念からキリスト教的要素が抜け落ちることは実に容易に起こる。例えば、『ヴィルヘルム・マイスターの修行時代』などの「教養」小説（Bildungsroman）で知られるヨハン・ヴォルフガング・フォン・ゲーテ（一七四九―一八三二年）において、Bildungは人間の中に萌芽的に備わったものを発展させるという、非聖書的な用法へと変化している。さらにユダヤ人哲学者モーゼス・メンデルスゾーン（一七二九―一七八六年）においてBildungは、工芸や習俗における洗練や美や熟達、傾性や趣味を指す「文化」（Kultur）と、これを理性認識や人間の使命にまで高めることを指す「啓蒙」

（Aufklärung）とに区別された[103]。そしてベルリン大学の創設者であるヴィルヘルム・フォン・フンボルト（一七六九―一八五九年）に至って、Bildung は「形式陶冶[104]」、「教養」の意味をもつこととなり、神の像の完成としての Bildung 概念はすっかり後退していったのである[105]。フンボルトは日常生活の物質的な利害にとらわれない人間形成としての Bildung を目指して教養施設（Bildungsanstalt）としての大学を構想し、一八一〇年にベルリン大学を創設したが、その理念は長くは続かなかった。同じ一九世紀前半にプロイセンで起こった工業化のため、フンボルトが嫌った「パンのための学問」（フリードリヒ・フォン・シラー）を扱う工科大学や商科大学が設立され、さらに博士号授与権を獲得するに至ったのである。ベルリン大学自体も、現実に学生たちが官僚や医者や聖職者になることを目的にやってくるため、官僚養成機関としての役割を求められ、「若者たちに国家および教会の高級の職務に就くための能力を身につけさせること」という実用的・功利的な目標を規約に謳うこととなった[106]。その結果拡大したプロイセンの教養市民層は、フリードリヒ・ヴィルヘルム・ニーチェ（一八四四―一九〇〇年）によって「教養」俗物（Bildungsphilister）と称された。フンボルトの理念はむしろ一九世紀のアメリカで生かされ、大学で一般教養を学んだのち大学院で専門的・実用的な学問をするというスタイルができあがった[107]。戦後日本における一般教養や教養課程はこうしたアメリカの大学に範をとったものであったが、学生にとって興味のない科目を無理に取得させる不評な組織ともなったため、大学設置基準が大綱化した一九九一年以降、一般教育科目が多くの大学で廃止されたり、教養部が改組されたりすることとなった。キリスト教的基盤なき Bildung が功利主義に勝利して持ちこたえることがいかに困難であるかという事例は、歴史上枚挙にいとまがない。

シュヴァイツァーも指摘しているように、現在もその都度の社会的ニーズを満たすものが教育目標にされるという危険が、繰り返し生じている。今日よく用いられる用語では、「スキル」、「エンプロイアビリティ」、「アントレプレナーシップ」などを挙げることができるであろう。「その基準を完全に社会的必要性に見出している職業教育（Ausbildung）は、啓蒙主義時代以来、功利主義的理論によって発展してきた」。その結果、教育は「結局は無駄な善や美との関わりをもつ代わりに、実際的な生活で本当に必要とされている能力や技能に集中すべきである」と考えられる傾向がある。シュヴァイツァーはこうした傾向を問題視する。なぜなら「このような視点に立つと、教育が完全に外的な人間に限定されてしまうおそれがあるからである。必要とされる能力や技能さえ呼び出せれば、人物や人格はもはや重要ではない。むしろその人物は、望ましい作業能力のいわば人気のある担い手となる」[108]。こうした社会の傾向に対してキリスト教教育は、能力や技能だけでなく人間の内面にまで関わる「人格教育」を重視し、主張し、実践してきた。ところが今や、協調性や積極性など、個人の内面に関わる性格特性や姿勢までもが「就業能力」として評価されてしまう。キリスト教教育であっても功利主義的な価値観に、無意識のうちにあるいは意識的に、絡め取られる可能性は常にあると言えよう。

教育は現実的な問題である。一人ひとりが気質や適性にふさわしい仕方で成長できるように配慮されると同時に、周囲や社会からの希望や期待、要件によっても決定されることは避けられない。実利的な思考を避けることはできないが、それによって疲弊してはならない。人間とは何か、どう生きるべきかという問いを、個人的な発達や社会的な必要性についての変わりやすい認識だけに委ねないためには、「人格の完成」がもつキリスト教的な意味を意識化し、実践するキリスト教教育の担い手が重要である。[109]

注

（1）佐古純一郎『近代日本思想史における人格概念の成立』（朝文社、二〇〇九［一九九五］年）三五六頁。
（2）佐古、二一二頁。
（3）佐古、二一一—二一二頁。植村正久「基督教裨論」（一八八六年）『復刻版六合雑誌』第六巻、不二出版、一九八六年、四五二頁。
（4）佐古、二二一—二二三頁。森田久萬人「哲学ノ目的及範囲附哲学之彙類」（一八八七年）『復刻版六合雑誌』第七巻、不二出版、一九八六年、一一六頁。岸本能武太「有神略説」（一八八七年）『復刻版六合雑誌』第七巻、二二三、二二五頁。
（5）Kyoko Inoue, *Individual Dignity in Modern Japanese Thought: The Evolution of the Concept of Jinkaku in Moral & Educational Discourse*（Ann Arbor: The University of Michigan, 2001）, pp. 25-26.
（6）佐古、一七—一八頁。
（7）佐古、一九頁。
（8）佐古、五〇—七六頁。
（9）Inoue, pp. 24-26.

(10) 佐古、五六、六一―六二頁。Inoue, p. 25.

(11) 佐古、一九―二〇頁。神学士某「神と宇宙の関係其二」（一八九〇年）『復刻版六合雑誌』第一〇巻、不二出版、一九八六年、五一四―五一五頁。

(12) 佐古、二六頁。

(13) 佐古、一〇七―一〇九頁。

(14) 例えば中島は一九〇一年に『教育学術界』誌に「人格とはなんぞや」という論文を発表している。井上哲次郎『井上哲次郎自伝』（冨山房、一九七三年）三一―三二頁。佐古、一三―二〇、二四―二五、三〇―三一、一三四頁。

(15) 田中智志『人格形成概念の誕生――近代アメリカの教育概念史』（東信堂、二〇〇五年）五頁。ただし、カントが理性と感情を峻別するのに対し、グリーンは人格全体の実現を念頭に置いていた。

(16) 中島半次郎『人格的教育学の思潮』（同文館、一九二七［一九一四］年）二二一頁。田中『人格形成概念の誕生』前掲五頁。

(17) 篠原助市「最近の教育理想」、『批判的教育学の問題』（宝文館、一九二二［一九一八］年）二二頁。

(18) 田中『人格形成概念の誕生』前掲六頁。

(19) John Dewey, Democracy and Education, in: *The Collected Works of John Dewey, Middle Works, Vol.9*, Southern Illinois Univ Press, 1996［1916］, pp. 118, 128. 帆足理一郎『教育哲学概論――民本主義と教育』（洛陽堂、一九二一年）一五頁。

(20) 野尻英一「J・デューイ倫理学における進化論の受容について」『人文論選』六号所収（早稲田大学文学部人文論選刊行会［編］、一九九七年）六頁。

(21) 田中智志「『人格の完成』の思想的含意―何が『パーソン』と呼ばれるのか―」、平和政策研究所、二〇一八年、三頁。

(22) 日本近代教育史料研究会編『教育刷新委員会・教育刷新審議会 会議録 第六巻 第一特別委員会、第二特別委員会』(岩波書店、一九九五年)三―一五頁。杉原誠四郎『教育基本法の成立―「人格の完成」をめぐって―』(文化書房博文社、二〇〇三［一九八二］年)一二二、一二九頁。

(23) 同上。

(24)『教育刷新委員会・教育刷新審議会 会議録 第六巻』八三頁。杉原『教育基本法の成立』前掲一三〇頁。ここで天野が「開発」ということばを用いたのは、Bildungではなく Erziehungや educatingを念頭においてのことであった。また、「人格」ではなく「人間性」という表現を用いた背景には、規範的な概念ではなく具体的・肉体的な人間全体を表すという意見があった(杉原『教育基本法の成立』一三一―一三二頁)。

(25) 田中耕太郎『教育基本法の理論』(有斐閣、一九六一年)八一、八二頁。

(26) 杉原『教育基本法の成立』前掲一五九―一六一頁。

(27) 国連極東委員会文書 FEC101/23 1947.3.27.

(28) 国連人権委員会文書 E/CN4AC/2/SR 1947.12.10. 教育基本法が公布されたのが一九四七年三月三一日であり、世界ユダヤ人会議の発言が同年一二月一〇日である。

(29) 杉原誠四郎『教育基本法―その制定過程と解釈(増補版)』(文化書房博文社、二〇〇二年)四七二―四七四頁。

(30) 井上敏博「世界人権宣言の教育条項の歴史的意義―制定過程に関する一考察―」『城西国際大学紀要』第一六巻第一号(二〇〇八年)九八頁。

(31) Cf. Eilert Herms, Art. Humanität, in: Theologische Realenzyklopädie Bd. 15, Berlin, 1986, S. 663.

（32）杉原『教育基本法』前掲四七九―四八二頁。
（33）Immanuel Kant, Grundlegung zur Metaphysik der Sitten, Hamburg, 1999 [1785], A430. イマヌエル・カント（中山元訳）『道徳形而上学の基礎づけ』（光文社古典新訳文庫、二〇一二年）一四〇頁参照。当時のヨーロッパでは、人間の完全性を論じる風潮があり、カントの人格概念もこれを踏まえて生まれたものである（Niklas Luhmann und Karl E. Schorr, Reflexionsprobleme im Erziehungssystem, Frankfurt am Main, ²1988）。
（34）Immanuel Kant, Die Religion innerhalb der Grenzen der bloßen Vernunft, Hamburg, 2003 [1793], A28. ［ ］は筆者による。イマヌエル・カント（北岡武司訳）「たんなる理性の限界内における宗教」『カント全集10』（岩波書店、二〇〇〇年）三七頁参照。
（35）Immanuel Kant, Kritik der praktischen Vernunft, Hamburg, 2003 [1788], A162. ［ ］は筆者による。
（36）Kant, Kritik der praktischen Vernunft, A122.
（37）Kant, Kritik der praktischen Vernunft, A87. ［ ］は筆者による。
（38）Kant, Die Religion innerhalb der Grenzen der bloßen Vernunft, A47. カント「たんなる理性の限界内における宗教」前掲六三頁参照。
（39）Kant, Die Religion innerhalb der Grenzen der bloßen Vernunft, A74. カント「たんなる理性の限界内における宗教」前掲九八―九九頁参照。カントは「イエス」や「キリスト」ということばを用いない。
（40）Kant, Die Religion innerhalb der Grenzen der bloßen Vernunft, A62. カント「たんなる理性の限界内における宗教」前掲八一頁参照。
（41）Kant, Die Religion innerhalb der Grenzen der bloßen Vernunft, A72. カント「たんなる理性の限

界内における宗教」前掲九六頁参照。

(42) Kant, Die Religion innerhalb der Grenzen der bloßen Vernunft, A76. カント「たんなる理性の限界内における宗教」前掲一〇二頁参照。

(43) Kant, Die Religion innerhalb der Grenzen der bloßen Vernunft, A128.

(44) Kant, Die Religion innerhalb der Grenzen der bloßen Vernunft, A82.

(45) Immanuel Kant, Der Streit der Fakultäten in drei Abschnitten (1798), in: Kants gesammelte Schriften. Hrsg. von der Königlich Preußischen Akademie der Wissenschaften, Bd. V, Berlin, 1917, S. 43. インマヌエル・カント（角忍、竹山重光訳）「諸学部の争い」『カント全集18』（岩波書店、二〇〇二年）六〇頁。

(46) Ebd. 同上。

(47) Kant, Der Streit der Fakultäten in drei Abschnitten, S. 43f. カント「諸学部の争い」六〇―六一頁。

(48) Ebd. カント「諸学部の争い」六二頁。

(49) この概念に関して、以下の議論については、拙論「福音による変革と形成―それは教育になしうるか」、東京神学大学総合研究所『伝道と神学8』、二〇一八年、一六五―一七八頁、「福音による人間形成」、東京神学大学神学会『神学』八二号、二〇二〇年、一〇九―一二七頁、「教育が教育であるために（8）」、東京神学大学神学会『神学』八五号、二〇二三年、一一三―一二五頁を参照されたい。

(50) Bernd Schröder, Religionspädagogik, Tübingen, 2012, S. 214.

(51) Reinhart Koselleck, Einleitung - Zur anthropologischen und semantischen Struktur der Bildung, in: ders., hrsg. Bildungsbürgertum im 19. Jahrhundert. Teil II: Bildungsgüter und Bildungswissen, Stuttgart, 1990, S. 14-15; Wilfried Härle, Christlicher Glaube in unserer Lebenswelt. Studien zur

Ekklesiologie und Ethik, Leipzig, 2007, S. 64f. Friedrich Schweitzer, Bildung, Hrsg. von Christoph Auffarth, Irene Dingel, Bernd Janowski, Friedrich Schweitzer, Christoph Schwöbel und Michael Wolter, Theologische Bibliothek Band II, Neukirchen-Vluyn, 2014, S. 26.

（52）Eugen Lemberg, Das Bildungswesen als Gegenstand der Forschung, Heidelberg, 1963, S. 33f.

（53）Vgl. Schweitzer, S. 28-29. 英語圏ではpersonalityよりもcharacterが道徳的・宗教的価値を含む語として用いられるようになった。前述の田中智志『人格形成概念の誕生』は、character formationとしての「人格形成」についての研究である。それによれば、characterも日本語の「人格」と同様に、救済の自己決定性を含意するようになり、本来のキリスト教とは矛盾するような競争志向に飲み込まれていくこととなった。

（54）Schweitzer, S. 23.

（55）Josef Quint, Einleitung, in: Josef Quint (hrsg. und übers.), Meister Eckhart, Deutsche Predigten und Traktate（Diogenes Taschenbuch 20642）, Zürich, 1979, S. 48.

（56）Härle, Christlicher Glaube in unserer Lebenswelt, S. 64.

（57）Ebd.

（58）Reiner Preul, Art. „Bildung IV“, in: Hrsg. von Hans Dieter Betz, Don S. Browning, Bernd Janowski, Eberhard Jüngel, Religion in Geschichte und Gegenwart Handwörterbuch für Theologie und Religionswissenschaft, Bd. 1, Tübingen, 1998, Sp. 1583.

（59）Schweitzer, S. 11, 26.

（60）Schweitzer, S. 31-33.

（61）Schweitzer, S. 46.

（62）Schweitzer, S. 14.
（63）Karl Ernst Nipkow, Grundfragen der Religionspädagogik, Bund 3: Gemeinsamen leben und glauben lernen, Gütersloh, ^{3}1992, S. 105f.
（64）Wilfried Härle, Dogmatik, Berlin/New York, 1995, S. 435.
（65）Nipkow, S. 106. なお、この議論については拙論「キリスト教教育における贖罪論」東京神学大学総合研究所『伝道と神学10』、二〇二〇年、一四一―一五五頁を参照。
（66）Vgl. Schröder, S. 222.
（67）Härle, Dogmatik, S. 435.
（68）Claus Westermann, Genesis, I. Teilband [BK AT I], Neukirchen-Vluyn, 1974, S. 214, 217f.
（69）Schröder, S. 223.
（70）Härle, Christlicher Glaube in unserer Lebenswelt, S. 65f.
（71）Härle, Christlicher Glaube in unserer Lebenswelt, S. 69-71.
（72）Eberhard Jüngel, Gott als Geheimnis der Welt: zur Begründung der Theologie des Gekreuzigten im Streit zwischen Theismus und Atheismus, Tübingen, ^{5}1986 [1977], S. 24, 30.
（73）Härle, Christlicher Glaube in unserer Lebenswelt, S. 67.
（74）Schröder, S. 224.
（75）Schröder, S. 225. なお、この議論については、ルターに関して拙論「ルターの教育改革とその現代的意義」東京神学大学総合研究所『伝道と神学7』、二〇一七年、九九―一一三頁、コメニウスに関して拙論「教育が教育であるために（1）」東京神学大学神学会『神学』七五号、二〇一三年、三一一―三三〇頁参照。

(76) Schweitzer, S. 13.
(77) Schweitzer, S. 153.
(78) Ebd.
(79) Heinz-Elmar Tenorth, Alle alles zu lehren: Möglichkeiten und Perspektiven allgemeiner Bildung, Darmstadt, 1994, S. 166.
(80) Tenorth, S. 168.
(81) Schweitzer, S. 154-155.
(82) Dieter Henrich, Denken und Selbstsein. Vorlesungen über Subjektivität, Frankfurt, 2007.
(83) Schröder, a.a.O., S. 235.
(84) Härle, Christlicher Glaube in unserer Lebenswelt, S. 64-65; Schweitzer, S. 30-31.
(85) Nipkow, S. 47.
(86) Härle, Christlicher Glaube in unserer Lebenswelt, S. 66f.
(87) Reiner Preul, Evangelische Bildungstheorie, Leipzig, 2013, S. 174-175.
(88) Preul, Evangelische Bildungstheorie, S. 166.
(89) Helmut Peukert, Praxis universaler Solidarität. Grenzprobleme im Verhältnis von Erziehungswissenschaft und Theologie, in: Hrsg. von Edward Schillebeeckx, Mystik und Politik. Theologie im Ringen um Geschichte und Gesellschaft, Mainz, 1988, S. 172-185.
(90) Dietrich Benner, Allgemeine Pädagogik. Eine systematisch-problemgeschichtliche Einführung in die Grundstruktur pädagogischen Denkens und Handelns. Weinheim/Basel ^{8}2015 [1987]; ders., Bildung und Religion: Nur Einem Bildsamen Wesen Kann Ein Gott Sich Offenbaren, in: Hrsg. von

Hans-Georg Ziebertz, Friedrich Schweitzer, Rudolf Englert und Ulrich Schwab, Religionspaedagogik in Pluraler Gesellschaft Band 18, Paderborn, 2014.

（91）Schweitzer, S. 15–16.

（92）シュレーダーはこのことを「主体化を下塗りする（キリスト教的）宗教性」と呼んでいる（Schröder, S. 237–239）。

（93）Paul Lengrand, *Introduction à l'éducation permanente*, Unesco, 1970, p. 45. ポール・ラングラン（波多野完治訳）『生涯教育入門　第一部』全日本社会教育連合会、一九八四年参照。

（94）Edgar Faure et al., *Apprendre à être*, Unesco-Fayard, 1972. ユネスコ教育開発国際委員会（国立教育研究所内フォール報告書検討委員会訳）『未来の学習』第一法規、一九七六年。この報告書の原題は、「存在することを学ぶ」を意味する。

（95）聖化は個人の完成にとどまらず、神の国の完成における事柄であるが、エリクソンも *The life cycle completed*, Norton, 1982（エリク・エリクソン［村瀬孝雄・近藤邦夫訳］『ライフサイクル、その完結』みすず書房、一九八九年）において、個人のみならず人類の成熟について語っていることは興味深い。

（96）Benner, Allgemeine Pädagogik, S. 56.

（97）Benner, Allgemeine Pädagogik, S. 29.

（98）Benner, Allgemeine Pädagogik, S. 30.

（99）Benner, Thesen zur Bedeutung der Religion für die Bildung, in: ders., Studien zur Theorie der Erziehung und Bildung. Pädagogik als Wissenschaft, Handlungstheorie und Reformpraxis. Band 2, Weinheim/München, 1995, S. 186–187.

（100）Wolfhart Pannenberg, Gottebenbildlichkeit und Bildung des Menschen, in: Theologica Practica 12, 1977, S. 268-269.

（101）Schweitzer, S. 157.

（102）Jürgen Habermas, Glauben und Wissen. Friedenspreis des Deutschen Buchhandels 2001, Frankfurt/Main, 2001, S. 22.

（103）Moses Mendelssohn, Über die Frage: Was heißt aufklären? In: Gesammelte Schriften. Jubiläumsausgabe. Bd. 6, 1. Stuttgart, 1981, S. 115.

（104）単に知識を教え込むこと（実質陶冶）ではなく、その知識を使いこなすための思考力、記憶力、推理力、想像力などをつけること。

（105）Friedrich Wilhelm Christian Karl Ferdinand Freiherr von Humboldt, Werke in fünf Bänden, in: Hrsg. von Andreas Flitner und Klaus Giel. Bd. IV: Schriften zur Politik und zum Bildungswesen, Stuttgart, ^{4}1993.

（106）野田宣雄『ドイツ教養市民層の歴史』講談社学術文庫、一九九七年、二四—二五頁。

（107）潮木守一『フンボルト理念の終焉？　現代大学の新次元』東信堂、二〇〇八年、一四六—一五一頁。

（108）Schweitzer, S. 170-171.

（109）Schweitzer, S. 146.

第七章　キリスト教学校の攻防の可能性

森島　豊

はじめに

本共同研究の一つの目的は、日本の国策における戦前から現在に至る教育の目的と、教育における伝統思想の効力を明らかにすることであった。この問題を啓発することで国家の政策と、それが教育に与える影響を相対化する必要があったからである。これまでの研究調査により、日本の伝統思想が国策によって効果的に国民に浸透し、キリスト教学校もその影響を免れなかったことが明らかとなった。それは、政治的に高い次元で決められた政策の影響を相対化することの難しさを示している。今後、教育機関への伝統思想の波及が予想される中で、キリスト教学校がこの問題にどのように対応するかが課題となる。

戦後のキリスト教学校は、これまで伝統思想を強化しようとする国家の動きに敏感に反応し、「『大嘗祭』に反対するキリスト教四大学学長声明」（一九九〇年四月）をはじめとする学長声明を通して警鐘を鳴らしてきた。しかし、教育機関が高度な政治に対抗することには限界がある。とくに国民の認識を超えたところで実施される天皇神聖の文化政策や教育政策への対応は後手に回らざるを得ない。歴史的には、国家が圧力を加えてきたとき、教育機関やその責任者は従属せざるを得なかったのである。

それでも、一般教員や学生たちの中には、国家の伝統思想の影響をぎりぎりのところで相対化した数少ない事例がある。それは彼らに、国家を相対化する思想的な根拠があったからであろう。彼らの多くは著名人ではないため、歴史の中に埋没している。青山学院はかつて戦中の青山学院に焦点を当てたプロジェクトの中で、軍国化に抵抗した何人かの教員を紹介した(1)。本章では彼らの存在を通して、日本の教育における伝統思想にキリスト教教育がどのように対応できるのか、キリスト教学校の可能性と道標を考察したい。

1 戦時中に抵抗した青山学院の教員

一九三九年から一九四一年まで中学部教諭であった関屋光彦は、軍国主義がキャンパスの中に踏み込んでくる中で「歴史はこの戦争を決して正義の戦いとはみなさない」(2)と学生たちに訴えかけていた。関屋の父は宮内次官および貴族院勅撰議員を歴任し、政府の中枢を知る人物であった。また、妻の綾子は、祖父が森有礼、父が牧師の森明、母が岩倉具視の娘の森寛子、そして兄がフランス文学者・哲学者の森有正である。つまり、関屋は政治的に高い次元の情報を入手することができ、キリスト教信仰と国際的な感覚を持つ環境の中で、日本を相対化する視点を持っていたのであろう。

『青山の学風』[3]を著した塚本與三郎は、一九一一年から一九四一年まで青山学院で教鞭をとり、「教壇に立ったときの真剣さと迫力が、生徒を畏服させた」[4]と言われ、多くの教え子に感化を与えた。塚本の戦時中の様子について、氣賀健生は以下のように紹介している。

一九三〇年代になり、軍国主義・皇国思想が肥大化し、キリスト教々育の危機が迫ってきた時、国民儀礼や教育勅語の強制に対して学校擁護の立場上、ある程度の妥協をせざるを得なかった部長や院長など学院の幹部を、彼は遠慮なく大声で叱責した。「軍人勅諭などいらない。教育勅語もいらない。青山学院にはイエス・キリストの『山上の垂訓』がある」――あの国家主義・軍国主義の時代に彼はそう言い切り、高々と掲げた理想主義の旗をおろそうとしなかった。ここには明治期の建学以来、脈々と受け継がれてきたキリスト教信仰の土台に立つ教育理念を、皇国思想の重圧の下で、なお毅然と主張した人格像があった。[5]

教え子の一人が「並木の下で、院長にまで食ってかかった正義感に、少年たちは喝采を送った」[6]と述べているように、塚本の信仰に基づく「まるはだかの人格」[7]をぶつける姿勢は多くの学生に感化を与えた。塚本が教育者としての姿勢を「人格教育」と呼ぶときには、哲学的な次元ではなく、彼の信仰に基づく存在そのものを生徒にぶつけるあり方を述べていた。

一九三七年から一九四四年の強制閉鎖まで、七年という短い期間の青山学院緑岡幼稚園にも優れた教育者がいた。田村忠子主任は、戦時下でも宮城遥拝や御真影への礼拝を拒否し、聖書の信仰に基づく幼児教育を徹底した。[8] 田村は東北開拓伝道で知られる吉田亀太郎の娘で、横浜の共立学園で学び、宣教師の影響を受けて育った。無教会の集会に通っていた田村幸太郎と結婚後、内村鑑三の集会に出席し、第二次世界大戦の頃は矢内原忠雄の家庭集会に出席していた。息子である田村明の証言によれば、戦争中でも「キリスト教の我が家では、神は一つしかなく、天皇も神社の神々も本当の神ではなかった」[9] と述べている。田村忠子は戦争中の幼稚園を振り返って次のように述べる。

一九四一（昭和一六）年、いわゆる大東亜戦争となり、日本は軍部の世の中になってしまいました。そうして、天皇は神となり、すべての団体は毎日天皇遥拝を強要されるようになりました。もちろん、緑岡幼稚園でも、当然これをやらねばならなくなったのですが、私自身は自分が天皇を神と思わないのに、これを子供らにさせる事はできません。しかも私共は、キリスト教主義をもって教育している青山学院の幼稚園です。天の神以外の者を礼拝する事は、私には絶対できません。もしこの事が軍部に知れて、牢獄に入ったとしても……私は天皇より神を恐れました。私は、子供らに天皇礼拝をいたさせませんでした。いつものごとく平和に楽しく、子供らは何も知らずに、喜々としていました。私は何度もダニエル書を読み、ダニエルが王を拝さないために獅子の穴に入れられた個所をよみ、そして、神の御守りを心から祈りました。[10]

これらの証言にあるように、教員レベルにおいて有形無形の抵抗があったことは事実である。政治的に高度な情報に触れる機会があった関屋光彦の事例は、その情報に基づく国際的な思索力が時局や国策を相対化する材料であったと考えられる。一般市民による高度な政治情報の把握には限界があるが、本共同研究が提供する政府の教育政策の思想史的な考察は、国策を相対化する一助になるだろう。

また、国家の政策を相対化したこれらの教育者に共通していることは、キリスト教信仰と国際的な視点である。これらは彼らの存在そのものをぶつける人格教育と不可分の関係にある。

無教会の信仰を養われ、中国戦線で中国人捕虜殺戮を拒否したことで「人知で考えられるであろう殆んどの私刑は、死を除いては経験する事となった[11]」渡部良三は、次のように述べた。

私は子供みたいだと嘲笑されようと、神の存在を心に据えている事は、結果として人間を超えた行動を可能にしてくれると、今尚信じて疑いません[12]。

筆者は拙著『抵抗権と人権の思想史』（教文館、二〇二〇年）の中で、歴史において抵抗権の思想史的根拠は、君主より上位にある聖書の神への信仰であったことを示したが、渡部の信仰と行動はそれを実証した一つの事例と言える。

２　藤田正武

次に、キリスト教信仰と国際的な環境の中で教育を受けた学生で、後にＹＭＣＡ主事・牧師として働きながら国家を相対化し、ぎりぎりの線で抵抗した一人の人物、藤田正武を取り上げる[13]。

藤田正武は一九一四（大正三）年二月一八日に牧師家庭の長男として生まれた。一九三一（昭和六）年に青山学院中学部（五年制）を卒業、その後神学部に進学して予科（三年）と本科（三年）を経て、合計一一年間青山学院で学んだ。時代背景として、青山学院で過ごした一九二六年から一九三七年の間には、五・一五事件（一九三二年）や二・二六事件（一九三六年）が起こり、国体明徴運動が盛んになり『国体の本義』（一九三七年）が発行された時代である。藤田はこの時代の青山学院を以下のように述懐している。

その頃の青山は非常にリベラルであんなに素晴らしい教育はなかったと思います。まさに黄金時代で、何よりも人格教育がなされていました。人格のある人間をつくっていたのです。先生方にもそういう人が多かったし、パーソナルな深い人間関係が築かれていました。(14)

特に印象を与えた教員として、当時の中学部長、後に学院長になる阿部義宗と宣教師エドウィン・T・アイグルハートの名前を挙げている。(15)

一九四〇年六月一一日、藤田はアメリカのニュージャージー州にあるメソジストのドゥルー大学の神学校で学士号を取得し、その夏にイリノイ州シカゴにあるギャレット福音神学校で学びを続けた。一九四〇年一〇月帰国の途中、シアトルのタコマにあるホイットニー記念合同メソジスト教会(16)に引き止められ、一年間伝道者として仕えた。その間にオルガニストであった神宮寺・エスター・政江と結婚し（一九四一年四月二〇日）、同年五月二七日に日本へ帰国した。

藤田は神田の東京ＹＭＣＡの主事として職を得たが、一九四一年一〇月に徴兵され、陸軍の宣撫班としてフィリピンに派遣された。宣撫班とは占領地で現地人を親日化させる政策で、「軍政部は、フィリピンのプロテスタント教会を米国諸ミッションより独立させ、教派合同によってその管理支配を容易にし、軍政に協力的な教会とする方針を立て」ていた[17]。藤田には、赤紙ではなく、軍属を徴用する白紙が届き、判任官待遇で「東洋の魂を吹き込むため」フィリピンに派遣された[18]。妻の政江の記憶では、聖書を持ってくるように命じられて出頭してから音信不通となり、数か月後に手紙が届き、フィリピンにいることが分かったと証言している[19]。一九四一年一二月八日、日本軍がハワイの真珠湾を攻撃し、太平洋戦争が勃発したが、藤田がその事実を知ったのはクリスマス・イヴであった[20]。

フィリピンでは最初に、アメリカ人が収容されていたサント・トマス大学で食糧係を担当していた。そこで彼は、戦後にバターン死の行進を行った部下の責任を被って処刑された本間雅晴陸軍中将の「外国人は大切にしろ」という言葉に基づいて、「平気でアメリカ兵の捕虜や宣教師達が食糧に困っていると、いくらでも出してやりました[21]」と語るように、密かにアメリカ兵や宣教師に食糧を分け与え、援助の手を差し伸べた。また、フィリピン大学の学生新聞が戦争中日本軍の慰安婦として徴用された女性の特集記事を出した際、その中である女性は「藤田何とかという日本人の牧師が、自分を逃してくれたので慰安婦にされずに済んだ」と証言している[22]。これらの証言にあるように、藤田は自らの身分を利用して現地の人を密かに手助けした。

藤田が有名になったのは、フィリピンＹＭＣＡ連盟総主事であったドミンゴ・Ｃ・バスカラを幾度となく窮地から救ったからである。ある日、軍服姿で現れた藤田を見て、バスカラは逮捕されるのかと思ったが、藤田は手を差し出して以下のように述べた。「私たちの国は戦争状態です。しかし、私たちは兄弟です。私はあなたをご支援するために来ました」[23]。バスカラは、バターン死の行進で脚を失った兵士たちに義足を提供するために募金活動を始めたが、これが日本軍条例違反に触れて逮捕されてしまった。彼の日記にはこの時のことを次のように記してある。

日本軍条例違反で逮捕された。その時「これを許可したのは私だ」と自ら罰せられることを知りながら虚偽の証言をして、私を釈放してくれた日本軍中尉がいた。彼は、藤田という東京YMCAの主事であった。立場を異にしていても、使命を共にする同労者としての友情と兄弟愛があった[24]。

また藤田は、軍の本部で勤務中に、YMCA総主事バスカラを牢に入れ、アメリカ人の前YMCA総主事ホープを射殺する指令の文書を受け取った。彼は他の将校たちが酔っ払っているのを見計らい、その文書を破棄した。数日後、上司から指令について問われ、知らないと否定したが、スパイ容疑で一九四二年春先にマニラのイントラムロスの留置所に約一か月留置された[25]。

戦後、バスカラはフィリピンのモンテルンパの刑務所に服役中の日本人戦犯者の教誨師を志願し、彼らの助命運動に奔走した。そして、一九五三年七月六日、エルピディオ・キリノ大統領の特赦声明により、死刑囚五九名を含む戦犯一〇八名全員が解放された。バスカラは後に次のように述懐している。

私にこのような小さな和解の業をさせたのは、苦しみの時に私を救ってくれたあの藤田中尉の愛の業への返礼であった(26)。

一九四三年一月一五日に帰国した藤田は、ＹＭＣＡの少年部主事の職が与えられたが、同年六月に海軍省から依頼があり、高等官海軍少佐待遇で情報部の中で働くことになった(27)。仕事の内容は、短波機を使ってヴォイス・オブ・アメリカ（ＶＯＡ）等のラジオ番組を傍受して、アメリカがこの戦争をどのように報じているか情報収集することであった。しかし、一九四四年一〇月に大本営の報道と異なる日本軍の敗退の報告をして逮捕投獄された。藤田の回想では、この投獄にはキリスト教の牧師たちによる密告があったと言う。青山学院に関係する部分を引用する。

青山学院には他の学校に比べればかなりリベラルな空気があったと思います。しかし、頑固だけれども青山学院のスピリットを持った立派な教師であった塚本與三郎さんを辞めさせるというとんでもない話が持ち上がり、私は断固反対しました。私自身も英語をやってはいけないと言われ、「英語がわからなかったら、これから世界を相手にどうするんだ」ということを青山学院の公の場で主張しましたところ、そういった私の発言が牧師会で問題になったのです。〝非国民〟だと言ったのはメソジスト教会の牧師さん達でした。私を憲兵隊に訴えたのは彼らの一部なのです。しかし、青山学院の当時の在り方を今になって安易に批判することはできません。一番にらまれていましたから、生き残るため戦争への流れに従うのにもやむを得ない事情があったと思います。

もう一度の逮捕は、平出英夫大佐（大本営報道部海軍情報官）の命令で、戦意高揚のために各地で講演してからのことである。平出からは「ぎりぎりの線で話をしなさい。負けると言ってはいけないけれども、勝つなんてことは言わないでくれ[28]」と命じられ、厳しい状況を伝えた。そこで密告されたことを以下のように述べている。

そのうち今度は仏教のお坊さんやキリスト教の牧師さんが集まるところで講演をすることになりました。私はその時もいつもの調子で、「勝つ見込みはないはずです。だから私達は立派な国を維持するためには敗戦を決めて準備を始めないといけない場合があるかもしれない」というニュアンスのことを口にしました。その時ある牧師さんが「藤田さん、それでは負けると言っているんですか」と尋ねるものですから、「負けるとは言っていない。勝つことは難しいと言っているんです」と答えましたところ、それを牧師さんが密告してしまいました。信じられないことですが、牧師さんに裏切られたのです[29]。

青山教会にいた藤田は、憲兵隊本部に連行され、逮捕投獄された。罪状について「〝非国民〟と〝非戦論者〟、〝敗戦論者〟、それからおかしいのは〝日本語を知らざる愚か者〟など、つけられる罪状は全てつけられました」と述べている[30]。

獄中では鞭打ちなどの拷問を受けた。一九四四年二月、「聖書を読みたい」と要望し、衛兵の詰所へ連れて行かれ暴行を受け、前歯を五本折られて血だらけになった。一九四五年七月下旬頃、軍法会議で「懲役三年、執行猶予一ヶ月、体を鍛えて服務するように言明」された[31]。妻の政江によれば「刑務所から出てきたジョナサン〔藤田正武のこと〕は、骨と皮ばかり、さながら骸骨のようでした。その上、前歯は撲られて無くなっていました。ほとんど歩けませんでした[32]」と証言している。これが原因で彼は戦後すべての歯を入れ歯にしなければならなかった。

間もなく敗戦となり、「臨時憲兵」という腕章をつけた憲兵が厚木のアメリカ軍の将校の通訳を依頼に来たが、「キリスト教に関する通訳なら何でもしますが、それ以外のことは絶対にしません」と丁寧に辞退を申し出た。当時、通訳としてアメリカ軍に協力した者は食糧や自動車など優遇されていたが、藤田はインタビューで「今でも私は『馬鹿な道』を選んでよかったと思っています[33]」と述べている。

3　国際的感覚と愛と赦し

藤田が天皇をどのようにとらえていたのかについては資料がなく不明だが、少なくとも当時の軍国少年に見られるような天皇崇敬の証言は見られない。むしろ、日本を相対化し、宣撫班として従軍しながらも、軍部の命令に抵抗した。内面的にも人生においても、真理に根ざして国家に抗う姿勢を貫いた彼を支えたものは、国際的な感覚と、愛と赦しのキリスト教信仰である。これは高い次元で進められた政府の政策に対抗する政治的な攻防ではないが、キリスト教学校が目指す良き伝統の継承のために、改めて教えられる姿勢である。

藤田はインタビューの中でも「E・T・アイグルハート、C・W・アイグルハート、T・T・ブランボーといった宣教師[34]」の名前を挙げている。日本を外から眺められる視点を宣教師や海外留学経験のある教師から養われたことは大きなことであったであろう。そして、戦前と戦後の藤田の姿勢を一貫させていたものとは、キリスト教学校固有の「人を愛すると共に赦す[35]」という人格教育である。

一つの逸話として、修学旅行中にお酒を飲んで暴れた教師を、ある牧師の息子が告発し、辞めさせる動きが出たとき、「赦す〔ことを説く〕学校において赦されないということはないだろう。辞めさせたからといって、何の解決にもならないだろう[36]」と抗議し、教師も謝罪をして赦された出来事があった。当時の中等部長であった阿部義宗は「赦しが一番大切だ[37]」と教えた。これを聞いて藤田は「私は『ああ、学校へ来てる』と実感しました。まさに生きている学校でした」と述懐している[38]。

藤田はドゥルー神学校卒業後、ジョン・デューイの下で学ぶことを望んでいた。その理由は「ものには無駄がない、すなわちものには利があり役に立たない人間は誰一人としていない」という人間観をもつデューイの教育思想に学びたかったからである[39]。藤田はYMCAで青少年の教育に関わったが、もしかすると、デューイの思想を通して、愛と赦しの精神の教育への展開を学びたかったのかもしれない。戦中を振り返って、彼は言う。

結局、愛のないところに赦しはないのです。赦しがないということは自分のことを愛せない人間がいるということなのです。私はそう思っていますし、一生牧師であることを誇りに思っています。[40]

戦後の藤田と出会った人々の回想を読むと、愛と赦しを実践する彼の人柄に惹かれた人々が多くいる。特に、困っている人を見捨てることができず、戦後のアメリカで途方に暮れている日本人がいれば、はじめて会った人であろうとも必ず手を差し伸べていた。[41] それどころか、戦争中に彼の前歯を折った元上官の仕事の斡旋も手伝っている。[42]「一人一人が神様の前に尊いという十字架の福音は語るだけでなく生きるもの[43]」という藤田の言葉が人々に感化を与えていた。その藤田を育てたのは、人間としての一人の人格との出会いを重んじる、人格教育なのである。藤田は言う。

昔の中学部には『青山の学風』の著者塚本与三郎先生をはじめ熱烈な教師が多かったです。宣教師の先生方にも亡きムーン先生のごとく自腹を切って生徒を愛し、学生を信頼した先生方が大勢いらした。青山学院には忘れることのできない教師、教授方が無数にいらした。信仰あふれた先生方に育成された我々は幸せでした。教育には情熱と熱烈な愛校心と愛育心とが大切です。[44]

もちろん、藤田のような姿勢を貫けた者は少ない。牧師たちの中に密告者がいたことを彼自身が証言しているように、キリスト教信仰が万能なわけでもない。それでも、キリスト教信仰と国際的な感覚が、彼に時局を相対化させ、愛と赦しの行動へと向かわせたことは事実である。この軌跡には、これからのキリスト教学校の継承すべきものがあるだろう。
藤田はアメリカの大学と比較しながら、母校を思いつつ以下のように語った。

米国では大学を評価する基準は、規模の大小ではなく、建学の精神が機能しているか否かが問題なのです。学生一人一人がそのことを意識しているかどうかが重大問題なのです。歴史の問題であり、建学の精神が基準なのです[45]。

建学の精神の内容はキリスト教学校においてそれぞれ特色があるが、共通していることは「礼拝」である。礼拝をしないキリスト教学校はあり得ない。この古くて新しい原点だけは、全教員・理事・評議員共に重視していくことが肝要である。

4　国際的ネットワークと国内私立学校間の連携

これまで過去の歴史における教員や学生の視点から、キリスト教信仰と国際的な感覚というキリスト教学校の重要な遺産を確認してきた。これを組織としてどのように継承していくかを考察しなければならない。そのポイントの一つは、国内国外におけるネットワークの形成の重要性である[46]。
日本において、国策によりキリスト教への政治的圧力がかけられた際、教会もキリスト教学校もほとんど無力に等しかった。それに対して最も効力を発揮したのは、外からの外交圧力であった。たとえば、幕末・明治にかけて生じた浦上四番崩れからキリスト教禁止の高札撤廃に至る流れの中では、諸外国との外交会談や岩倉使節団に対する諸外国からの批判と圧力があった[47]。中島耕二は、文部省訓令一二号が発布された時、背後で宣教師たちが日本政府に外交圧力を加え、キリスト教教育が存続する可能性の道を拓いたことを明らかにしている[48]。宣教師たちは当初、「訓令一二号の持つ危険性を井深や本多といった日本人キリスト教指導者のトップが認識していないことに危機感を覚え[49]」ていた。今日キリスト教学校で知られている訓令一二号への抵抗と戦いは、宣教師たちの働きかけによって実現した。また、彼らがジャーナリズムを使って「訓令を撤回させるような世論を動かす[50]」知恵を与えなければ、日本人はこの訓令が物語る深刻な事実を認識することも少なかったと言える[51]。つまり、宣教師やミッションボードのサポートがなければ、日本のキリスト教学校は訓令一二号を受け入れるのみで、政府と戦う術を持たなかったのである。

この事実を考慮しても、キリスト教会やキリスト教学校が国際的なネットワークにつながり、情報共有をしていることは非常に重要であろう。ところが、本書第一章で示したように、日本政府はキリスト教を「日本化」するために、国際的な関係の断絶を目論んできた。明治の日本のキリスト教指導者たちも宣教師からの過度な干渉を嫌い、宣教師から独立した日本人の教会形成を求めた。この歴史的背景は、日本のキリスト教会とナショナリズムが親和性を持っていたと分析することもできる。このような中、宣教師たちによる訓令一二号への危機意識に日本のキリスト教学校が対応したのは、創設当時のキリスト教学校と海外ミッションボードとの国際的関係が、財政支援に基礎づけられていたためと考えられる。宣教師たちがキリスト教学校の指導者に迫ったのは「海外伝道局からの交付金の保留」であった[52]。戦後もミッションボードとの関係は財政的につながっていたが、支援の終結とともに関係が無くなる傾向がある。「金の切れ目が縁の切れ目」の状態になっているのであるが、これからの時代は国際的ネットワークという観点から関係を形成していく必要があるだろう。たとえば、青山学院はメソジストの国際ネットワークであるＩＡＭＳＣＵ（International Association of Methodist Schools, アイ・アム・スク）に加盟しており、情報共有をするパイプを持っている。そこにも多くの問題や葛藤が存在するが、現代的な問題意識を相互に共有しながら、知恵を絞って克服していく取り組みが求められる。各キリスト教学校の教派的伝統にもそれぞれ国際的なネットワークが存在しているのならば、祈りを共有するとともに常に情報共有を密にしていくことが重要であろう。

海外だけでなく、国内における横のつながりも重要である。訓令一二号に対する本多庸一や井深梶之助の対応の効果については検討すべき点がなくもないが、危機的な状況の中でキリスト教学校相互のつながりが重要であることは言うまでもない。キリスト教学校教育同盟はその設立の沿革から考えても重要なネットワークの柱となっている。将来的に財政問題を抱える学校が会費を理由に抜け落ちることのないよう、制度の見直しや対策が急がれる。

また、キリスト教学校だけでなく、日本私立中学高等学校連合会や日本私立大学連盟等、私立学校という枠組みでの横のつながりも重要である。明治時代の「信教の自由」には問題が多く含まれていたが、それでもその前進に影響力があったのは、キリスト教よりも島地黙雷など仏教徒たちの存在であった。この意味でも、宗教を超えて各地に存在する私立学校のつながりを維持し活かしていくことが重要であろう。

注

(1) 青山学院大学プロジェクト95編『青山学院と地の塩たち――建学の精神と21世紀への祈り』（雨宮剛、二〇〇一年）参照。
(2) 氣賀健生「青山学院と建学の精神――その歴史化のために」『青山学院と地の塩たち』前掲、二二頁。
(3) 塚本與三郎『青山の学風』（文川堂書店、一九二三年、改訂版一九三〇年）。
(4) 栗林一路「青山の学風を生み出したもの」青山学院大学プロジェクト95編『青山学院のメゾジズムと学風――平和を実現する人々は、幸いである』（雨宮剛、二〇〇四年）一〇〇頁。
(5) 氣賀「青山学院と建学の精神」前掲、一八―一九頁。
(6) 栗林「青山の学風を生み出したもの」前掲、一〇〇―一〇一頁。
(7) 氣賀健生「塚本與三郎――情熱と理想主義の教育者」『青山学院のメゾジズムと学風』前掲、七六頁。
(8) 田村忠子については以下を参照。田村明『歌いつつ歩まん――田村忠子の生涯一八九七―一九八五』（自費出版、一九八五年）<http://gendaimachizukurijuku.org/archive/18book/19850630.pdf>（二〇二四年六月一六日参照）。
(9) 田村明『東京っ子の原風景――柿の実る家の昭和史』（公人社、二〇〇九年）。成澤光「田村明さんの背骨」『法学志林』第一〇八巻第四号（法政大学法學志林協會、二〇一一年）一六二頁から引用。
(10) 田村忠子「七年余の軌跡」『青山学院緑岡幼稚園――一九三七～一九四四』（『青山学院緑岡幼稚園

一九三七～一九四四』刊行世話人一同、一九八三年）三四頁。
（11）渡部良三「克服できないでいる戦争体験」青山学院大学プロジェクト95編『青山学院と平和へのメッセージ――史的検証と未来展望』（雨宮剛、一九九八年）四七三頁。
（12）渡部「克服できないでいる戦争体験」前掲、四七八頁。
（13）藤田正武については以下を参照した。高橋玲二、中條石、雨宮剛編『信仰と希望と愛――ジョナサン・正武・藤田牧師追悼集』（高橋玲二、中條石、雨宮剛、二〇一〇年）。
（14）藤田正武「〈インタビュー〉投獄、そして拷問――ある牧師の戦中体験」『信仰と希望と愛』前掲、六九頁。
（15）藤田「〈インタビュー〉投獄、そして拷問」前掲、七〇頁参照。
（16）設立当初は「タコマ日本人メソジスト教会」（the Tacoma Japanese Methodist Church）または「日本人メソジスト監督教会」（Japanese Methodist Episcopal Church）と呼ばれていたが、一九六〇年代に Whitney Memorial United Methodist Church に名称を変更し、一九九九年に会員数が減じて閉鎖した。Cf. "1901 FAWCETT AVE, TACOMA," *Northwest ORCA* <https://northwestroom.tacomalibrary.org/index.php/1901-fawcett-ave-tacoma>（二〇二四年五月一九日参照）。
（17）日本基督教団宣教研究所教団資料編纂室編『日本基督教団史資料集　第二巻――戦時下の日本基督教団（一九四一～一九四五年）』（日本基督教団出版局、一九九八年）二九三頁。
（18）藤田「〈インタビュー〉投獄、そして拷問」前掲、七二頁。
（19）エスター・政江・藤田「私の愛しい夫・恋人、ジョナサン」『信仰と希望と愛』前掲、一一八―一一九頁参照。
（20）George W. Connard, "Reverend Jonathan Masatake Fujita: February 18th, 1914-February 8th,

2000: Celebration and Memoir,”『信仰と希望と愛』前掲、一八八頁。

(21) 藤田「〈インタビュー〉投獄、そして拷問」前掲、七三頁。

(22) 高橋、中條、雨宮編『信仰と希望と愛』前掲、四頁。Cf. Connard, “Reverend Jonathan Masatake Fujita,” 前掲、一八九頁参照。

(23) Connard, “Reverend Jonathan Masatake Fujita,” 前掲、一八八頁参照。

(24)「愛の業への返礼――バスカラ氏の回顧録より」『ザＹＭＣＡ』一九七七年六月一日。『信仰と希望と愛』前掲、一九頁より引用。

(25) Connard, “Reverend Jonathan Masatake Fujita,” 前掲、一八九頁参照。花房譲次「弔事　藤田牧師の思い出」『信仰と希望と愛』前掲、一五頁参照。

(26)「愛の業への返礼」前掲、二〇頁より引用。

(27) 藤田「〈インタビュー〉投獄、そして拷問」前掲、七四頁参照。

(28) 藤田「〈インタビュー〉投獄、そして拷問」前掲、七五頁。

(29) 藤田「〈インタビュー〉投獄、そして拷問」前掲、七五頁。

(30) 藤田「〈インタビュー〉投獄、そして拷問」前掲、七六頁。

(31) 花房譲次やコナードは「一九四五年八月一二日に軍法会議で懲役二年の有罪判決を受けたが、三日後に敗戦を迎えた」としているが、本文では藤田の回想に依拠した。藤田「〈インタビュー〉投獄、そして拷問」前掲、七七頁。花房「弔事　藤田牧師の思い出」前掲、一五頁参照。Connard, “Reverend Jonathan Masatake Fujita,” 前掲、一八九頁参照。

(32) エスター・政江・藤田「私の愛しい夫・恋人、ジョナサン」前掲、一二〇頁。

(33) 藤田「〈インタビュー〉投獄、そして拷問」前掲、七七頁。

(34) 藤田「〈インタビュー〉投獄、そして拷問」前掲、七〇頁。
(35) 藤田「〈インタビュー〉投獄、そして拷問」前掲、六九頁。
(36) 藤田「〈インタビュー〉投獄、そして拷問」前掲、六九頁。
(37) 藤田「〈インタビュー〉投獄、そして拷問」前掲、七〇頁。
(38) 藤田「〈インタビュー〉投獄、そして拷問」前掲、七〇頁。
(39) 藤田は「シカゴ大学のジョン・デューイの下で勉強したかったものですから、そこの宗教学部に進みました」と述べているが、デューイは一九〇四年にはすでにコロンビア大学に移っているので、デューイから学ぶことはなかったと考えられる。藤田「〈インタビュー〉投獄、そして拷問」前掲、七一頁。
(40) 藤田「〈インタビュー〉投獄、そして拷問」前掲、七三―七四頁。
(41) 伊藤良昌「愛の行動者・藤田正武牧師」『信仰と希望と愛』前掲、四四―四七頁参照。
(42) 高橋玲二「藤田正武牧師の人格と信仰」『信仰と希望と愛』前掲、六〇頁参照。
(43) 久山・康彦・リチャード「「ジェット藤田」の思い出――育てて頂いた先生に感謝を込めて」『信仰と希望と愛』前掲、三四頁。
(44) 藤田正武「〈書簡から〉魂の教育、心の教育、愛の教育――母校青山学院への熱き祈り」(98・8・21)『信仰と希望と愛』前掲、八二頁。
(45) 藤田「〈書簡から〉魂の教育、心の教育、愛の教育」(98・10・15) 前掲、八三頁。
(46) 国際的なネットワークの重要性については、本共同研究の公開講演会講師として講演された前川喜平氏(元文部事務次官)の示唆を得た。この場をお借りして感謝申し上げる。
(47) 本書第一章参照。または拙著『抵抗権と人権の思想史――欧米型と天皇型の攻防』(教文館、二〇二〇年）参照。

（48）中島耕二『近代日本の外交と宣教師』（吉川弘文館、二〇一二年）参照。

（49）中島『近代日本の外交と宣教師』前掲、一六三頁。

（50）中島『近代日本の外交と宣教師』前掲、一六五頁。

（51）訓令一二号に関する当時のジャーナリズム記事については、以下を参照。小沢三郎編「日本プロテスタント史史料（三）―（五）――「文部省訓令第十二号」とその反響」杉井六郎校注『キリスト教社会問題研究』二二―二四号（同志社大学人文科学研究所キリスト教社会問題研究会、一九七四―一九七六年）。

（52）"56. Wm. Imbrie to Speer, Oct. 18, 1899", *Japan, 1859-1911, Incoming, East Japan Mission, 1898-1900*, Volume 15（MS Evangelism in Japan: Correspondence of the Board of Foreign Missions, 1859-1911. Presbyterian Historical Society）<link.gale.com/apps/doc/SC5112448075/GDSC?u=prin67937&sid=bookmark-GDSC&pg=11> [Archives Unbound]（Accessed 25 June 2024）. 中島『近代日本の外交と宣教師』前掲、一六五頁より引用。

あとがき

青山学院は二〇二四年一一月に創立一五〇周年を迎え、また青山学院大学も七五周年を迎えました。そして今年は戦後八〇年の節目の年にあたります。このような重要な年に、私たちのユニット研究の成果として本書を出版できたことには、単なる偶然を超え、摂理的なものを感じます。同時に、私たちに課せられた教育的使命の重さを改めて認識し、自戒を促される思いです。

いま世界情勢は激動の中にあり、日本という国の立ち位置や姿勢が改めて問われています。そして、それは非常に危うい状況にあるように思われます。社会的閉塞感の続く中、若者たちの口からファシズムを待望するような意見が率直に語られたり、ネット上でもゼノフォビア（排外主義）的な投稿が目立ち、炎上している様子を目の当たりにしたりすると、この国の教育はいったい何をしてきたのかとの驚きと疑問を禁じ得ません。それらはいったいどこから生じているのでしょうか。

また一方で、先の見えない闇の中に放り込まれた人々が、破壊的な思考に傾いている側面もあるように感じられます。現状の閉塞感の中で、その原因を誰かに押し付け、不全感から、とりあえず今ある秩序を破壊したい。破壊すれば何かすっきりするのではないか、新しい何かが生まれるのではないかと考える——そうした思考は、一九六〇年代の大衆運動とも共通するものがあります。これは、若者たちの絶望、孤独、屈辱、疎外といった感情に、私たち皆が十分に向き合ってこなかったことの表れではないでしょうか。

もちろんこうした状況は日本に限ったことではありません。アメリカでは二〇二五年一月、第二次トランプ政権が誕生しました。キリスト教が語ってきた貧しい人々への福音、女性や子ども、孤独な人々、社会的に排除された人々と共に生きること、隣人を愛することを、トランプ大統領は事実上無視することを公約しました。そして、彼の虐待的かつ破壊的な行動を、アメリカの多くのキリスト者が支持しているという現実があります。先の大統領選挙の出口調査では、プロテスタントの六三％、カトリックの五九％がトランプに投票したと報じられました（CNN調査）。特に、いわゆる福音派といわれる保守的なキリスト教徒の八二％がトランプ支持を表明しています。これは、アメリカのキリスト教徒の大多数が、これまで市民が作り上げ、蓄積してきた価値観や民主主義の恩恵を事実上、拒否したことを意味します。

戦後日本は、アメリカに対するある種の「憧れ」のもとに築かれてきた側面があり、それは教育においても例外ではありません。特に戦後のキリスト教学校は、アメリカの教育動静を一つのロール・モデルとしてきたところがあり、国家との関係においても多くのことを学んできました。実際には、戦前に宣教師たちがミッション・スクールを設立したときから、その歴史は始まっています。しかし今日、アメリカをはじめ諸外国もまた、日本の教育が直面してきた大きな課題と同根の問題に直面しつつあります。それはすなわち、権力の問題です。不正な指導者による弾圧や独裁、つまりは神以外の権威とどのように向き合うかという課題、主権はどこにあるのかという課題に、日本のキリスト教学校は常に直面してきました。

本ユニットでの共同研究を通じて、日本の教育には戦前戦後を通じて通奏低音のように国粋主義的な要素が漂い続けてきたこと、そしてキリスト教学校がそれに対して必ずしも攻防と言えるほどの歩みを十分積み重ねてこなかったことが浮かび上がりました。さらに、今やそのための力すら失われつつある現実をも目の当たりにしました。本書に収められた各章の論考は、戦後八〇年の日本の教育を網羅的に総括するものではありません。しかし、本研究を通して、キリスト教学校の教育とは何か、その強みと弱みとを改めて考察することができたことは、極めて有益でした。本書は、私たちの研究の一端を紹介するものにすぎませんが、これを通して得た知見、人脈、そして新たな問いは、今後も同じテーマに取り組み続ける必要性の認識と決意を、私たち研究メンバーに与えてくれました。

本研究は、新型コロナ・ウイルスの拡大と収束が見えない中で始まり、多くの研究会をオンラインで実施しました。研究ユニット責任者であった森島豊教授が一年間在外研究に従事していた間にも、オンラインを活用し、精力的に議論を重ねることができました。新しいテクノロジーの活用により、共同研究の新たな可能性が示されたことも、本研究の大きな収穫の一つです。

本研究の一環として、二つの大きな公開講演会を開催しました。一つは、二〇二三年五月二九日に行われた島薗進教授の講演「戦後日本と国家神道――いま私達が知っておくべきこと」、もう一つは、二〇二三年七月一日、前川喜平氏による「安倍教育再生の本質」です。島薗教授には、講演内容に基づき「戦後日本と国家神道」をご執筆いただき、本書の第二章に収録しました。ご多忙の中、講演のみならず執筆にもご尽力いただいたことに、心より感謝申し上げます。大きな示唆を与えられました。

また、本書には収められなかったものの、前川喜平氏の講演は論点がよく整理され、聴衆の思いを掻き立ててくれるものでした。日本の教育が忘却し、あるいは見ぬふりをしてきた事柄、とりわけ安倍政権下での「教育再生」の背後で何が起こっていたのかについて、明確に指摘し、キリスト教学校への提言も含めた力強いメッセージをいただきました。

さらに関田寛雄先生、比企敦子氏にも特別な感謝を申し上げます。お二人には特別にお時間を割いていただき、実際の教育現場でのご経験を通して、日本の人権教育、日本のキリスト教学校教育の歴史と課題についてお話ししていただきました。文献を通しては知り得ない貴重な知見を提供していただきました。紙幅の都合により本書に収めることができなかったことは、大変残念に思います。特に関田寛雄先生は、ご高齢かつ困難な持病を抱えつつも、本研究に賛意を示してくださり、大局的な視点、またその場にいなければわからない内的葛藤などについて貴重なご示唆・ご助言をいただきました。しかし、その矢先、二〇二三年一二月に急逝され、天に召されたことは、私たちにとってとても痛恨の極みです。まだまだお聞きしたいことが多くあっただけに、その喪失は計り知れません。

青山学院大学総合研究所は一九八二年に創設されました。当時の大木金次郎院長は、私立からも国公立大学に劣らぬ良質の研究成果を世に発信すべきであるとの考えから、研究基盤の整備を進めました。その中でも、キリスト教文化研究をその中心に据え、青山学院大学からキリスト教と文化に関する研究を積極的に発信していくことを目指しました。それから四〇年あまりの歳月が流れ、研究成果報告として刊行された書籍は、すでに三五点にのぼります。また、青山学院大学宗教主任会が毎年発刊している研究紀要『キリスト教と文化』（青山学院大学宗教主任研究叢書）も、二〇二五年三月刊行の最新号で四〇号を数えます。国内外で多くのキリスト教学・神学・キリスト教教育学の研究が発表されていますが、本書もまた、その責任の一端を担い、これからのキリスト教界およびキリスト教学校に資する提言となることを願い、ここに刊行する次第です。

本書の刊行および研究の進行にあたっては、青山学院大学研究推進部の担当職員の皆様に多くの助言やサポートをいただきました。また、出版に際しては、教文館出版部の髙木誠一氏・石澤麻希子氏に献身的に関わっていただき、全体を通して細部に至るまで数々の校正上のご提案を頂戴しました。これらのご支援とご指導なくしては、本書の完成は成し得なかったことであり、ここに心からの謝意を表します。

日本のキリスト教学校は、この国で独自の役割と使命を担っていると考えます。全国にあるキリスト教学校が、それぞれの教育的使命を果たすとともに、日本の教育の担い手としての責任を十分に果たしていけるよう、キリスト教学校の、生ける主なる神に祈り求めるものです。

二〇二五年二月

青山学院大学総合研究所研究ユニット
「日本の教育における伝統思想とキリスト教学校の攻防」研究員
伊藤　悟

伊藤　悟（いとう・さとる）

青山学院大学教授

著書・論文・訳書　『地の塩、世の光――人物で語るキリスト教入門』（共著、教文館、2006年）、『モラル教育の再構築を目指して――モラルの危機とキリスト教』（共著、教文館、2008年）、B. P. ウェブミッシェル『キリスト的ジェスチャー――キリストの体を生きる民』（一麦出版社、2019年）、C. フォスター『世代から世代へ――教会における信仰形成教育の適応課題』（教文館、2022年）、「新設科目『公共』の設置とキリスト教学校」『キリスト教と文化　紀要（37）』（青山学院大学宗教主任会、2022年）、「精神的二重構造とキリスト教学校――『逆コース』とは何だったのか」『キリスト教と文化　紀要（38）』（青山学院大学宗教主任会、2023年）ほか。

長山　道（ながやま・みち）

東京神学大学教授

著書・論文　『新キリスト教組織神学事典』（共著、教文館、2018年）、「教育が教育であるために」『神学』75-84号（東京神学大学神学会、2013-2023年）、「今、なぜ摂理の信仰が大切か？」『伝道と神学12』（東京神学大学総合研究所、2022年）、「教会をめぐるキリスト教教育の課題」『伝道と神学14』（東京神学大学総合研究所、2024年）ほか。

執筆者紹介（掲載順）

森島　豊（もりしま・ゆたか）
青山学院大学教授
著書　『フォーサイス神学の構造原理――Atonementをめぐって』（新教出版社、2010年）、『これからの日本の説教――説教者加藤常昭をめぐって』（編著、キリスト新聞社、2011年）、『人権思想とキリスト教――日本の教会の使命と課題』（教文館、2016年）、『贖罪信仰の社会的影響――旧約から現代の人権法制化まで』（編著、教文館、2019年）、『抵抗権と人権の思想史――欧米型と天皇型の攻防』（教文館、2020年）、『災禍において改革された教会――その祈りと告白、実践の歴史と現在』（共著、教文館、2024年）ほか多数。

島薗　進（しまぞの・すすむ）
大正大学客員教授、東京大学名誉教授
著書　『宗教学の名著30』（筑摩書房、2008年）、『国家神道と日本人』（岩波書店、2010年）、『神聖天皇のゆくえ――近代日本社会の基軸』（筑摩書房、2019年）、『明治大帝の誕生――帝都の国家神道化』（春秋社、2019年）、『新宗教を問う――近代日本人と救いの信仰』（筑摩書房、2020年）、『戦後日本と国家神道――天皇崇敬をめぐる宗教と政治』（岩波書店、2021年）、『日本仏教の社会倫理――正法を生きる』（岩波書店、2022年）、『教養としての神道――生きのびる神々』（東洋経済新報社、2022年）、『なぜ「救い」を求めるのか』（NHK出版、2023年）ほか多数。

島田由紀（しまだ・ゆき）
青山学院大学准教授
著書・論文・訳書　J. ディオティス・ロバーツ『ボンヘッファーとキング――抵抗に生きたキリスト者』（日本キリスト教団出版局、2008年）、「第13回国際ボンヘッファー学会報告――ボンヘッファー研究と南アフリカ」『キリスト教と文化　紀要（36）』（青山学院大学宗教主任会、2021年）、『キリスト教神学命題集――ユスティノスからJ. コーンまで』（共編・監修、日本キリスト教団出版局、2022年）ほか。

青山学院大学総合研究所叢書
日本の教育政策とキリスト教学校——愛国教育と人格教育の攻防

2025年3月25日　初版発行

編　者　森島　豊・伊藤　悟
発行者　渡部　満
発行所　株式会社　教文館
〒104-0061 東京都中央区銀座 4-5-1 電話03(3561)5549 FAX03(5250)5107
URL　http://www.kyobunkwan.co.jp/publishing/
印刷所　モリモト印刷株式会社

配給元　日キ販　〒112-0014　東京都文京区関口 1-44-4
電話 03(3260)5670　FAX 03(3260)5637

ISBN 978-4-7642-6185-3　Printed in Japan